本书为2020—2021年度河北省社会科学基金项
产权保护研究"（HB20FX021）的研究成果

全球化背景下医药产业知识产权保护研究

——以河北省为例

冯红 魏雨蒙 著

吉林大学出版社

·长春·

图书在版编目（CIP）数据

全球化背景下医药产业知识产权保护研究：以河北省
为例/冯红，魏雨蒙著. -- 长春:吉林大学出版社，2022.8
ISBN 978-7-5768-1298-5

Ⅰ.①全… Ⅱ.①冯…②魏… Ⅲ.①医药学－知识
产权－保护－研究-河北 Ⅳ.①D927.223.404

中国版本图书馆 CIP 数据核字（2022）第 242182 号

书　　名　全球化背景下医药产业知识产权保护研究——
　　　　　以河北省为例
　　　　　QUANQIUHUABEIJIGNXIA YIYAO CHANYE ZHISHICHANQUAN BAOHU YANJIU—— YI HEBEISHENG WEILI

作　　者：冯　红 魏雨蒙
策划编辑：矫　正
责任编辑：矫　正
责任校对：甄志忠
装帧设计：久利图文
出版发行：吉林大学出版社
社　　址：长春市人民大街 4059 号
邮政编码：130021
发行电话：0431-89580028/29/21
网　　址：http://www.jlup.com.cn
电子邮箱：jldxcbs@sina.com
印　　刷：天津和萱印刷有限公司
开　　本：787mm×1092mm　　1/16
印　　张：14.25
字　　数：250 千字
版　　次：2023 年 5 月　第 1 版
印　　次：2023 年 5 月　第 1 次
书　　号：ISBN 978-7-5768-1298-5
定　　价：88.00 元

前　　言

　　21 世纪是以科技进步为主要推动力的知识经济时代。在知识经济中，知识产权作为一种竞争型资源要素在国民经济和社会发展中扮演着极其重要的角色，特别是在经济全球化和国际知识产权保护强化的背景下，知识产权作为国际科技、经贸合作与竞争的主要"交通规则"和"游戏筹码"，已成为各国获得竞争优势的关键。面对这种挑战，世界各国都在加大对知识产权战略的研究，力图通过知识产权战略的实施来增强国际竞争力。

　　一般认为全球化的最本质、最一般的含义，应是指随着生产力的发展和世界市场的建立，整个世界经济日益紧密地联系在一起，从而导致世界各国和各民族之间在经济、政治、文化上的相互往来和相互依赖，最终走向全球一体化的过程。自 20 世纪中叶以来，生产和科技的迅猛发展及市场经济的普遍建立，极大地加强了世界的联系和交往，全世界各民族几乎都卷入世界历史的巨流，即使是发展中国家，也深深地介入到全球化的浪潮中。就这个意义而言，当今世界已经以整体的步伐跨入世界历史的行列，任何一种社会制度下的国家和民族要生存和发展，都不可能置身于全球化的浪潮之外。

　　近三四十年以来，知识产权在国际竞争中的战略地位凸显，国际上对知识产权保护的认识也趋于一致，以内国法和国际公约为主要内容，以世界知识产权组织为核心的全球知识产权保护体系日趋完善。截至 2021 年 12 月，全世界已有 180 多个国家和地区不同程度地建立了知识产权制度，为知识产权提供法律保护。从国际知识产权保护体系的角度看，以《专利合作条约》（PCT 体系）、《商标国际注册马德里协定》（马德里体系）和《工业品外观设计国际注册海牙协定》（海牙体系）为主要内容的国际保护体系为发明、商标和外观设计专利等知识产权的国际交流提供了便利。

1

从争端解决方式上看，《与贸易有关的知识产权协定》（即 Agreement on Trade - Related Aspects of Intellectual Property Rights，以下简称 TRIPS 协定）将世贸组织的争端解决机制引入了国际知识产权纠纷处理，从而强化了世贸组织在国际知识产权保护中的权威地位。国际知识产权保护的完善为各国知识产权战略的实施提供了良好的国际环境。面对经济全球化和国际知识产权制度发展的大趋势，以及发达国家在实施知识产权战略方面咄咄逼人的态势，广大发展中国家也纷纷加紧制定各自的战略方针，积极应对。我国作为发展中国家中的一员，亟须从战略高度认识知识产权问题，实施符合我国国情的发展战略。

伴随新一轮科技革命的兴起，以专利为代表的知识产权方面的竞争日渐成为实体经济竞争的重要表现。为支持实体经济发展，世界各国纷纷出台知识产权保护政策和战略。特别是党的十九大对我国知识产权工作做出了新的部署和要求，提出"倡导创新文化，强化知识产权创造、保护、运用"[①]。

生物技术产业自 20 世纪 70 年代中期萌芽以来，一直保持着快速发展的势头，许多国家把其作为战略重点产业发展，加大了投入，高度重视生物医药产业知识产权的保护。随着经济全球化的深入和科技进步的发展，知识产权制度作为鼓励和保护创新、促进经济社会发展的基本法律制度，地位越来越重要，作用越来越突出。加强生物医药产业知识产权保护是推动科技创新，加速科技成果产业化，增强国家综合竞争能力的战略选择。现实中，我国的生物医药产业既面临发展的机遇，也面临着严峻的挑战。加强我国生物医药产业知识产权保护，既是加快我国生物产业快速发展的需要，也是提高我国生物产业国际竞争力的必然要求：不仅有利于完善知识产权制度和政策措施，将该领域的研发优势转变为知识产权优势和相应产业发展的竞争优势，抢占国际科技和市场制高点，而且有利于我国率先制定相关规则和技术标准，增强国际话语权和谈判资本，在国际合作与竞争中保护和分享资源，更好地维护产业发展和经济利益。[②]

医药知识产权是指一切与生物医药行业有关的发明创造和智力劳动成

---

① 习近平. 决胜全面建成小康社会 夺取新时代中国特色社会主义伟大胜利——在中国共产党第十九次全国代表大会上的报告 [M]. 北京：人民出版社，2017：31.

② 孙洪武，等. 对转基因生物知识产权保护的思考 [J]. 中国科技论坛，2010（01）：134-137.

果的财产权，主要包括五大类：（1）专利和技术秘密；（2）商标和商业秘密；（3）涉及医药企业的计算机软件；（4）由医药组织、人员创作或提供资金、资料等创作条件承担责任的有关编辑作品的著作权；（5）同其他单位合作中涉及研究开发、市场营销、技术转让、投资等与经营管理有关的需要保密的技术、产品信息和药品说明书等。[①]

　　生物医药产业所具有的高科技、高投入和高回报等特征，决定了它对知识产权的高度依赖。为此，许多国家加快了对生物产业的立法，为发展生物产业提供法律保障。1985 年 4 月 1 日我国施行《专利法》，规定生物领域的发明享受国家专利保护。1992 年、2000 年、2008 年和 2020 年我国对《专利法》进行了修改和完善。1999 年 5 月 1 日我国施行《新药审批办法》（现已失效）和《新药保护和技术转让的规定》（现已失效）。2020 年 7 月 1 日我国施行《药品注册管理办法》。至此，在我国生物医药领域以《专利法》为主的知识产权保护法律体系初步形成，对加快我国生物医药产业发展，促进生物医药领域知识产权保护起到了积极作用。2007 年 10 月 15 日，党的十七大报告明确提出了"实施知识产权战略"的伟大任务。2008 年 6 月 5 日，国务院正式颁布了《国家知识产权战略纲要》，这表明党和国家对知识产权保护的高度重视。

　　随着我国生物医药产业规模和效益迅速发展，生物医药企业成果转化中的知识产权保护对科技创新的作用日益突出。河北省作为全国实施创新驱动试点省份，将创新驱动发展视为核心战略，将生物医药产业作为战略性新兴产业重点支持发展。近年来，河北省生物经济总体上保持较快发展，但各个领域发展程度不尽相同，其中生物医药产业发展较为迅速，但生物农业、生物能源、生物化工等领域发展进程有待加快。河北省生物医药产业基础雄厚，产业规模曾位列全国第二。河北省生物医药产业主要集中在石家庄，目前已经形成了石家庄国家生物产业基地和栾城、赵县、深泽生物产业园的生物经济带，医药企业数量在全国名列前茅，并培育出了多个龙头企业，拥有石药、华药、以岭、四药、神威、常山生化、奥星制药、威远生化 8 家境内外上市企业，其中石药、华药、以岭、四药、神威 5 家

[①]　彭真军. 加强我国医药知识产权法律保护的措施 [J]. 中国药业，2009，18（12）：15-16.

企业入围中国制药企业百强。截至 2021 年 10 月，石家庄共有 5 名生物医药领域院士，6 个诺贝尔奖工作站，15 个院士工作站；157 个市级以上科技创新平台。此外，沧州渤海新区生物医药产业园也进入了快速发展阶段，园区目前已迁入 12 家上市公司、61 家高新技术企业、4 家中国医药工业百强企业。生物医药产业已成为河北省重点培育和发展的产业之一。通过实地调研可以预测，3~5 年内河北省生物医药龙头企业的销售收入可翻一番，一批具有较强成长性的中小生物医药企业销售收入则可实现数倍增长，成为河北省生物经济新的增长点。同时也需看到，尽管河北省制药企业数量众多，但 2010 年以来河北省生物医药产业在新一轮的区域布局和技术变革的热潮中竞争力逐渐减弱，正在失去原有优势地位，与江苏、山东等医药大省相比，河北省生物医药企业发展相对较慢，与其差距逐渐拉大。科技成果转化能力有所增强，但自主创新能力依然较弱。要加快生物医药企业成果转化和科技创新，必须要注重以专利为核心的知识产权保护。

本书共分七章。以全球化背景下知识产权制度的演进为开端，对医药产业知识产权保护的相关理论知识进行概述；详细阐述全球化背景下医药产业知识产权保护的理论基础与现实依据；在借鉴国外医药产业发展及生物医药企业成功案例的基础上，探讨我国医药产业发展及其知识产权保护存在的问题；着重分析河北省医药产业发展现状与问题，并探寻河北省医药产业发展的制约因素及其在知识产权战略发展方面的优势和潜力；深入探讨河北省医药产业技术创新和医药产业创新成果转化的途径与对策；最后从完善知识产权战略管理顶层设计、完善知识产权风险法律制度、重视知识产权人才培养、加大京津冀医药产业协同创新力度、实现医药企业国际化发展和提高医药产业知识产权贸易摩擦的涉外解决能力六个层面探讨河北省医药产业知识产权保护的策略。

目　　录

第一章　全球化背景下医药产业
知识产权保护概述

随着全球化的趋势越来越明显，知识产权在国际贸易中所占的比重越来越大，国际社会开始高度重视与贸易相关的知识产权问题。国际组织条约、国家间协定纷纷针对知识产权问题做出了相应的规定，比如《关税与贸易总协定》（General Agreement on Tariffs and Trade，以下简称 GATT），以及 2002 年发起的《泛太平洋战略经济伙伴关系协定》（Trans – Pacific Partnership Agreement, 以下简称 TPP）。知识产权的全球保护问题已经成为国际贸易中不可忽视的重大议题。

生物医药产业作为我国战略性新兴产业的重要组成部分，当下仍面临知识产权法律不够完善、专利保护薄弱、创新资金缺乏、创新能力不强等困境。法律对科技创新有重要的保护和促进作用。随着我国生物医药产业规模和效益迅速发展，生物医药企业成果转化中的知识产权保护对科技创新的作用日益突出。因此，加快生物医药企业产品研发及成果转化，注重知识产权的保护，提高企业的科技创新能力，既是生物医药企业发展的必然趋势，也是我国创新型国家建设和健康中国建设的必然选择。

本章以全球化背景下知识产权制度的演进为开端，探讨知识产权全球治理的内涵和药品专利的全球治理，进而阐述我国知识产权制度的变迁，剖析全球化背景下我国医药产业面临的知识产权风险，为全书的研究做好理论铺垫。

一、全球化背景下知识产权制度演变与全球治理

（一）经济全球化背景下国际贸易与知识产权制度演变

1. 全球化、国际贸易与科技进步的历史考察

"全球化"一词最早由提奥多尔·拉维特（Theodore Ravid）于 1985 年提出，用来形容商品、服务、资本和技术在世界性生产、交换、消费和投资领域中的扩散。[①] 后来西方学者关于全球化的概念更加宽泛，包括经济、文化、政治、信仰等内容。从国际货币基金组织对全球化的定义[②]可以看出，全球化进程最主要表现为经济全球化，涉及国际贸易、要素跨国流动、国际金融等相关领域，国际贸易发展及贸易全球化是衡量经济全球化进程最显著的标志。经济全球化是一个客观的历史进程，其内在的根本动力来自生产力和科技进步的推动，表现为经济全球化、国际贸易和科技进步的发展历程具有相当高的同步性。如表 1-1 所示，李琼根据生产力和世界经济发展的阶段性，把世界经济走向全球化分为六个过程。在世界经济发展史中，学者们对国际贸易发展史有几乎一致的划分。历史考察表明，经济全球化和国际贸易的发展进程几乎是同步的，国际贸易作为经济全球化的一项重要内容，有力地推动了经济全球化在广度和深度上的发展；经济全球化作为国际贸易发展的客观环境，极大地拓展了国际贸易在规模和结构上的增长空间。第一次工业革命以后，经济全球化和国际贸易的发展都伴随着重大的科技进步与科技革命。作为现代生产力中最重要的因素，科学技术的发展革新及由此引发的技术-经济范式革命决定了国际分工在内容、形式、深度和广度上的不断扩大和深化。由于国际分工是国际贸易和世界市场的基础，从而每一次科技革命不仅带来了新产品、新产业，而且改变了已有的国际贸易和世界经济体系赖以运行的基础和内容，成为国际贸易和经济全球化不断发展的决定性因素。

---

① 李琼. 世界经济学新编 [M]. 北京：经济科学出版社，2000：508.

② 国际货币基金组织把全球化定义为：通过贸易、资金流动、技术涌现、信息网络和文化交流，世界范围的经济高速融合而形成的相互依赖现象，表现为贸易、直接资本流动和转让。

表1-1 世界经济和国际贸易的发展阶段

经济全球化进程	工业革命后技术－经济时代	国际贸易发展历程
1492—1760 年世界市场形成前的准备阶段	—	15 世纪末到 18 世纪 60 年代促进资本原始积累时期
1760—1870 年资本主义工业化和世界市场形成	18 世纪六七十年代至 19 世纪三四十年代的早期机器工业时代	18 世纪 60 年代到 1873 年国际贸易具有世界性
1870—1914 年生产和资本的国际化	19 世纪三四十年代至 19 世纪末的蒸汽动力和铁路时代	1873—1914 年国际分工体系、统一市场形成
1914—1945 年的倒退	19 世纪末至 20 世纪三四十年代的电气和重型机器时代	1914—1945 年停滞
1945—1990 年的新发展	20 世纪三四十年代至 20 世纪八九十年代的大规模生产时代	1945—1973 年迅速发展
		1973 年至 20 世纪 90 年代的缓慢发展
20 世纪 90 年代以来全球化的巨大发展	20 世纪八九十年代至今的信息和通信时代	20 世纪 90 年代以来稳定增长

资料来源：李琮．经济全球化新论 [M]．北京：中国社会科学出版社，2005：19-21.

科技进步和革新是需要激励和保护的，人们是否愿意技术革新、是否愿意推广和利用技术革新成果，都与技术革新和推广所获得的收益密切相关，这"又取决于技术创新者和技术创新成果间的产权关系"[1]。20 世纪 80 年代以来，信息通信技术革命和生命科学技术革命在工业领域广泛应用，与之相关的计算机、电信、互联网、化学、食品等产业成为相关技术的知识产权的开发者、持有者和使用者，它们在产品和服务市场上获得的巨大利益很大程度上得益于知识产权保护。作为一种产权制度安排，知识产权保护为技术进步与革新成果提供了一个良好的补偿机制和利益驱动机制，从而与全球化、国际贸易和科技进步的历史密切相关。由于全球化、国际贸易与科技进步的发展历程呈现同步性的特征，全球化进程中的国际贸易

---

[1] 叶京生，董巧新．知识产权与世界贸易 [M]．上海：立信会计出版社，2002：6.

发展与科技进步中的知识产权保护制度演变也必然具有某种程度的一致性。随着全球化和科技进步的步伐不断加快，知识产权日益商品化，知识产权保护制度与国际贸易的联系也日益紧密。

2.与贸易相关的知识产权制度发展进程

（1）15至19世纪末的国际贸易与知识产权保护制度的建立

资本主义社会以前的国际贸易，由于受到生产方式和交通条件的限制，严格地说还不真正具有世界性。当时的知识产权保护也只是封建社会由君主或官吏"恩赐"给某人对其智力成果的"特权"形式，国际贸易与知识产权保护制度没有真正地发展起来。15世纪末16世纪初的地理大发现扩展了国际贸易和世界市场，为资本主义生产方式的形成提供了劳动力、资本和市场基础，但由于机器大工业时代尚未来临，国际分工和世界市场还只是处于萌芽状态。18世纪60年代到1873年，主要资本主义国家相继完成了产业革命，机器大工业使社会生产力得到空前发展，大大促进了国际贸易的发展，国际贸易具有了世界性，世界市场初步形成。资本主义大工业革命时期，在一系列新兴工业部门中，欧洲产业资产阶级不断使用新技术和新发明，随着商品化程度越来越高，认识到从制度上寻求对知识产权的保护、以国家法律形式确认其对发明的垄断权的重要意义，要求新技术条件下产生的各种知识产权在各国或地区的对外贸易中具有商品价值和作用。知识产权保护体系中，最早问世的是专利制度，其产生于商品生产和交换中的技术保护。1474年威尼斯共和国颁布了世界上第一部专利法，1623年英国颁布的《垄断法》标志着现代意义上的专利法诞生，此后美国、法国、荷兰、德国、日本先后颁布了本国的专利法。商标权保护制度的建立与商业交易更为密切，1803年法国制定的《关于工厂、制造场和作坊的法律》被认为是世界上第一个现代意义的商标法，英国、美国、德国、法国、日本先后颁布了注册商标法。与此同时，著作权制度也得到了发展，1709年英国颁布的《安娜法令》被视为世界上第一部版权法，此后法国、美国、德国、日本先后颁布了著作权法。至19世纪末，绝大多数资本主义国家都建立了本国的专利、商标权、著作权制度，成为这些国家现代知识产权制度的基础。此后，主要发达国家知识产权制度的发展，尤其是对外贸易中的知识产权保护法律、政策、战略的演变与国际贸易发展更加休戚相关。[①]

（2）19世纪末—20世纪末知识产权国际保护制度的建立和发展

19世纪末，第二次科技革命使资本主义经济获得了飞跃发展，钢铁、冶炼、汽车、化学等新兴工业部门的出现和交通运输业、通信业的发展，使国际分工、世界市场和国际贸易又一次发生深刻变化，第一次出现了统一的世界市场。随着科学技术和国际贸易的迅猛发展，知识产权的国际需求和国际市场开始出现，知识产权国际保护理念由此形成。

20世纪下半叶，第三次科技革命使世界生产更快增长，成为战后国际贸易迅速发展的物质基础。随着国际贸易中的技术含量成倍增长，知识产权国际保护也越来越引人关注，一些国际组织对国际贸易进行全球制度协调管理的同时，知识产权国际保护的基本形式也开始从以双边协调为主过渡到以知识产权国际协调组织主导下的多边条约为主，知识产权国际保护朝着全面化、多样化和纵深化方向推进。

①知识产权多边国际保护制度的形成（1883—1967年）

如表1-2所示，知识产权国际保护制度始于1883年3月由11个国家签订的《保护工业产权巴黎公约》（以下简称《巴黎公约》）和1886年9月由10个国家签订的《保护文学艺术作品伯尔尼公约》（以下简称《伯尔尼公约》），两个国际公约生效后，分别组成巴黎联盟和伯尔尼联盟，并设有执行机构——国际局，置于瑞士联邦政府的监督之下。1891年《制止商品产地虚假或欺骗性标记马德里协定》《商标国际注册马德里协定》（以下简称《马德里协定》）签订，大大简化了商标多国注册申请的流程。1893年巴黎联盟和伯尔尼联盟合并，形成保护知识产权联合国际局（以下简称BIRPI），"知识产权的国际协调开始朝着整体化和全面化的方向发展"[②]。至世界知识产权组织成立前，在BIRPI主导下缔结了多个国际条约或修订已缔结的国际条约，增加或更新了知识产权国际多边保护的法律规范，并被更多的国家所接受。二战后，联合国专门机构——教科文组织成为又一个促进知识产权国际保护的机构，其主持缔结和管理的《世界版权公约》是与《尼泊尔公约》并列的另一著作权保护体系。

---

① 刘洪勇，王苹.国际商务与知识产权保护[M].北京：人民出版社，2005：8-10.

② 张乃根.国际贸易的知识产权法[M].上海：复旦大学出版社，1999：54.

表1-2 世界知识产权组织成立前的知识产权多边国际保护条约

执行机构	年 份	条约名称
保护知识产权联合国际局（巴黎联盟和伯尔尼联盟）	1883	《保护工业产权巴黎公约》（以下简称《巴黎公约》）
	1886	《保护文学艺术作品伯尔尼公约》（以下简称《伯尔尼公约》）
	1891	《制止商品产地虚假或欺骗性标记马德里协定》（以下简称《马德里协定》）
	1925	《工业品外观设计国际注册海牙协定》（以下简称《海牙协定》）
	1957	《商标注册用商品和服务国际分类尼斯协定》（以下简称《尼斯协定》）
	1958	《保护原产地名称及其国际注册里斯本协定》（以下简称《里斯本协定》）
	1961	《国际植物新品种保护公约》
联合国教科文组织	1952	《世界版权公约》
	1961	《保护表演者、音像制品制作者和广播组织罗马公约》（以下简称《罗马公约》）

资料来源：李顺德.知识产权概论[M].北京：知识产权出版社，2006.

②世界知识产权组织主导的多边协调时期（1967—1994年）

如表1-3所示，二战后，随着国际经济交往日益频繁，政府间全球化经济贸易的协调管理趋向加强，成为日益重要的国际经贸关系，知识产权保护的国际协调随之在国际经贸活动中越来越引人关注。基于知识产权的国际化和知识产权保护国际协调发展的需要，1967年51个国家签署了《建立世界知识产权组织公约》，1970年成立世界知识产权组织（World Intellectual Property Organization, 以下简称WIPO），并设立知识产权国际局取代保护知识产权联合国际局，1974年12月成为联合国组织系统的第14个特别机构。世界知识产权组织建立后，进一步推动了知识产权立法一体化的进程，保证了《巴黎公约》《伯尔尼公约》等一系列知识产权国际条约的协调执行；特别关注发展中国家国内知识产权的立法或法律现代化，修订了《发展中国家保护发明示范法》，制定了《突尼斯样板版权法》，为发展中国家争取知识产权利益提供了国际舞台；并逐步缩小各国间知识产权保护水平的差异，从而促进了世界范围的知识产权保护，在国际上形成了相对统一的知识产权保护制度。WIPO的各种条约是这一时期国际贸易中的知识产权国际保护的主要依据，对推动世界贸易发展具有重要的作用。

表1-3 1967—1994年WIPO签订的知识产权国际保护条约

年 份	条约名称
1968	《建立工业品外观设计国际分类洛迦诺协定》
1970	《专利合作条约》（PCT）
1971	《国际专利分类斯特拉斯堡协定》
1971	《保护录音制品制作者防止未经许可复制其录音制品公约》
1973	《商标注册条约》
1973	《建立商标图形要素国际分类维也纳协定》
1973	《印刷字体保护及其国际保存维也纳协定》
1974	《发送卫星传输节目信号布鲁塞尔公约》
1977	《国际承认用于专利程序的微生物保存布达佩斯条约》
1981	《保护奥林匹克会徽内罗毕条约》
1989	《视听作品国际注册条约》
1989	《关于集成电路知识产权的华盛顿条约》
1989	《商标国际注册马德里协定有关议定书》
1994	《商标法条约》

资料来源：李顺德.知识产权概论[M].北京：知识产权出版社，2006.

③与贸易有关的其他知识产权保护制度演变（1967—1994年）

首先，双边知识产权保护制度继续发展。知识产权双边协议是知识产权国际保护制度的最初形式，包括专门的知识产权保护双边协定和包括在贸易或科技等双边协定中有关知识产权保护的条文。1886年《伯尔尼公约》

缔结之前，签订双边协定的欧洲国家就已达 30 多个，如 1882 年美国与意大利关于商标保护的声明、1884 年意大利与法国保护文学艺术作品的特别协议等。此后，即使参加知识产权多边保护公约的许多成员国之间仍然存在双边条约关系，如二战后至 1994 年意大利分别与瑞士、德国、法国等 14 国签署了 30 多个知识产权保护的双边协议。[①] 在 1994 年 TRIPS 协定签署以前，以美国为首的发达国家在知识产权双边协议中，把给予发展中国家的普惠制、双边投资和技术协定等问题与知识产权保护挂钩，推行其知识产权保护标准，确保获得比较优势利益。

其次，区域性知识产权保护制度建立发展。随着国际经济一体化的发展，区域性知识产权保护制度成为二战后知识产权国际保护的另一个内容，"其中包括欧共体、北美自由贸易区、法语非洲国家和安第斯组织的区域性多边知识产权协定"[②]。区域性知识产权保护制度的途径较为丰富，既有地区性专门的知识产权保护公约，也有贸易协议中的知识产权保护条款，还包括"指令"和"条例"形式及配套的组织建设。比较而言，西欧国家因经济体制比较接近，提出了知识产权保护地区性统一的目标，并局部实现了统一。但同其他区域性知识产权保护制度一样，尚未真正形成区域范围内统一的知识产权保护标准。

（3）20 世纪末以来与贸易相关的知识产权制度发展

①关贸总协定乌拉圭回合的知识产权谈判

知识产权国际保护制度的形成和发展，客观上与国际贸易发展相辅相成，其百余年的历史促进了国际贸易中的知识产权保护。20 世纪 80 年代以来，国际贸易领域发生了重大变化，国际贸易中的知识产权含量迅速增多，与知识产权有关的贸易额大幅上升；同时仿制和假冒的侵权现象频繁出现影响了以知识产权作为比较优势的国家贸易利益，知识产权保护问题在国际贸易中的地位日渐突出。在此背景下，知识产权保护制度和国际贸易规则纳入两个不同的主题、分别由不同组织负责协调的传统模式，显然不适应时代发展的需要了。实践中利用 WIPO 的公约来规范国际贸易中的知识产权保护，也出现了许多不协调甚至是冲突的地方，主要发达国家甚

---

① 叶京生. 知识产权制度与战略——他山之石 [M]. 上海：立信会计出版社，2006：21.

② 叶京生. 知识产权制度与战略——他山之石 [M]. 上海：立信会计出版社，2006：26.

至倾向于采取单边或双边安排推行对外贸易中的知识产权保护标准。1986至1993年关贸总协定乌拉圭回合谈判中，在美国的强烈要求和具体推动下，知识产权保护问题首次正式引入国际贸易领域，达成的《与贸易有关的知识产权协定》（TRIPS）纳入乌拉圭回合谈判成果的"一揽子协议"，并由WTO内与贸易有关的知识产权理事会专门管辖。

②TRIPS协定主导下与贸易相关的知识产权制度的新范式

1995年生效的《与贸易有关的知识产权协定》开辟了国际贸易中知识产权制度发展的新时代，知识产权保护问题开始从传统的智力成果保护领域走向与知识产权相关的国际贸易市场，知识产权保护作为国际贸易的一个因子，转化为一个国际贸易问题。鉴于世界上大多数国家或地区都已加入世界贸易组织，而TRIPS又是WTO所有成员必须遵守和执行的协议之一，这使得世界贸易组织在新的知识产权国际保护制度中开始发挥主导作用。

世界贸易组织一方面积极落实《与贸易有关的知识产权协定》，并在WTO新一轮谈判中具体提出国际贸易中知识产权保护制度需要关注的新内容；另一方面十分注重同世界知识产权组织的合作，协调两大国际组织在知识产权保护制度上的安排和实施工作，全面加强国际贸易中的知识产权保护。近些年来，在TRIPS的示范和推动作用下，世界知识产权组织、区域性国际经济组织以及各国内部也相继制定一些新的知识产权保护条约或其他形式的制度安排，继续致力于全面提高知识产权保护水平。

（二）知识产权的全球治理及药品专利

1. 知识产权的全球治理

（1）全球治理

20世纪80年代以来，随着全球化进程的日渐深入，国家之间的相互依存明显增强，整个世界成为高度融合的统一体。全球化为人类的发展开拓了一个广阔的空间，但是全球化也催生了环境污染、恐怖主义、传染病、毒品等一系列关乎人类命运的问题。这些全球化问题已经超越了传统的国家和地区的边界，威斯特伐利亚体系下以国家为中心的治理已经不足以应对这些问题，因此促进了全球治理的兴起。

1995年，全球治理委员会发表了题为《我们的全球伙伴关系》的报告，报告中将"治理"定义为：个人、公共或个人的组织处理共同事务的总和。

这是一个持续发展的过程。在这一过程中，各种冲突和利益可以得到协调并采取合作行动。这个过程包括授予公认的组织或权力机关强制执行的权力，达到人们或组织认可或认为符合其利益的协议。①戴维·赫尔德（David Held）认为："全球治理不仅意味着正式的制度和组织——国家机构、政府间合作等制定和维持管理世界秩序的规则和规范，而且意味着所有的其他组织和压力团体——从多国公司、跨国社会运动到众多的非政府组织都追求对跨国规则和全球体系产生影响的目标和对象。"②詹姆斯·罗西瑙（James N.Rosenau）认为，全球治理不同于统治，其内涵更丰富，治理指的是"一种由共同目标支持的活动，这些管理活动的主体未必是政府""它既包括政府机制，同时也包括非正式的、非政府的机制"③。我国学者俞可平将全球治理定义为："通过具有约束力的国际规制解决全球性的冲突、生态、人权、移民、毒品、走私、传染病等问题，以维持正常的国际政治经济秩序。"④

综上所述，虽然对于全球治理并没有形成统一、明确的定义表述，但都基本认同全球治理并非是在全球范围内建立一个拥有统一权威的世界政府，而是主张国际社会中的各种行为体能够共同参与治理的过程，通过一定的规则和制度解决全球化问题，最大限度地实现人类对于安全、健康、平等、发展等共同利益的追求。全球治理已经成为我们解决全球化问题的一种必然选择。

（2）全球治理的新议题——知识产权

知识产权是一种特殊的权利，具有私有性和公共性的二元属性。一方面，知识产权是人们对其创造性的智力成果依法享有的一种专有权利，因此它的私有性质在法律中得到认可和保护。TRIPS 协定在"引言"部分也明确表示：承认知识产权是私权。这种私有性可以明确知识制造者对知识产品的所有权，收回知识创造的必要成本并获得相应的报偿，防止"搭便车"行为。这必然能够维护社会公平，激励知识和技术创新，促进社会的进步。

① 英瓦尔·卡尔松，什里达特·兰法尔.天涯成比邻——全球治理委员会的报告[M].赵仲强，等译.北京：中国对外翻译出版公司，1995：2.
② 戴维·赫尔德，等.全球大变革：全球化时代的政治、经济与文化[M].杨雪冬，等译.北京：社会科学文献出版社，2001：70.
③ 詹姆斯·罗西瑙.没有政府的治理[M].张胜军，刘小琳，等译.南昌：江西人民出版社，2001：5.
④ 俞可平.全球化：全球治理[M].北京：社会科学文献出版社，2003：13.

如果将知识产品界定为纯粹的公共产品，必将严重阻碍知识产品市场的形成。[①]另一方面，知识产权与思想、信息、知识的表述和表达及传播有着密切的关系。知识产权在保护知识创造人的利益的同时，应当实现更广泛的社会公共利益方面的重任。如果仅将知识产权禁锢在私有领域中，那么公众将不能从中受益，社会亦不能获得发展。

在一国之内，政府利用权威可以制定出相对合理的知识产权制度，解决知识产权二元属性产生的固有矛盾，充分考虑到知识成果创造者和社会公众利益的相互平衡。而在全球化大背景下，全球经济相互依存，资本在全球范围内自由滚动，贸易和投资在全球范围内自由拓展，技术在全球范围内得以推广和扩散。[②]以技术为核心的知识产权也开始突破地域的限制融入全球化进程，而这种知识产权保护制度下私人部门获利权与公众使用权之间的固有矛盾也同样传递、外化到了国际层面。

在知识产权全球化进程的初期，知识产权的国际保护水平相对较低，且较为分散，知识产品创造者的利益受到盗版、仿制品的侵害。随着知识产权全球化的深入、知识经济的崛起，知识产权开始成为影响未来财富分配的重要因素。以跨国公司、发达国家为代表的知识产权创造者在全球推行高标准、高水平的知识产权保护，知识产权的天平开始倾斜。私利被过度保护，直接威胁到公众利益，尤其是一些发展中国家和最不发达国家的公共利益。随着众多国家纷纷将知识产权定为重要的发展战略，这使得知识产权保护中的政治性因素分量加重，甚至开始出现霸权化、政治化的趋势。发达国家主导知识产权保护的制度规则，在对外贸易中增设技术壁垒，收获高水平知识产权保护制度的红利，而发展中国家和最不发达国家为了获取先进的技术，不得不为此支付高额的费用，承受巨大的经济负担。发展中国家的生命健康、发展等基本的公共利益因为过高的知识产权保护水平而受到严重威胁。不仅如此，发展中国家的传统知识、民间艺术以及遗传资源方面享有较多的知识产权利益，却在国际公约或协定中缺乏完整的规定。[③]在这种极为不对等的情况下，发展中国家还要承担大体相同的保护

---

① 冯晓青．知识产权法利益平衡理论 [M]．北京：中国政法大学出版社，2006：105．

② 冯晓青．全球化与知识产权保护 [M]．北京：中国政法大学出版社，2008：23．

③ 冯晓青．全球化与知识产权保护 [M]．北京：中国政法大学出版社，2008：42．

义务，再一次加剧了利益的失衡。

在全球化浪潮的不断推动下，知识产权如今已经不断渗透到人类生活的各个关键领域，包括贸易、发展、健康、农业、环境、气候变化、生物科技等领域，知识产权在全球化进程中涉及的利益方逐渐增多。而知识产权私人利益和公共利益在全球层面的极度不平衡已经成为知识产权全球化的严重后果，上升为全球化问题。这一问题的解决早已超越国家边界，无法通过任何一个单独的国家去解决，它需要依靠全球治理模式去消除其负面影响，保障人类的共同利益，知识产权已经成为全球治理的重要议题。

（3）知识产权的全球治理

关于全球知识产权治理的讨论主要形成于 20 世纪 90 年代中期，不少学者都提出了全球知识产权治理的概念。

彼得·达沃豪斯（Peter Drahos）从制度出发认为，全球知识产权治理就是通过节点治理的方式使专利制度在全球层面实现一种协同化。[①] 在他看来，治理所需的信息分布在各个网络中，没有一个私有或公有的信息网络能够涵盖所有的信息；节点能够接通各个网络连接的渠道，治理行为通过节点流向四面八方。[②] 苏珊·赛尔（Susan K. Sell）从结构的角度认为，对知识产权的全球治理最好理解成一种体系调整的产物，[③] 她提出了体系（新旧知识产权体系）、机构（主要指美国的私人机构）和制度（知识产权的相关法律制度）三者互动的全球知识产权治理结构。她认为，体系塑造机构，机构与制度不断互动，推动知识产权体系由旧到新不断发展。

笔者综合以上观点，以全球治理的分析框架为基础，认为全球知识产权治理就是多元行为主体通过协商、谈判，通过一系列有约束力的国际规制解决知识产权全球化的问题，即知识产权领域内私人利益和公共利益的失衡问题，最大限度地实现人类的共同利益。全球知识产权治理作为全球治理中的重要一支，呈现出以下特点。

---

① 彼得·达沃豪斯.知识的全球化管理 [M].邵科，张南，译.北京：知识产权出版社，2012：7.

② 彼得·达沃豪斯.知识的全球化管理 [M].邵科，张南，译.北京：知识产权出版社，2012：213.

③ 戴维·赫尔德，安东尼·麦克格鲁.治理全球化——权力、权威与全球治理 [M].曹荣湘，龙虎，译.北京：社会科学文献出版社，2003：244.

第一，参与治理的主体多元化。全球知识产权治理的主体是包括参与知识产权治理的所有行为体。知识产权保护的全球治理已经不能由单一国家或者某个国际机构单独来实现，而是由国家、跨行业全球组织、地区性国际组织或政治安排、行业内组织、跨国公司及联盟、非政府团体等多元治理主体构成。这些行为体呈现多元化发展趋势，大体上可以分为国家、企业与社会三种类型。就国家而言，全球化的趋势将全球大多数国家卷入其中，主动或被动地参与到治理的进程中。虽然在知识产权治理中，国家需要根据知识产权的国际条约，对本国的专利法进行修改，这种削弱国内法效力和强制力的做法是一种对国家权威的挑战和削弱，但是在国际舞台上，国家依然是知识产权谈判与协商的主体，主导着治理的全过程，因此依然是全球知识产权治理的中心力量。就企业层面而言，这些跨国公司、行业组织、同盟等的共同点是拥有专业的知识和技术，在知识产权资源的开发、利用和管理等方面占有巨大的优势，这就决定了在知识产权治理中拥有巨大的影响力，是治理主体中一支重要的力量。社会层面中的行为体在全球知识产权治理中起着调节作用。这些政府间组织和非政府团体主要是社会公共利益的代表，有助于在治理中促进民主和平衡。这三种类型的主体既有合作又有对抗，突破了传统国家中心模式下的等级制，而不断向网络化、层次化发展。

第二，治理国际规制为基础。全球知识产权的治理规制应当是维护全球层面中知识产权利益平衡的一系列原则、规范、标准、政策、协议、程序，这其中包括正式的、非正式的规制及机制。正式的规制主要是国际上有关知识产权的国际性公约、地区性公约和国家的法律法规等，如《巴黎公约》《伯尔尼公约》《与贸易有关的知识产权协定》《欧亚专利公约》《北美自由贸易协定》等。这些规制既为知识产权提供实质性保护，也有相应的限制性条款。

非正式的规制主要包括习俗、传统、道德观念、意识形态等，属于软法范畴。这些非正式规制大多包含诸多灵活性条款，对正式机制进行适当的补充，增加了知识产权制度的弹性。正式机制主要用于处理因知识产权问题引起的国际争端，如国际法院、WIPO 仲裁调解中心、WTO 下的争端解决机制、TRIPS 理事会等。参与治理的主体必须遵循上述国际规制，约束自己的行为，使治理朝合理有效的方向进行。

第三，以谈判和协商为主要方式。全球知识产权治理规制的制定应当建立在谈判和协商的民主方式基础上，不同于传统知识产权政策的制定，主要是依靠国家强制力的保证，在全球层面下缺少一个统一的权威。规制的制定主要在跨国公司、行业组织和联盟及政府间组织、非政府组织的推动下，由主权国家作为主体为了实现自己的最大利益谈判协商的结果。谈判中既有斗争也有妥协，既有合作也有冲突，在不断的博弈中形成国际规制。全球知识产权治理的理想状态应当是民主、平等、开放的协商，任何强权都会威胁到规制的有效性、治理的合法性。

2.药品专利的全球治理

（1）药品专利的特殊性

药品是一种特殊的商品，是关乎人类生命和健康的必要知识产品。所以，药品领域既是关系到国民健康和社会稳定的特殊技术领域，同时也是高技术、高成本、高风险和高回报的知识密集型领域。药品的特殊性使得药品专利这一知识产权的私有性和公共性的矛盾十分明显。

药品专利设置的目的是促进药品创新，保证药品研发者的利益。大多数药品、疫苗及其他生物医药制品的研发都需要投入大量的人力、物力和财力，同时药品的研制耗时较长、风险较大。根据一项研究表明，美国药品公司的每一种药品的问世直到美国食品药品监督管理局（Food and Drug Administration，以下简称 FDA）通过需要耗费 12 亿美元。而根据 FDA 的研究表明，平均每种药品的问世需要耗时 10 至 15 年。通常而言，从实验室研究到正式批准的只有 16%，因此，如果药品没有得到适当的专利保护，那么就会侵害药品发明者的合法权益，药品行业就会因此遭受致命性的打击。同时，根据世界银行的报告，在缺乏专利保护的条件下，将有 65% 的医药产品不会投入到市场，60% 的新药不会被开发。

药品专利提高了药品的价格，直接阻碍了药品的可及性，危及人类的健康等公共利益。根据世界卫生组织（WHO）的报告，人类一直都面临着传染性疾病的蔓延和其他紧急卫生事件的威胁。经济全球化的加速已经使当今全球公共健康问题十分严峻，其中艾滋病的蔓延尤为严重。艾滋病在20 世纪 90 年代快速蔓延，主要在一些中低收入国家，尤其是撒哈拉沙漠以南的非洲，迄今为止已经在全球造成 3900 多万人死亡。虽然国际上已经研制出了将近 20 种治疗艾滋病的药品，但由于价格昂贵，并不能在艾滋病暴发的地区得到广泛应用。而昂贵的药品价格通常是高水平知识产权保护的结果。①

（2）药品专利的全球治理

在药品专利未走向国际层面时，药品专利保护的法律、政策和惯例在各国之间存在着很大的不同，在很长一段时间里，药品的专利保护被视作是有违公共利益的，所以即使在一些发达的欧洲国家，早期也主张将药物排除在专利保护之外，例如法国直到 1960 年才开始对药品专利提供法律保护。对于经济基础相对较弱的发展中国家，大多采取的是一种无专利或是专利制度较为宽松的模式，例如阿根廷、巴西等国允许本国的制药公司自由仿制和售卖其他国家发明的药品，即使这些药品已经在别国拥有专利保护，也不会受到国内法的制裁。在有些国家，药品专利一直备受谴责。1983 年时任印度总理的英迪拉·甘地夫人说："药品，对于贫困国家而言是最有价值的，其价格却极其昂贵……我的建议是当今的世界药品的研究不应当有专利，在生与死之间不应当谋利。"因为这些国家担心一旦授予药品专利，国家的公共健康就会面临威胁，本国的药品仿制工业也会遭受重创。而药品研发能力较强、资金较为雄厚的，尤其是以美国为首的发达国家在药品专利上采取的是十分成熟而严格的专利保护模式。例如在美国，药品专利的保护期长达 20 年。因为药品专利持有者大多为发达国家的药业巨头，药品专利可以为药品行业带来巨额的经济利润。在财富 500 强企业的 48 个产业类别中，制药业的销售盈利、收入盈利以及股票资本盈利都居于首位。

随着全球化进程的深入，以高技术为基础的药品专利随技术的流动也开始走向全球，将与药品专利相关的利益各方卷入其中。发达国家中享有药品专利的跨国公司在全球化背景下冲破国家的边界，为自己在全球市场上谋取更大的经济利益。但是在全球的弱知识产权保护体系下，发展中国家的仿制药业蓬勃发展，跨国公司无法与发展中国家直接抗衡，药品专利

---

① 冯洁菡. 公共健康与知识产权国际保护问题研究 [M]. 北京：中国社会科学出版社，2012：26.

利益因而无法实现。跨国公司在国际上受挫，必须在国内寻求国家的帮助。多家药品公司在国内形成产业联盟，形成强大的游说力量，通过不断游说政府，将知识产权塑造成攸关国家未来竞争力的核心利益，引起国家知识产权制度的改变。跨国公司同国家组成联盟走向国际，国家作为谈判主体参与国际谈判，与同样享有知识产权经济利益的国家结成联盟，对反对知识产权高标准保护的国家进行打压，在全球范围内建立符合自身利益的高标准、高水平的知识产权制度。在这一严格的知识产权体系下，药品专利得到了保证，维护了跨国公司、发达国家的经济利益，但同时却激化了药品专利与公共健康之间的矛盾。发展中国家，尤其是最不发达国家，因为无法支付由药品专利导致的昂贵价格，而面临严重的公共健康危机，进而威胁全人类的健康安全。因此，发展中国家对于发达国家主导的制度表现出强烈的不满，在国际上同跨国公司、发达国家展开博弈，力图冲破制度的局限。在发达国家和发展中国家围绕药品专利与公共健康展开斗争的同时，一批国际组织、非政府组织也加入其中，为发展中国家提供道义上的支持，强化了发展中国家在争取公共利益的谈判地位和话语权，也促进制度朝民主、平衡的方向不断发展。由此可见，药品专利的全球治理实际就是多元行为体，包括国家、跨国公司、产业联盟、国际组织、非政府组织等围绕着药品专利与公共健康的冲突，通过协商、谈判在各层次（国际、地区、国内）不断互动，形成一定的国际规制并利用国际规制调节冲突，实现共同利益的过程。

二、我国知识产权保护制度变迁与存在的问题

（一）知识产权含义

所谓知识产权，是指权利人就其在社会实践中所创造的智力成果所依法享有的专有权利，通常是国家赋予创造者对其智力成果在一定时期内享有的专有权或独占权。从本质上看，知识产权是一种无形财产权，其客体是智力成果或知识产品，包括发明、外观设计、著作、商标，等等。

知识产权保护是法律严格保护知识产权权利人对所创造的智力成果的专有权，其他人或单位不得侵犯。凡是违反法律规定而损害权利人的侵权

行为均可采取民事救济、刑事保护或行政保护措施。世界各国基本都设有专门的行政管理部门或统一管理知识产权的事务机构，通过各种措施保护知识产权所有人的合法权益不受侵犯。

（二）知识产权范围

世界知识产权组织于1967年签署的《建立世界知识产权组织公约》第二条第八项规定了知识产权包括有关下列权利：关于文学、艺术和科学作品的权利；关于表演艺术家的演出、录音和广播的权利；关于人们努力在一切领域的发明的权利；关于科学发现的权利；关于工业品式样的权利；关于商标、服务商标、厂商名称和标记的权利；关于制止不正当竞争的权利；在工业、科学、文学或艺术领域里一切来自知识活动的权利。

国际保护工业产权协会认为知识产权应包括创造性成果权利和识别性标记权利两类。

创造性成果权利包括：发明专利；集成电路；植物新品种权；技术秘密（技术诀窍 know – how）权；工业品外观设计权；著作权；软件。

识别性标记权利包括：商标权；商号权（厂商名称权）；其他与制止不正当竞争有关的标识性标记权。

世界贸易组织的《与贸易有关的知识产权协定》第一部分第一条规定了管辖的知识产权范围包括下列权利：版权及邻接权；商标权；地理标志权；工业品外观设计权；专利；集成电路的布图（拓扑图）设计权；未披露信息的保护权。其中"未披露信息的保护"是指对"商业秘密""技术秘密"的保护。

（三）知识产权保护制度的变迁

知识产权在促进创新和保持经济增长方面扮演着非常重要的角色，不仅是企业赖以生存、长远发展、走向国际市场的基础，更是拓展海外市场的重要资源和核心竞争力。我国高度重视知识产权保护工作，将其视为经济可持续发展的利益所在。我国在2001年加入WTO前后，对知识产权相关法律法规进行了全面系统的修订，构建起符合国际通行规则和我国国情的知识产权法律体系。知识产权保护既包括立法层面，又包括执法层面，笔者首先从立法层面整理和归纳了我国在知识产权方面颁布的法律法规等政策。

1. 中国知识产权保护相关政策的变迁

中国现有的知识产权保护体系主要由知识产权相关法律、行政法规和部门规章构成。在法律层面，我国在 20 世纪八九十年代已经制定了以《专利法》《商标法》和《著作权法》为核心的三大知识产权相关法律。2001 年加入世界贸易组织前后，我国对《专利法》《商标法》和《著作权法》等知识产权相关法律法规进行多次修订和完善，建立符合国际通行规则与我国现实国情的知识产权法律体系。2008 年以来，我国进一步将知识产权保护上升到国家战略层面，并根据经济活动现实情况开展大量立法活动。此外，为抑制不正当竞争行为对市场经济的消极影响，保护经营者和消费者的合法权益，我国于 1993 年还制定了《反不正当竞争法》，并在 2017 年根据现实情况进行了修订。

关于知识产权保护的行政法规主要是由国务院制定，包括《专利法》《商标法》和《著作权法》三大法律的实施细则，并在计算软件、信息网络传播、集成电路布图设计、海关知识产权等方面制定具体的保护条例。而知识产权保护的部门规章主要由国家知识产权局、国家市场监督管理总局、国家版权局和新闻出版局、农业农村部等部门分别就专利、商标、出版物、农业植物新品种等方面制定具体的管理条例。此外，针对知识产权侵权活动所呈现的新特点，我国近年来还出台了一系列加强知识产权保护的政策性文件，强调在知识产权保护中要加强新技术手段的运用，维护公平竞争、健康有序的市场环境。

2. 中国加入的知识产权保护国际公约

伴随经济全球化的推进，世界各国通过缔结国际条约来实现法律的全球化。知识产权是人类创造的共同财富。在知识产权领域，《保护工业产权巴黎公约》和《保护文学和艺术作品伯尔尼公约》，为通过多边国际公约来协调各国法律开了先河。此后，许多知识产权国际公约纷纷缔结，并得到西方一些发达国家的遵守。我国则始终秉持开放的态度，加强知识产权领域的国际交流合作。目前，我国在知识产权保护制度和实践上与国际通行规则相一致。

通过笔者整理，表 1-4 列举了中国加入的部分知识产权国际公约。其中，《专利合作条约》《保护工业产权巴黎公约》《国际植物新品种保护公约》曾被有关学者称为衡量一国知识产权保护完善程度的重要标准。由表 1-4

可以看出，我国积极加入《保护工业产权巴黎公约》《关于集成电路知识产权的华盛顿条约》和《视听表演北京条约》等多个知识产权国际公约，特别是加入世贸组织以来，为了与国际接轨，我国广泛参与知识产权相关议题磋商，并就知识产权的各个层面签署国际公约，与国际社会共同打击知识产权侵权行为，不断提高知识产权保护标准，为知识产权的国际保护贡献出中国智慧、中国力量。

表1-4 中国加入的知识产权国际条约一览表（按加入时间顺序排列）

加入时间	条约中文名称	条约英文全称	备 注
1980年6月3日	《建立世界知识产权组织公约》（简称WIPO公约）	Convention Establishing the World Inellectual Property Organization	1967年缔结，1979年10月28日修正
1985年3月19日	《保护工业产权巴黎公约》（简称《巴黎公约》）	Paris Convention for the Protection of Industrial Property	1883年缔结，适用于最广义的工业产权，包括专利、商标、工业品外观设计、实用新型、厂商名称、地理标志以及制止不正当竞争
1989年7月4日	《商标国际注册马德里协定》	Madrid Agreement Concerning the International Registration of Marks	1989年10月4日对我国生效
1990年5月1日	《关于集成电路知识产权的华盛顿条约》（简称《华盛顿条约》）	Washington Treaty on Inellectual Property in Respect of Integrated Circuits	TRIPS规定其成员必须遵守该条约的第2条至第7条、第12条以及第16条中的部分规定
1992年6月11日	《生物多样性公约》	Convention on Biological Diversity	该公约建立了公平合理地共享遗传资源利益的原则，尤其是作为商业性用途，涉及了快速发展的生物技术领域
1992年7月30日	《世界版权公约》	Universal Copyright Convention	1992年10月30日对我国生效
1992年10月15日	《保护文学和艺术作品伯尔尼公约》（简称《伯尔尼公约》）	Berne Convention for the Protection of Literary and Artistic Works	1886年通过，为文艺创作者（作家、音乐家、画家等）提供了控制其作品依何条件、由谁使用的手段

续表

加入时间	条约中文名称	条约英文全称	备 注
1993 年 1 月 5 日	《保护录音制品制作者防止未经许可复制其录音制品公约》（简称《录音制品公约》）	Convention for the Protection of Producers of Phonograms Against Unauthorized Duplication of Their Phonograms	1971 年通过，1993 年 4 月 30 日对我国生效
1993 年 10 月 1 日	《专利合作条约》（简称 PCT）	Patent Cooperation Treaty	1970 年缔结，1994 年 1 月 1 日对我国生效
1994 年 5 月 5 日	《商标注册用商品和服务国际分类尼斯协定》（简称《尼斯协定》）	Nice Agreement Concerning the International Clasification of Goods and Services for the Purposes of the Registration of Marks	1961 年缔结，1994 年 8 月 9 日对我国生效
1994 年 10 月 28 日	《商标法条约》（简称 TLT）	Trademark Law Treaty	1994 年缔结，宗旨是统一和简化国家和地区商标注册的程序
1995 年 4 月 1 日	《国际承认用于专利程序的微生物保存布达佩斯条约》（简称《布达佩斯条约》）	Budapest Treaty on the International Recognition of the Deposit of Microorganisms for the Purposes of Patent Procedure	1977 年缔结，1995 年 7 月 1 日对我国生效
1996 年 6 月 17 日	《建立工业品外观设计国际分类洛迦诺协定》（简称《洛迦诺协定》）	Locarno Agreement Establishing an International Classification for Industrial Designs	1971 年缔结，1996 年 9 月 19 日对我国生效
1996 年 6 月 17 日	《国际专利分类斯特拉斯堡协定》，简称《斯特拉斯堡协定》	Strasbourg Agreement Concerning the Interna – tional Patent Classification	1975 年缔结，1997 年 6 月 19 日协定对我国生效
1999 年 4 月 23 日	《国际植物新品种保护公约》	International Convention for the Protection of New Varieties of Plants	根据该公约，成立了国际保护植物新品种联盟
2000 年 5 月 4 日	《商标国际注册马德里协定有关议定书》（简称《马德里议定书》）	Protocol relating to the Madrid Agreement concerning the International Registration of Marks	1989 年签订，2000 年 8 月 4 日对我国生效

加入时间	条约中文名称	条约英文全称	备 注
2001 年 12 月 11 日	《与贸易有关的知识产权协定》（简称 TRIPS）	Agreement on Trade-Related Aspects of Intellectual Property Rights	TRIPS 协定是将知识产权保护纳入 WTO 体制的法律根据
2004 年 8 月	《保护非物质文化遗产公约》	Convention for the Safeguarding of the Intangible Cultural Heritage	旨在保护以传统、口头表述、节庆礼仪、手工技能、音乐、舞蹈等为代表的非物质文化遗产
2006 年 12 月 29 日	《保护和促进文化表现形式多样性公约》	Convention on the Protection and Promotion of the Diversity of Cultural Expressions	2005 年 10 月 20 日联合国教科文组织第 33 届大会通过
2007 年 1 月 29 日	《商标法新加坡条约》（简称《新加坡条约》）	Singapore Treaty on the Law of Trademarks	2006 年缔结；以 1994 年《商标法条约》为基础，但适用范围更广，而且还处理通信技术领域的一些新问题
2007 年 3 月 9 日	《世界知识产权组织版权条约》（简称 WCT）	WIPO Copyright Treaty	1996 年缔结，属于《伯尔尼公约》所称的特别协议，涉及数字环境中对作品和作者的保护，2007 年 6 月 9 日对我国生效
2007 年 3 月 9 日	《世界知识产权组织表演和录音制品条约》（简称 WPPT）	WIPO Performances and Phonograms Treaty	1996 年缔结，涉及表演者和录音制品制作者的知识产权，特别是数字环境中的知识产权，2007 年 6 月 9 日对我国生效
2014 年 7 月 9 日	《视听表演北京条约》	Beijing Treaty on Audiovisual Performances	保护涉及表演者对视听表演的知识产权；2014 年 7 月 9 日对我国生效
2021 年 10 月 23 日	《关于为盲人、视力障碍者或其他印刷品阅读障碍者获得已出版作品提供便利的马拉喀什条约》（简称马拉喀什条约）	Marrakesh Treaty to Facilitate Access to Published Works for Persons Who Are Blind, Visually Impaired or Otherwise Print Disabled	为缔约方设定了为视障者和其他阅读障碍者规定强制性限制与例外的义务，并有相应的灵活性
2022 年 2 月 5 日 （1999 年文本）	《工业品外观设计国际注册海牙协定》（简称《海牙协定》）	Hague Agreement Concerning the International Registration of Industrial Designs	目前有两个文本有效——1999 年文本和 1960 年文本，我国加入了 1999 年文本

三、全球化背景下我国医药产业面临的知识产权风险

（一）全球知识产权风险现状

1. 发达国家主导世界知识产权话语权

兴起于 20 世纪 80 年代的知识产权国际保护制度，逐步发展为以多边国际公约为基本形式，以政府间国际组织为协调的相对统一的国际法律制度。经济全球化背景下国家间博弈、政府间协调等因素的共同作用使得知识产权保护制度逐步国际化，其中发达国家幕后推动并在国际舞台上拥有绝对话语权。以遗传资源保护为例，发展中国家致力于《生物多样性公约》确立的"国家主权""标识来源"规则修改 TRIPS 协议，而以美国为代表的发达国家则启用双边主义策略，与发展中国家签订双边协定，企图将他们各个击破，限制发展中国家的话语权。

近年来，知识产权风险的频频爆发危及了国家经济安全，"平等的话语权"越来越成为发展中国家的共同心声。在知识产权规则的谈判中，发达国家和发展中国家的平等参与至关重要，但基于发展中国家和发达国家经济实力的不对称性，使得他们的谈判地位和声音的强弱具有显著差别。因此，在国际知识产权政策的制定中应切实给予发展中国家平等的话语权，充分考虑发展中国家的需要。

2. 发展中国家知识产权风险日益增大

随着新技术的涌现，现代知识产权的保护范围不断扩展，已从传统的专利、商标、版权扩展到电子、通信、网络、生物领域。其中，专利保护被誉为最严格的知识产权保护形式，但是随着保护范围的扩大，科学界定专利保护的范围已成为难题。

发达国家不仅扩大了保护范围，还要求发展中国家加大现有的知识产权保护力度，这不符合当前发展中国家的利益，因为保护力度的大小是以经济发展实力为基础的。知识产权制度的作用在于保护企业和国家的经济安全，如果盲目加大力度反而会威胁经济安全，仅仅是给发达国家带来"高保护"的好处。

3. WTO 的 TRIPS 协定不公正导致南北利益失衡

TRIPS 协定自产生之日起就丧失了公平。根据世界银行《1989 年世界

发展报告》，1987年美国人均GDP为18 530美元，协议保护的最低标准主要是根据该时期以美国为首的发达国家的发展状况和知识产权法律现状制定的。[①] 发展中国家的人均GDP显然远远低于这个标准。以中国为例，2003年中国人均GDP才达到1 090美元，到2020年接近11 000美元，这与18 530美元还是相差较远。也就是说，TRIPS协定是在忽视南北差距的基础上成立的。

作为WTO一揽子协议的一部分，所有WTO成员方都必须加入TRIPS协定。发展中国家与发达国家的经济发展水平存在巨大的差异，因此发达国家在世界范围内拥有绝大多数的知识产权，其保护的范围和标准更多的是针对专利权和著作权这两种传统知识产权，而对于生物多样性、传统知识、民间文化艺术等发展中国家占优势的新型知识产权却尚无保护标准，遭受发达国家的侵权、掠夺，使得发展中国家发展失去动力，南北的差距越来越大。

4. 世界知识产权现行旧秩序加剧知识产权的不确定性

知识产权保护体系的形成和发展已经有100多年的历史，涵盖了众多领域的国际保护公约，如《保护工业产权巴黎公约》《商标国际注册马德里协定》《专利合作条约》《世界版权公约》《建立世界知识产权组织公约》，等等。这些现存的公约存在诸如实际效力小、原则规定为主、无执行机构和缺乏有效的争端解决机制等缺陷。1993年乌拉圭回合后TRIPS协定诞生，第一次把知识产权与国际贸易问题联系在一起。

现行的知识产权旧秩序是以WTO之TRIPS强制协定框架为主导，世界知识产权组织专门机构协调和促进为辅，对发达国家庇佑、对发展中国家的高标准、高要求的利益倾斜性秩序。由于政治、经济和历史等原因，TRIPS协定必然存在很多局限性——作为一个与贸易有关的协定，它重视知识产品的商品和经济属性，却忽视其知识和文化属性，对作者精神权利的维护、传统知识的保护、文化多样性的弘扬和重视不够。在价值关怀上，知识产权国际保护制度对人们的生存权、发展权关注不够。TRIPS协定没有反映人权保护的需要，在信息获取、公共健康等基本人权方面欠缺保护。

---

① 国家知识产权局条法司. 专利法研究[M]. 北京：知识产权出版社，2003：56.

5.利益平衡和共同发展的世界知识产权新秩序亟待建立

处于不同发展阶段的国家需要不同的知识产权保护力度和文本规范，因而国际社会在制定知识产权制度或者策略的同时要顾及发展中国家的利益。但是，现有的国际知识产权保护协议和公约主要反映了发达国家的利益，一揽子协议的最低保护标准要求至少达到发达国家的水平，处罚措施严格，给发展中国家的经济安全带来风险。世界知识产权新秩序的建立必须由发达国家和发展中国家平等谈判，在考虑双方发展需要和现状的基础上，尤其关注最不发达国家利益和欠发达国家的经济现状，确立平等的人性化条约。

（二）我国医药产业面临的知识产权风险

1.传统中医药混淆

目前社会普遍存在混淆中药和天然药物（生药）两个不同概念的现象。以研究对象划分，中药研究对象要更广泛。中药研究的对象包括天然动植物药、矿物药、化学药品、生化药品等，而天然药物的研究对象就是指天然的动植物药材。如果我们用国外研究动植物药的方法去研究中药，等于放弃了传统的方剂配伍理论，也就等同于抛弃了中国传统的方剂学，最终抛弃了传统中医学，而形成事实上的"弃医从药"。这将造成传统中医药的文化沦丧。传统中医药是中国文化的瑰宝，要加强保护和充分利用，切不能因为自己的保护不力造成文化财产的遗失。

2.中药复方专利难获保护

西药的成分研究特征使之完全符合专利申请的标准，因此能够通过申请专利获得保护。而中药的验方理论在目前的知识产权保护形式下难以真正得到保护，所以造成很多传统中药企业不愿申请专利的现象。传统医药知识不具备工业实用性，它的公开状态不满足专利权的新颖性特征，使之无法作为专利保护的对象，失去了寻求专利保护的可能性。即使对以天然物质为主的传统药物进行炮制、提取和分离，也很难实现将有效成分分离到化合物状态，因此传统药物的天然特性限制了专利保护力度。而且，一旦将活性成分分离到化合物状态，将失去药物原有的疗效，违背了中药复方的治疗原理。何况，即使申请了专利，在目前的知识产权旧体制下，能否真正得到保护还存在问题。

3.遗传资源被掠夺

近年来发展中国家的遗传资源频繁遭到发达国家的"盗窃"。盗窃资源的案例频发、领域不断扩张、速度之快，构成了"盗窃"三大特征。

中国作为最大的发展中国家，拥有丰富的自然生物资源。医药和生物技术跨国公司通过各种手段从中国掠取大量的遗传资源，并通过对这些资源的研发获得了巨额利润，造成许多生物遗传资源向国外流失，被一些发达国家公司抢注为专利产品。

第二章　全球化背景下医药产业
知识产权保护的理论依据

生物技术产业自 20 世纪 70 年代中期萌芽以来，一直保持着快速发展的势头，许多国家将其作为重点战略产业发展，加大了投入，高度重视生物医药产业知识产权的保护。现实中，我国的生物医药产业既面临发展的机遇，也面临着严峻的挑战。加强我国生物医药产业知识产权保护，既是加快我国生物产业快速发展的需要，也是提高我国生物产业国际竞争力的必然要求。

知识产权保护政策是鼓励新知识生产、保护创新活动成果的一个重要制度环境。近年来，技术创新能力与知识产权保护制度之间的关系得到了学术界的广泛关注。国内外学者就知识产权保护是否能促进一国技术创新能力的提升在理论分析和实证检验方面展开了较为丰富的研究。大多数研究表明，加强知识产权保护有利于发达国家技术创新能力的提升，但能否提升发展中国家的技术创新能力至今仍是一个颇具争议的问题。那么，知识产权保护制度如何影响我国的技术创新能力？尤其是知识产权保护制度如何影响我国医药产业的技术创新能力？在不同省份知识产权保护对医药产业技术创新能力的作用是否存在差异？知识产权保护可以通过哪些渠道对各省的医药产业创新能力产生作用？为了回答上述问题，为了更深入研究知识产权保护对各省医药产业创新能力的作用，本章对相关基础理论进行了梳理，涉及法学、经济学、国际贸易学等有关理论，分析了知识产权保护制度通过自主研发、外商投资、对外直接投资、进口贸易、出口贸易等渠道对技术创新能力施加影响的作用机理，为后续研究提供理论依据。

一、全球化背景下医药产业知识产权保护的理论基础

（一）法理基础

知识产权保护的法理基础是知识产权制度的基础性原理，是知识产权法律保护概念和法律规则的基点和本源。国内外关于知识产权保护的理论研究首先都要厘清这个问题，明确知识产权保护的法学价值观。

1.知识产权法律制度溯源

国际贸易中的知识产权保护体系主要是一种法律制度安排，是自《罗马法》以来财产权领域法律革命与制度变迁的结果。古罗马的财产法体系以"物"为基础，包括有体的物质对象和无体的制度产物，其私法原理和规则，尤其是无体物理论，是知识财产法律化的重要思想依据。第一，《罗马法》的无体物财产是作为制度规定的财产权利，具有非物质化特征，为财产范围延伸到知识领域和知识产权制度构建提供了关键的概念工具；第二，《罗马法》创制了无体物的"准占有"制度，虽不发生有形物的控制，以财产权利为客体也视为法律上的占有，这意味着知识产品创造者应是法律授予的知识财产的权利人，知识产权应具有独占性和法定性；第三，《罗马法》中的无体物是与有体物相关的抽象物，通过表达可以获得有形性，这意味着知识产品要通过一定的客观形态表现出来，即知识产品的物化，这既是获得法律保护的条件，也是知识产权价值的实现途径，提供了知识产权与国际贸易的结合点；第四，《罗马法》在无体物的买卖上创制了"法庭让与"的方法，其公开性和程序化使无体物的转让更有效力，现行法律中的知识产权转让采用了相同的理念，即知识产权的出让须采取书面及其他法定形式且应由主管机关进行登记或审核，在知识产权贸易实践中被各国广泛采纳；第五，《罗马法》划定了无形侵害行为的形式、非法权利占有的特征以及侵权的救济措施，这是现代知识产权保护制度包括贸易领域的基本内容构成。

2.知识产权法律制度的哲学解读

（1）卢梭（Jean‐Jacques Rousseau）的社会公意理论

卢梭以社会契约为基础、以社会公意为依据，提出了社会公意理论。社会契约基础意味着财产权是一种受到保护的法律权利，在体现社会公意

的法律作用下，对物的事实占有正式转为财产权利，这种财产权利须符合法律的正义理念。这为国际贸易中的知识产权法律状态、专利国际保护中的信息公开和权利专有的契约对价关系、贸易摩擦中知识产权保护的权利滥用及限制、药品贸易的知识产权保护公共利益原则等提供了哲学上的理论支持。

（2）康德（Immanuel Kant）的自由意志理论

康德认为，所有权主体为占有某物，需在主观意志上有独占且不受他人侵犯的要求，由此所有权包括个人意志的占有和共同意志的占有，所有权的效力是从体现共同意志的普遍法则中产生的，所有权只有在法律状态才能确认。因此国际贸易中的知识产权有赖于国内法和国际法的特别保护，完善与贸易有关的知识产权保护体系是国际贸易中首要的知识产权保护课题。

（3）黑格尔（G.W.F.Hegel）的财产人格论

黑格尔认为，法的本质是意志的自由，一般抽象的意志发展成实在意志时，意志关系就成为人际关系，意志自由就赋予了人格，所有权是体现自由意志和发展单个人格的工具。精神财产在实现过程中，精神所有权也要与特定主体的人格相联系，是创造者人格存在和发展的工具，因此知识产权保护是知识私权和人权的共同要求。因为个人人格可以在不同物体、不同水平上得以呈现，所以不同类型的知识产权应受到不同的保护。同时，精神所有权转让限于精神能力及其产品的部分转让，受让者享有的权利与出让者的意志相关，精神所有权要受到保护，说明知识产权贸易只能是限制的财产权内容。

（4）扎霍斯（Peter Drahos）的知识产权哲学

这是当代知识产权学界对知识产权的哲学分析的著作之一，其中提出的"抽象物"概念有别于《罗马法》中的"无体物"，主要是指知识财产。知识产权是基于"抽象物"而产生的一种具有独占性的财产权，知识产权制度具有存在的合理性，但也可能产生威胁权力，造成分配不均的危险。反思国际贸易中的知识产权保护现状，知识产权保护制度是否完善、知识产权保护效应是否合理、频繁的知识产权贸易摩擦是否有制度因素的影响，是该理论启示我们需要研究的问题。

（二）经济学相关理论

1. 传统价值理论

知识成果需要保护源于其具有的价值，所以经济学最初仅从供给角度研究商品价值的确定原则。在古典劳动价值论中，洛克（John Locke）阐述了劳动是获得私人财产权的重要途径及其合理性，斯密（Adam Smith）把财产定义为一种劳动的结果，萨伊（Jean – Baptiste Say）进一步丰富了劳动所创造的财产内容，揭示了无形产品的劳动价值。根据劳动价值论，知识是智力劳动成果，知识成果具有价值，可以成为知识财产并受到保护，是知识价值论的本源。萨伊、马尔萨斯（Thomas Robert Malthus）、穆勒（John Stuart Mill）等人在劳动价值论基础上提出了生产费用论，认为商品价值不只是劳动创造的，还是生产耗费的所有生产要素共同创造的，知识成果的价值可以看作知识成果研究与开发的总投入创造，生产者应得到保护和补偿。

19世纪70年代初，以奥地利学派为代表的经济学家提出了商品价值的边际效用价值论，认为价值是人们对经济物品重要性的主观判断，是对它满足需求的效用进行评价，并把主观效用和边际概念结合说明价值量的确定。根据边际效应价值理论，知识产权的交换价值就是"交易各方对在权利范围内知识成果可发挥的作用或可产生的收益进行预期和评价，是各方所形成的不同的价值评价在交换过程中相互冲突，经各方妥协、平衡的结果。知识产权的价值由其在市场上形成的交换价值表现出来"[1]。

19世纪末20世纪初的无形财产论是知识成果需要通过特殊的产权制度安排进行保护的经济学解释的本源。麦克劳德（John Macleod）的无形财产说区分了有形财产和无形财产，认为债务制度产品的所有权就是无形财产，这为英美国家的无体财产权制度体系做了精辟的经济学分析。凡勃仑（Thorstein B.Veblen）的无形财产说建立在现代无形财产的概念基础上，强调无形财产在社会财富中的重要意义。20世纪考特（Robert Court）和尤伦（Thomas Yoren）的知识产品论则从公共产品和私人产权相互关系的角度，阐述了建立知识产权制度的经济动因在于对财产权的法律保护有其创造有

---

[1] 范晓波. 知识产权价值决定——以经济学价值理论为视角的考察[J].电子知识产权，2006(10)：20.

效适用资源的诱因，说明了知识产权保护制度的经济价值。

2. 现代福利经济学、制度经济学相关理论

（1）阿罗（Kenneth J.Arrow）的信息不完全专有性分析

阿罗的信息不完全专有性分析是现代知识产权保护制度的经济学理论萌芽。从福利角度来看，信息应该是可以无偿地为公众所获得，这将保证信息的最优利用，可是这种免费信息制度却不能为研究提供持续的激励。通过专利和其他法律手段，企业可以得到产权，并可利用产权提高其利润，这时产权也可能体现为公司的无形资产。阿罗的分析为国际贸易中的知识产权保护研究提供了一个视角，即关注知识创造和扩散与全球社会福利的关系。国际贸易中适度的知识产权保护有利于知识的创新推广和交易，对知识产权保护的忽视不仅导致创新投入不足，而且阻碍创新知识的传递和共享，造成重复研究，但是过度保护又会妨碍知识的全球普及，国际贸易中知识产权保护制度的这种内生困境值得关注。

（2）外部经济理论

外部经济理论认为，外部效果是指经济活动主体的成本或效益不通过影响价格而自动地外溢到他人，直接影响他人的经济环境和经济利益，是一方对另一方的非市场影响。外部经济效果以多种形式出现，有正外部效果和负外部效果，有生产中的外部效果和消费中的外部效果等。外部效果使私人成本与社会成本之间、私人收益与社会收益之间产生差异，这种差异使市场配置资源效率降低，不能保证追求个人利益的行为使社会福利趋于最大化。

外部经济理论应用于国际贸易中的知识产权保护问题分析，主要在于知识产品的生产和消费性质上都具有明显的正外部效果，会影响与贸易有关的知识产权保护制度安排。在生产方面，单个经济主体的知识产品生产就是新发现、新发明、新产品、新技术、新设计、新创作的完成。与物质产品不同，知识产品是无形资产，其创造不仅需要智慧劳动，而且还有很大的风险性和不确定性；不过发明创造一旦成功，就会成为社会财富的源泉，其中重大的发明创造甚至会引起划时代的技术革命，极大推动人类社会的发展和进步，如蒸汽机的发明、《命运交响曲》的创作等。在消费方面，单个经济主体的知识产品消费不仅使个体掌握了更多知识，而且是他人及

全社会对新知识的学习、掌握、积累过程的促进因子，进而对人类文明进步产生积极的影响。迄今为止，人类所拥有的全部知识就是不断地学习、创造、积累过程的结果。由于知识产品具有正向的外部效果，所以知识产品的社会收益一般远远大于私人收益。如果市场价格机制不能保证知识产品的生产者和消费者获得其产生的全部社会价值，而通过传播其社会价值和历史贡献要远远大于发明者或创作者自身获得的利益，那么知识产品的生产和消费就会低于社会所希望的最优水平。

（3）产权理论

1960年科斯（Ronald H.Coase）发表《社会成本问题》一文，标志着主流经济学引入了法律制度研究，出现了经济分析法学流派。所谓产权，就是对谁拥有一种物品以及作为所有者被允许可以与他人做什么形式的交易所做出的法律规定，其中最关键的是产权界定问题。产权理论中著名的科斯定理认为，在交易成本为零时，只要明确了产权，无论产权的最初分配状态如何，相互间存在外部效果的双方会通过市场自由交易，自动将产量调整到能够实现资源最优配置的产出水平。新制度经济学的交易费用理论假设交易成本较高，认为存在外部效果的双方无法通过自愿交易实现资源最优配置，产权的界定及其分配状态会影响资源配置以及利益分配，因此，任何产权归属都存在是否合理的问题。合理的产权界定符合效率原则，可以降低交易费用，促进经济发展和技术进步。

从制度层面看，诱发知识产权保护困境的直接原因是具有公共物品属性的知识与以尊重私有排他权为特征的知识产权保护之间的对立，这引发了知识产权制度的合规性分析。根据产权理论，设立知识产权保护制度，赋予知识产品私有产权的性质，是解决知识生产外部效果的一种制度安排。其经济目标在于促进私人收益与社会收益接近，最合理地利用有限资源和最大限度地扩大知识产出，实现效益最大化。其中产权界定问题就是知识产权专有权的归属问题，即授予权利人对其所获得的知识产权拥有所有权、实施权和转让权，权利人以外的任何人未经许可不得使用和实施其专有权。权利人可通过知识产权贸易来增加收益，从而激励知识产品的生产和创新，这是知识产权保护制度的核心问题。

知识产权贸易实务中，知识财产的无形性使交易双方信息不对称，合同签订前一般都要对知识产权进行评估才能确定合理价值。如专利评估中包括查清未决专利与批准专利，了解批准专利的异议程序，确定专利类型和属性，审查专利保护的有效期限和专利年费记录，研究专利权利要求书和有关法律纠纷，了解有关专利的市场应用与前景等。复杂的评估内容显然增加了交易成本，各国知识产权保护意识、制度等方面的差异以及各国与知识产权保护有关的贸易政策的不同也提高了交易成本。

根据交易费用理论，当交易成本较高时，合理的知识产权界定对资源配置具有重要作用。如专利信息公开是技术受方掌握无形技术信息的重要渠道，又是技术供方很好的广告宣传媒介；授予知识生产者限定的专有权，可以促进知识生产的私人收益接近社会收益，增加社会创新总量，专有权的时效性还最终使知识成果转变为公共产权，带动社会科技进步。不合理的知识产权制度则会增大知识产权保护成本，可以是创新激励不足，也可以是限制知识社会化。

（三）国际贸易学相关理论

传统贸易理论主要包括比较优势理论和要素禀赋论，是国际贸易理论框架的基础。比较优势理论认为，各国在不同产品上具有比较优势，集中生产并出口具有比较优势的产品、进口具有比较劣势的产品，贸易双方都会获利。要素禀赋论进一步说明了比较优势的源泉，认为各国在大量使用相对丰裕和便宜的要素、较少使用相对缺乏和昂贵的要素的商品生产上具有比较优势；一国应出口相对丰裕和便宜的要素密集型商品，进口相对缺乏和昂贵的要素密集型商品。

随着国际贸易的发展，传统贸易理论在解释一些现代国际贸易现象时受到质疑，遵循比较优势理论的实践不一定都有利于经济发展，一些新的贸易模式并不基于要素禀赋的差异。现代贸易理论开始从规模经济、不完全竞争市场结构、技术进步等因素入手进行解释，其中"技术演进是最普通与持续影响的因素"[①]，包含技术构成的知识产权及其保护作为国际贸易中的一种新要素，与现代国际贸易理论密切相关。

---

① 迈克尔·波特.国家竞争优势（中译本）[M].李明轩，邱如美，译.北京：华夏出版社，2002：6.

1. 现代贸易理论与知识产权保护

（1）动态技术差异理论与知识产权保护

现代国际贸易中，技术进步是决定一国经济活动和贸易格局的重要因素，创新产品贸易的比较优势需要进行动态分析。1961 年，波斯纳（Michael V.Posner）提出了技术差距理论，把技术因素引入国际贸易，认为科技研究和发展在国际贸易格局和商品比较优势中起决定作用，新技术带来的技术差距是国际贸易产生的原因。1966 年，弗农（Raymond Vernon）对技术差距理论进行了扩展，提出了产品生命周期理论，认为在产品生命周期的不同阶段，随着技术进步，产品要素密集度会发生规律性的变化，即从技术知识密集型转变为资本密集型、技能密集型、劳动密集型，比较优势随之在不同要素禀赋分布的国家间转换，从而解释了国际贸易中商品流向的变化。

在比较优势动态分析中，知识产权保护可以改变或影响比较优势动态转移的进程和格局。以产品生命周期理论做类比模型，从局部均衡分析看，知识产权的增加会改变一国比较优势的形态，如原来在技术知识密集型产品生产上具有比较劣势，由于知识产权的增加可转变为比较优势产品。从一般均衡分析看，知识产权保护影响比较优势的动态演进过程：当产品的技术知识密集度较高时，少数技术知识先进国家就拥有新产品生产的比较优势和较高的比较利益，在利益驱使下模仿国一般利用知识资产的流动性竭力仿制新产品，与创新国在国际贸易中竞争，并推动产品从技术知识密集型转变成资本、技能或劳动密集型，导致比较优势发生转移。

在产品生命周期模型下，技术知识优势转化为比较优势必须借助于知识产权保护。创新者为维持新产品生产的比较优势，延长新产品的寿命从而获得最大收益，一般要求提高知识产权国际保护水平，而技术匮乏的国家为尽快进入产品生命周期的成熟、标准化阶段，使比较优势发生有利于本国的转移，必然更强调技术知识在世界范围内的扩散，从而与创新国在国际贸易中产生利益冲突。不同国家知识产权实际保护水平的差异反映了各国科技水平和经济实力的差异，国际贸易中的知识产权侵权与反侵权之争，实质是比较利益的转移之争。罗伯特·吉尔·培恩（R.Q.Payne）的霸权稳定理论着重分析了发达国家与中等国家的情况，认为在对外贸易或对外直接投资中，发达国家把知识产权保护与贸易制裁挂钩，强化知识产权保护对于发达国家的经济防卫作用，不仅增加了他国使用成本，而且可以改变出于贸易投资需要的中等国家的知识产权保护水平，知识产权国际保护标准会受到这种知识霸权的影响。

（2）竞争优势理论与知识产权保护

传统比较优势理论把比较优势的来源笼统归结为劳动生产率差异，要素禀赋论则强调劳动力和资本要素的差异，而里昂惕夫之谜的解释中提出，基于资本、劳动等有形要素的比较优势的来源分析具有明显的局限性，国际贸易中的比较优势来源应有更广泛的内涵。一些发展中国家在传统比较优势理论指导的贸易实践中，还出现了贸易条件恶化和贫困化增加的现象，陷入了所谓的比较优势陷阱，这说明仅靠比较优势虽能获得比较利益，但贸易结构处于不利地位，难以实现国家经济发展的重任。

20世纪80年代迈克尔·波特（Michael E.Porter）提出了竞争优势理论，认为一国兴旺发达的根本原因在于该国在国际市场上具有竞争优势，这种竞争优势源于该国主导产业的企业具有创新机制，提高了生产效率。国家竞争优势，即产业竞争力取决于生产要素、国内需求、相关和支撑产业的状况、企业战略结构与竞争、政府作用和机遇六个因素，分别从微观、中观、宏观层面提供国家获得竞争优势所需的充分的创新机制和能力，并相互作用，共同构成激励创新的动态竞争环境，最终在国际市场上表现出产业结构升级、贸易结构改善、出口技术水平更新、可持续发展。从知识产权角度看，知识产权及其保护是一国竞争优势的有机组成，可以视为国家竞争优势（钻石模型）中强调的高级生产要素和动态激励创新机制。

在竞争优势理论基础上，近年来海派经济学者提出了知识产权优势理论。不同于资源禀赋和交易条件所决定的静态比较优势，也不同于反映潜在优势转化为现实优势的综合能力的竞争优势，"知识产权优势是指培育和发挥拥有以自主核心技术和自主名牌为主要内容的自主知识产权的经济优势"[1]，是将比较优势转化为竞争优势、形成出口竞争力的关键。相对于竞争优势比较笼统的规定，知识产权优势特别突出了以技术和名牌为核心的经济优势或竞争优势，是在比较优势和竞争优势基础上更居核心地位的

---

[1] 程恩富，廉淑. 比较优势、竞争优势与知识产权优势理论新探——海派经济学的一个基本原理 [J]. 求是学刊，2004（06）：73.

第三种国家优势，决定了一国在国际分工和国际贸易中的地位。

（3）战略性贸易理论与知识产权保护

20世纪70年代以来，产业内贸易的兴起引起世界产业结构和贸易格局发生重大变化，在新贸易保护主义的背景下，保罗·克鲁格曼（Paul R.Krugman）等提出了战略性贸易理论，其核心是非比较优势论，认为各国从事专业化分工和贸易不仅源于比较成本的差异，还在于规模报酬递增所带来的专业化优势差异，获得规模经济是驱动国际贸易的重要基础。在有限的范围内，政府选择国内优胜企业实施各种产业或贸易保护形式，强于实行自由贸易。

战略性贸易理论的一个依据是存在外部经济，包括技术外部经济和资金外部经济。其中技术外部经济是厂商通过同一产业或相关产业中其他厂商的技术外溢和干中学获得的效率提高，其主要途径是技术信息传播、人员流动、模仿和反向研究等。一旦某个产业在一国建立，技术的外部经济会促进厂商在地理上集中，降低生产成本，提高竞争力。当产业竞争提高到一定水平且国内市场有限时，该产业就会成为出口产业，开辟和扩大国际市场又会进一步强化该产业在国际分工中的地位。外部经济显著的产业往往研发投入巨大，因而投资风险极大。厂商由于不能完全专有其知识投资的收益，往往会导致私人投资不足，从而使产业不能发展到社会最佳状态。因此，政府应选择具有显著外部经济的产业并给予适当的保护和扶持，使之能够在外部经济作用下形成国际竞争力并带动相关产业的发展。这既需要产业政策、贸易政策的配合，也需要知识产权保护政策的支持，包括推动一国和国际范围内知识产权制度的完善、知识产权战略的制定，实现主导产业国际竞争力提高的预期。

（4）内生性增长理论与知识产权保护

1962年阿罗提出了干中学理论，认为技术进步的来源是具体问题解决中学习、积累所获取的知识，这一思路启发了经济学家从新的角度来研究贸易对经济增长的贡献。20世纪80年代中后期宏观经济理论出现了内生经济增长学说，提出内生的技术进步是保证经济持续增长的决定因素。

在内生增长模型中，罗默（Paul M.Romer）的知识溢出模型把知识积累看作是经济增长的一个独立因素，认为知识是资本积累的结果，知识积累可以提高投资效益，是现代经济增长的重要源泉。国际贸易刺激世界经济增长的主要途径是贸易促进了知识在世界范围内加快积累，为国际贸易和经济增长的相互关系分析提供了新的依据。

人力资本模型认为，劳动投入包含教育、培训、在职学习等投资形成的人力资本，只有特殊的、专业化的、转化为劳动技能的人力资本才是经济增长的真正源泉。国际贸易不仅可以使各国生产适合自身人力资本的产品，获得比较优势利益，促进比较优势产品的人力资本增长，还可以使人力资本短缺国从国外引进高科技产品，通过直接操作新设备或消费新产品等方式，在实践中边干边学，掌握高新技术，提高人力资本积累率。

上述两个代表性的内生增长模型表明，一国长期的经济增长是由技术进步的一系列内生变量决定的，国际贸易中的知识跨国流动涉及知识的溢出和学习，这是贸易刺激经济增长的最重要原因。内生性增长理论指出，当经济增长由内生因素决定时，政府政策是可以影响经济增长率的大小的。知识跨国溢出和学习过程会出现知识的外部经济效应，扶持研发、创新、人力资本的形成，扶持关键性的产业部门，需要政府各种政策的干预，其中必然涉及知识产权保护问题。健全的知识产权保护制度既与知识生产有关，更与前沿知识技术的获取有关，是知识吸收能力的重要条件，也是一国经济贸易发展战略的重要组成，最终影响世界经济的增长率。

2. 产品生命周期理论

1966 年，美国经济学家弗农首次提出产品生命周期理论，后来赫希哲（W.Hirsch）、威尔斯（J.Wells）等人在此基础上不断对产品生命周期理论进行了完善。产品生命周期理论指出，因为技术进步的不断变化，产品要先后经过创新、成熟、标准化等不同的时期，每个时期对生产要素的需求各不相同。由于每个国家的要素禀赋并不相同，因而对它们在国际贸易中的地位有所影响。随着知识经济与国际贸易的不断发展，产品生命周期理论中的产品被赋予了技术和知识，知识产权和产品密切相关，因此该理论也能够用来分析知识产权保护问题。

依据该理论，一个产品或者一项技术从被创造出来到进入市场需要经过以下几个阶段。在第一个阶段，新研发的产品首先进入国内市场，通过观察新产品的销量来检验产品在国内市场的接受程度。如果产品销量不佳，那么需要对产品进行改进或者改变销售方案；如果产品销量较好，说明新产品具有较高的商业价值，可以根据销售情况在国内进行量产。在第二个阶段，随着新产品产量的不断增加，国内市场逐渐趋于饱和。新产品生产企业开始寻求机会向国外市场销售新产品，此时国外市场可能缺少同类产品，对新产品的需求量比较大。在第三个阶段，开始在国外进行新产品的研发，并且向母国出售新产品。

观察上述三个阶段，我们看到，当处于第一个阶段，即在国内出售新产品时，只涉及国内的知识产权保护，还未涉及知识产权的国际保护。在第二个阶段和第三个阶段开始出现国际贸易中的产权保护问题。在国际贸易中加强知识产权保护，可以使产品生产者的知识产权在国际贸易中能够得到保护，进而使产品的生命周期得以延长，可以使产品创造者在国际贸易中得到更多的利润。

3.比较优势理论

大卫·李嘉图（David Ricardo）提出了比较优势理论，该理论是国际贸易中其他很多理论的理论基础。比较优势是指假如一个国家生产某一种产品的成本低于其他任何一个国家生产该产品的成本，那么这个国家在该产品上就具有比较优势。比较优势理论是指一个国家应该生产并且对外出口该国的优势产品，进口其他国家的优势产品，这样的对外贸易能够使两个国家都从中获益。在当代，资本和劳动已经不再是一个企业实力的衡量标准，拥有知识产权的多少才能体现一个企业的实力。知识产权已成为一个国家重要的要素禀赋。根据比较优势理论，如果一个国家在知识产权保护上有比较优势，那么该国在贸易中必定比另一个国家获得更多的收益。

知识产权国际保护主要从以下几个方面来影响一国的比较优势。

第一，各个国家实际具有的知识产权的量和质之间的差距。发达国家具有先进的技术、完备的研发体系、雄厚的资金、较强的创新能力，所以在技术创新和发明专利上具有比较大的优势，所占有的知识产权的数量和质量远远多于发展中国家。相对于发达国家，发展中国家研发水平较低，经济发展缓慢，比较依赖发达国家的先进技术，所以在知识产权保护上受发达国家的支配，处于被动地位。

第二，各个国家的知识产权立法存在差异。因为每个国家对知识产权保护的需求并不相同，所以各国在国内制定知识产权保护的标准也不相同。发达国家具有较多的知识产权，所以需要较强的知识产权保护、较为完善的立法制度。发展中国家知识产权相对较少，立法时间较短，知识产权保护力度相对较弱。

第三，各个国家执法情况存在差异。很多发展中国家虽然是世界贸易组织中的一员，但是为了本国的发展和利益，可能会执行有利于自身的知识产权保护标准，不一定完全遵守知识产权保护国际条约，造成各国知识产权保护水平存在一定差异。正因为如此，各国的知识产权要素禀赋也并不相同，各国的比较优势也因而不同。所以我国应当根据本国的立法水平和实际执法水平，确定自身的比较优势，争取能在国际竞争中获取更多的利益。

（四）知识产权保护与技术创新基本理论

1. 最优专利制度

20世纪以来，知识产权保护已发展成为国家经济发展的重要战略之一。知识产权保护最早探讨的问题是关于专利保护的利弊。专利保护制度有利有弊。专利制度虽然可以保证专利持有企业顺利得到垄断利润，激励企业的创新活动，但是专利制度也明晰了产权，造成了一定程度的垄断，不利于优化配置市场资源，损害了整体社会福利，所以如何在二者之间寻求平衡、优化设计专利制度成为知识产权保护的重要议题。关于专利机制设计的问题主要包括专利持续的时间(专利长度)和专利适用的产品范围(专利宽度)。前者是指从时间维度上对技术产品进行纵向保护，后者是指从技术特征维度上对技术产品进行横向保护，是获得专利权产品与未发生侵权产品之间的最小差异程度。

诺德豪斯（William D.Nordhaus)及谢勒（Paul Scherer）最先研究了最优专利制度，认为最优专利长度应当是有限的，并且保证在一定的时限内企业可以得到正的差额利润，并且因创新而产生边际损失与边际收益等。诺德豪斯随后提出，动态专利长度而非固定专利长度是最优专利长度，但是在现实中往往存在的是固定专利长度。相对较长的专利长度要优于较短的专利长度，因其所带来的垄断创新收益要远远大于其带来的福利损失。厂商的创新规模与频率由专利长度内生决定，中等专利长度因其可以同时协调创新的频率与规模，所以可以最大化厂商的创新率。对比创新规模，创新频率对消费者福利的影响较大，只有最大化厂商创新频率，才能使消费者福利达到最大。最大化消费者福利的专利长度应小于最大化创新率的专利长度。

2. 累进创新的专利保护

创新具有累积性、连续性，未来的创新会受到目前的创新及其垄断定价的影响。贾德（D.Judd）最先将内生技术变化引入均衡增长模型中。他认为，在研究创新时不能仅注意创新数量的变化，还要考虑创新的模式和速率。研究结果表明，假如效用函数是 Dixit-Stiglitz 函数形式，则无限的专利长度所产生的创新均衡可以使社会配置达到最优；假如效用函数不是 Dixit-Stiglitz 函数，则无限专利长度所产生的市场均衡将不能使创新水平达到社会最优。斯科奇姆（Suzanne Scotchmer）认为几乎每一次的技术创新都要依赖先前的技术创新积累，即技术创新是累进的。专利保护应当可以合理分配后续发明者与先前发明者的利润。另外，过窄的专利保护将会打击先前发明者申请专利的积极性，不利于后续创新，无法达到社会最优配置。格伦（J.Green）等认为假如后续的发明者能够使两代发明所获得的利润之和增加，则采用预先签订研发授权协议的方式能够保证后续创新不会被先前专利权所阻碍，此时专利宽度只存在在两代发明者之间分配利润的作用。多诺霍（O.Donoghue）通过质量阶梯模型对长串创新的专利保护进行了研究，发现企业可以交替在技术上成为领先者，这点和二阶段创新模型并不相同。他提议将专利的标准提高，只让哪些质量进步比较大的创新取得专利，要求企业的创新程度更大，技术领先的时间更长，创新的价值更高。

霍本海恩（W.Hopenhayn）等认为应该扩大那些更新换代比较快的行业的专利保护宽度，可以充分激励第一代发明家的研发热情。但是有些发明的外溢效应非常小，如果专利宽度太大又反而不利于后续发明者的技术创新。政府无从知晓发明的外溢效应的大小，所以他提议政府可以为创新者提供多种不同的专利保护模式，让他们能够自由选择。

贝森（H.Bessen）等认为在那些创新存在互补性和序列性的行业，专利保护并不能对创新起到激励作用。没有专利保护不但有可能使专利所有者可获得的利润增加，还可以使整个社会的福利水平提高。

3.互补创新的专利保护

创新的互补性是指单个专利所获得的收益小于专利相结合所得到的总收益。互补创新可以产生两个方向的外部性，还存在如何协调创新时间的问题，比较容易产生资源的无效配置。序列创新只会出现一个方向的外部性，是指从先期创新到后期创新的单向外部溢出。

夏皮罗（Shapiro）认为企业每一件产品的生产可能要用到一百多项专利，很容易对他人的专利权造成侵犯。他通过古诺模型对这种潜在的侵权行为进行了研究。研究结果表明，假如企业所生产的产品涉及 n 个专利，这些专利属于不同的专利者，若他们不相互合作的话，产品价格将会比普通垄断产品价格增加 n 倍。如果完全互补的专利能够结合成专利池一起进行授权，那么将会使下游产品的价格大幅度下降。

施密特（Schmidt）则认为一部分行业的下游企业拥有比较大的市场权力，所以既存在专利"樊篱"问题，又存在双重边际化问题。下游企业与专利所有者的纵向一体化不能够解决专利"樊篱"问题，但却能够解决双重边际化问题。上游企业形成专利联盟或者水平一体化能够解决专利互补问题，但无法解决双重边际化问题。勒纳（Abba Ptachya Lerner）等发现，假如一些专利之间是可以完全代替的，则它们组合在一起将会造成社会福利损失。假如一些专利之间是完全互补的关系，则它们结合在一起就能够使社会福利得到改善，但是专利之间的关系极少出现完全互补或者完全替代。专利之间的互补关系与替代关系往往由专利许可费的多少所决定。如果专利许可费比较少，那么专利之间存在互补关系；如果专利许可费比较多，那么专利之间存在替代关系。

（五）知识产权保护与自主研发的基本理论

1.自主研发的理论

（1）技术研发的特点

技术研发是指科技研究与发展，它涵盖了全部的科学研究和技术发展工作，主要包括两方面内容：研究和开发。研究是指为了创造新的科学知识、探索宏观世界所进行的脑力劳动，它是科学实验、调查和分析的过程。开发或发展是指对智力、技术、产品等方面进行开拓、挖掘，使它们能够取得更进一步的发展，是开发已有知识的新应用、新用途。技术研发是指为了增加知识存量及通过已有知识去开发新应用而进行的创造性和系统性的技术活动。它通常具有科学性和新颖性两个条件。研发一定要经过科学的分析与研究，通过合理、科学的设计方法才能创造出新的知识技术以及新的用途。技术研发是创造新知识、新应用的过程，研发结果主要以新知识、新技术与新应用、新用途的形式存在。

从上述分析可以看出，研发具有以下三个特点。第一，创造性与探索性。研发活动是创造新技术、新知识以及开发知识的新应用、新用途的过程，所以创造性是研发活动的本质特征。研发是为了解决还未解决的问题、探索未知的领域，寻找能够解决问题的方法与途径，因此研发活动就是不断探索的过程。第二，风险性与不确定性。研发活动的创新性与探索性决定了研发结果的不确定性。研发需要投入一定的成本，然而市场多变，所以技术研发存在技术、市场、管理、战略上的风险。随着全球化进程以及技术更新速度的加快，企业研究开发所面对的风险性与不确定性也不断增加。第三，协作性和延续性。技术的研究与开发需要企业各个部门的协同合作才能完成。另外，知识的相关性与社会的依赖性也需要多个领域知识与企业外部的密切合作。技术研发具有延续性，它是在过去的成功经验与已有的技术基础上进行的，具有路径依赖性。技术研发体现了已存在技术知识的不断拓展与延伸。

（2）研发的发展模式

技术研发是企业为实现技术创新及获取经济收益所进行的活动，是企业最为重要的组成部分。为适应不同的环境与条件，研发的每一个阶段都表明了研发对企业发展所起的重要作用。纳什（John Nash）等提出了开放式研发模式，也就是第六代研发模式。第一代模式为直觉模式，也称作技术推动型。研究与开发的内容由研发人员自行决定，缺乏完善和系统的规划、管理过程。第二代模式是系统模式。企业根据技术与市场的需求进行研究与开发，但是没有从战略的角度进行考虑，未把企业的战略规划、发展目标和研发进行有效和综合的管理。第三代模式是跨单位、部门和公司的模式。该模式将企业战略管理与技术研发相结合，但仍以市场竞争与需求为导向，由企业承担的风险和创造的经济效益所决定。第四代模式将技术研发看作是与设计、制造、营销、研究与开发及基础研究并行的过程，看重与顾客的交流、学习。第五代模式以知识为研究对象，以知识型员工为研发主体，将把控研发速度的能力作为研究与开发的关键，以知识管理作为研发管理的核心内容。第六代模式以知识为基础，具有多元项目管理与多元技术的特征，有多种类型的技术人员，具有开放的产品与技术过程。

（3）研发的内容

研究与开发包括三个阶段：基础研究、应用研究与实验开发。基础研究是指纯理论研究、基本研究，是为了获取新知识、探索基本规律所进行的研究。基础研究根据企业的经营发展规划与产品升级态势进行，有着比较强的定向性，研究成果主要为科学著作与论文。应用研究是以知识进步和实用为目的，为获取科技知识，针对某种商业目的或者实际目标而进行的创造性研究，是基础研究成果的转化桥梁，是基础研究的延续。应用研究和新材料、新工艺、新产品有联系。应用研究的研究成果主要表现为著作、学术性论文、实验性或原理性模型。试验开发是将基础、应用研究成果应用于实际生产而进行的新材料、新装备、新产品的开发。工艺改造与产品开发是其最主要的工作。

2. 知识产权保护与研发阶段的关系

（1）研发阶段知识产权保护的特点

技术研发涉及的学科知识较多，范围较大，知识产权保护的特点具有多样性及复杂性，主要体现在以下四个方面。第一，知识产权保护是建立在知识具有价值并且可以创造价值的基础上，为了利用知识来提升企业的研发能力。第二，研究与开发是知识密集性比较强的活动，它涉及技术、专利、经验等多个方面知识，对知识的需求量比较大。为了更高效地进行以及取得最终的成功，知识产权保护将各方面的知识、技术及研发目的协调在一起。第三，知识产权保护是企业采用的一项关键措施，使企业研发人员能够积极参加研发中的每一个重要决策，确保研发方向和顾客需求、企业战略保持一致，使企业的研发质量不断得到提高。第四，将知识作为研发企业的最重要战略资源是知识产权保护的出发点，最大限度地利用和掌握知识才能有效提高企业研发能力。随着知识积累的速度不断加快，知识产权保护越来越重要。

（2）研发阶段知识产权保护的要求

在研究与开发阶段知识产权保护的要求有两个。第一，研发的本质要求。该要求是指通过有效的办法保护知识并管理相关信息。知识产权保护能够使研发活动更好地进行，提高研发工作质量，使其更具创新性。现在知识已经成为研发组织的核心竞争力，企业应当运用先进技术手段，将严谨的管理方法、先进的管理理念与知识产权保护充分结合，更好地进行研发与创新。第二，降低研发风险的需求。研发活动具有内部与外部不确定性，存在一定的风险，知识产权保护可以降低研发的风险。在研发的早期，获取知识对研发成功与否非常重要，当外部信息和知识被内部化后，将成为研发机构知识库的一部分，从而可以降低研发风险。随着知识的逐渐增加、研发的逐步开展，为了减少风险，应该加强知识保护。

（3）研发阶段知识产权保护的作用

技术研发需要不同领域与行业的信息，包括企业研发人员之间、上下级之间的交流、沟通、互动，这种交流方式是建立在经验和知识之上的。这种经验和知识大部分是隐性知识的形式，需要将其显性化，才能更好地运用它们进行技术研发。在研发的过程中存在不确定性，具有一定的风险，知识产权保护可以减少研发过程中的不确定性因素，降低企业的研发风险。企业研发人员将获得的知识、信息、经验进行整合，形成有价值的知识库，指导企业的研发创新活动。知识产权保护有助于企业知识库的不断扩大，促进知识库作用的发挥，提高研发效率，更快地实现研发目标。

（六）知识产权保护与外商直接投资及对外直接投资的基本理论

1. 垄断优势理论

1960 年海默（S.H.Hymer）首次在他的博士论文中提出垄断优势理论。该理论是在不完全竞争市场下研究外商直接投资，认为跨国企业进行投资的动机是占有国际市场。跨国公司拥有一定的垄断势力，决定了它可以进行对外直接投资。垄断优势主要源于要素市场不完全、产品市场不完全、政府干预、规模经济四个方面。正是因为市场的不完全才造成了跨国企业的垄断优势。因为跨国企业具有垄断优势，所以可以在国际竞争中与东道国优势企业抗衡，抵消对外投资产生的各种成本，获得一定的利润。

之后，学者不断对垄断优势理论进行深入研究，主要体现在以下三个方面。

（1）不断认识和细化垄断优势

许多学者从不同角度来研究垄断优势：从更广义的知识产权方面分析垄断优势；从分散投资风险方面分析外商直接投资行为；认为跨国企业母国的货币是影响垄断优势的一个重要因素

（2）探讨和拓展跨国企业进行直接投资的条件和制约因素

许多学者研究发现，拥有垄断优势的跨国企业并未进行大规模的对外直接投资，而是通过其他方式比如说技术许可或者出口来满足国外市场的需求。这就存在外商直接投资、技术许可协议、出口等方式的选择问题及其制约因素问题。跨国公司对以上三种方式进行选择时，往往会将它们的收益成本进行比较，选择可以使公司利润达到最大的方式。

（3）关于国内竞争对跨国企业外国直接投资（FDI）影响的研究

尼克博克（Frederick T.Knickerbocker）研究了美国187家跨国企业的投资行为，认为对外直接投资取决于竞争者之间的反应与行为约束，战后美国的外商直接投资大多源于少数位于寡头垄断地位的大公司。例如，在1948至1967年，美国跨国企业将近一半的在国外的制造业子公司是在三年内建成的。他称这种情况为寡占反应。

2. 国际生产折衷理论

在经典的经济学文献中，国际技术溢出渠道通常包括对外直接投资、国际贸易和技术许可。邓宁（J.H.Dunning）于1977年首次提出了国际生产折衷理论，又称为OLI（The Eclectic Theory of International Production）理论，至今已被广大学者所认可。该理论认为发达国家的跨国创新企业采用哪种方式进入发展中国家的市场与所有权优势、区位优势、内部化优势有关。OLI理论是目前为止研究外商直接投资比较有用的理论，被用来研究跨国企业对外进行直接投资的优势和成因。

所有权优势也称为垄断优势，它是跨国企业进行对外直接投资的基础，诠释了跨国企业通过先进技术进入国外市场的目的。所有权优势是东道国企业无法获得的技术专有权等方面的优势，从而使跨国公司能够和一些具有先天优势的东道国企业进行竞争，并获取垄断利润。所有权优势主要是指以下四个方面的优势。第一，技术优势，主要是指在知识、信息、技术、商标等方面的技术优势，在法律的保护之下，上述技术优势能够创造垄断价值，因而可以成为独有的技术优势。第二，货币和资金优势。资本密集型行业具有这种优势。第三，组织管理能力优势。现代企业往往具有先进的信息系统与管理模式。第四，规模经济优势。这种优势对那些准入门槛较高的行业来说十分重要。在上述所有权优势中，知识、信息、专有技术、商标等无形的产权技术优势是最核心的所有权优势。加强产权保护可以增强跨国企业的所有权技术优势，使跨国企业可以在东道国的市场上维持自身的技术优势，进而可以促进跨国公司的技术转移。

区位优势是指在投资区位选择时跨国公司在人文因素与自然禀赋等方面所具有的优势。区位优势主要包括人文因素和自然禀赋两方面的优势。人文素质优势主要是指在政治经济制度、法律政策、基础设施等人文因素方面的优势。东道国的要素禀赋优势主要是指在自然资源、气候、人口、地理位置等方面的优势。区位优势对跨国企业来说至关重要，是跨国企业在投资时需要考虑的重要问题。选择在哪个区域进行投资，或者选择在哪个国家进行投资，不一样的区位选择对跨国企业投资是否能取得成功有着重要作用。随着知识经济的快速发展，法律、服务、信息等环境越来越受到跨国企业的重视，知识产权保护也会提高一个国家或者一个地区的区位优势。

内部化优势是指跨国企业没有将自身拥有的资产进行使用权转让，而是将其内部化使用所产生的优势。跨国公司想要避免因市场不完全性而导致的优势损失，所以将某些所有权优势内部化使用。假如市场法制趋于完善，所有权优势外部化所产生的损失是可以控制的，那么跨国企业会考虑将所有权优势转化为利润，即将其外部化。所有权优势内部化可以降低知识产权产品的交易费用，对知识产权进行保护。在跨国企业进行国际投资时，内部化表明企业运用其资产积极开展直接投资。

3.边际产业转移理论

20 世纪 70 年代日本学者小岛清（Kiyoshi Kojima）提出了边际产业转移理论。该理论指出，跨国企业可以先从本国的一些边际产业开始对外进行投资，因为边际产业在本国已经失去优势，而在国外还具有一定的竞争力。这种投资方式既可以转移本国劣势的产业，还可以对东道国的产业结构起到调整作用，使双方都获益。边际产业转移理论并不是研究一个产业或一个产品的国际转移问题，而是从比较优势的角度尝试寻找最好的产业转移路线。该理论认为企业进行对外直接投资应该遵循双方共同盈利的原则，使双方的比较优势都可以充分发挥，国际贸易可以顺利开展。边际产业转移理论认为国际贸易和外商直接投资之间不是替代的关系，而是互补的关系。该理论比较适合发达国家向发展中国家进行投资的情形，但是它主要以几个欧洲国家及日本为研究对象，所以具有一定的局限性。

4.内部化理论

学者巴克利（Peter J.Buckley）和卡森（Mark Casson）与拉格曼（A.M.Rugman）在对跨国企业内部贸易不断增长现象研究的基础上提出了内部化理论，它是分析对外直接投资的重要理论。该理论同样以不完全竞争市场为基础。内部化理论指出，因中间品尤其是知识产品有着特殊性质，比如产权具有易逝性、价格和收益的不确定性、成本难以计算与分摊等，造成了中间品无法在市场上进行正常交易，所以中间品市场是不完全的。跨国企业为了解决这种市场失灵问题，将会在国外建立子公司，通过公司内部流转来替代外部市场交易，使中间品直接进入最终产品阶段。这样资本与产品就可以以比较低的价格在母公司与子公司之间流动，降低了交易成本，克服了外部市场的失灵问题，获得了较高的利润。该理论存在较好的适用性，既适用于发达国家，也适用于发展中国家。

（七）其他相关理论

1.产业结构优化理论

产业结构优化升级包括了产业结构合理化、产业结构高度化以及产业结构合理化和高度化的有机统一，最早由英国古典经济学的创始人威廉·配第（William Petty）对此进行了研究。产业结构优化的一般规律是经济发展以第一产业为主转向以第二产业为主，并继续向以第三产业为主转变，以时代发展为背景，产业结构依托于当时的社会环境、政策环境等，做出相应的调整，以更顺应社会的供给方式，满足随着社会发展而不断涌现出的新的需求，同时淘汰被时代抛弃的落后需求，各个产业相互协调、共同发展，推动经济社会的进步。

产业结构优化的核心就是技术的不断进步。技术的更迭带动产业结构的调整进而带动社会经济的发展。生物医药产业作为战略性新兴产业之一，其特点是技术要求高、技术更新周期快。鉴于生物医药产业自身的特性，在未来更长时期内，生物医药产业将成为我国重点发展的支柱型产业，拥有更广阔的发展空间。

（1）产业结构合理化

关于产业结构合理化本质的描述，学术界并没有统一的说法。笔者认为，产业结构合理化的本质实际上就是在一定的社会条件（特定的历史时期、政治制度、技术条件、资源环境、劳动力素质等）下，对已经不符合社会经济发展要求的产业结构进行调整，使其更加符合经济发展要求，提高社会生产各个要素的利用效率，并提高社会的经济效益。

目前我国正处在工业化的中期阶段，重工业的发展受到了来自资源、环境等各方面的制约，以第二产业为主的经济结构形式正在逐渐改变，第三产业在经济中的占比逐年上升，高新技术产业稳步发展。产业结构合理化的调整具有一定的基本要求和基本规律。

第一，可持续发展的规律。可持续发展最早是1972年在斯德哥尔摩举行的联合国人类环境会议提出的，是一种着眼未来、注重长远发展的模式，在不损害后代人发展利益的条件下，满足当代人的需求。可持续发展包括社会可持续发展、经济可持续发展和生态可持续发展。

产业结构的合理化需要满足可持续发展的要求，在当代人的效用曲线、后代人的效用曲线、生态资源环境承受能力曲线之间，找到最恰当的交点。在不损害后代人的基本利益、不超过生态承受能力的前提下，满足当代人的基本需求。这就要求中国对现阶段的产业结构进行合理化调整，减少无效供给，增加有效供给，提高要素生产效率，用更少的生产要素满足更多人的基本需求。可持续发展规律是经济结构合理化过程中非常重要的一环，直接关系到子孙后代的社会福利，关系到人类文明的延续。我们已经认识到了我国经济高速增长给资源、环境带来的压力及可持续发展的重要性和紧迫性，可持续发展的理念已经上升为国家战略，我国未来的经济发展必定更加符合可持续发展规律的要求，既要最大程度地满足当代人的福利，又要保证后代人享受福利的权利。

第二，满足生态文明的要求。在经历了原始文明、农业文明、工业文明之后，面对工业文明所带来的一系列全球性的生态危机，生态文明成为全球发展的必然途径。党的十八大将生态文明提到一个前所未有的战略高度，从建设美丽中国的高度把生态文明置于贯穿五大文明建设的始终，加快推进生态文明建设。

生态文明要求经济的发展必须以尊重和保护生态为前提，保护后代人享有美好环境的权利的同时，也使当代人享受治理环境带来的红利。产业结构合理化的调整必须更加符合自然规律，并不是说经济的发展在自然面前停滞不前，而是更好地利用自然，经济的发展与自然生态和谐共存，发展尊重自然、顺应自然的经济制度。从中国的现实出发，就要以供给侧结构性改革为契机，淘汰落后产能，淘汰自然"不友好"产业，推动产业结构优化升级，推动产业结构的合理化建设，特别是推动发展高附加值、高技术含量的战略性高新技术产业。满足生态文明的要求，这就要求产业结构向着诸如生物医药产业类的高技术含量、高附加值和环境"友好"的产业进行调整。

第三，供需平衡原则。任何产业结构合理化的调整，其最终目的都是满足人类的各种需求。如果单纯追求可持续发展或者是生态文明，过分强调后代人享受福利的权利而忽略了当代人最基本的需求，那么这种产业结构的调整也将毫无意义。

从原始社会到农业文明，再到工业文明，社会的每一次变革的动力都使人类的需求发生了变化。随着人类社会的不断发展，人的需求也处在不断变化之中。产业结构合理化的要求就是随着人的需求的不断变化而不断调整产业结构，淘汰落后的供给关系，将生产要素更多地用来生产新的供给，以满足人不断变化的新需求。当供需达到平衡之后，再去追求经济建设的质量，供需平衡是产业结构合理化的最基本要求和前提。

（2）产业结构高度化

产业结构高度化，就是经过产业结构不断调整、经过产业结构合理化的过程之后，产业结构所呈现出的由低级向高级演化的趋势。产业结构高度化的基本规律是经济构成由以第一产业为重心向以第二产业为重心转变，然后，经济构成由以第二产业为重心向以第三产业为重心转变，并最终转变为以第三产业为重心。

我国目前的产业结构已经处于相对合理化的高度，但是相较于发达国家还有一定的差距，在第二产业中，我国目前的工业结构正由资源密集型向技术密集型转变，由低附加值产业向高附加值产业转变。

高远东、张卫国、阳琴认为，产业结构高度化的影响因素主要包括社会需求、技术创新、人力资源供给以及制度安排。[①] 社会需求与社会供给相辅相成，需求引导供给，供给最终满足需求。产业结构高度化的表现之一就是社会需求得到满足。技术创新促进产业结构的不断升级，是产业机构高度化的途径。人力资源既包括人力资源的数量，又包括人力资源的质量，劳动力整体素质的提高会直接促进产业结构的优化升级，进而促进经济的发展。制度安排是产业结构的背景，制度的不同会导致不同的产业结构高度。

（3）产业结构优化与生物医药产业的发展

生物医药产业是我国的战略性新兴产业。高技术含量、高附加值是生物医药产业的特点，符合产业结构合理化基本要求。生物医药产业耗能低，污染相对较小可控，其自身发展不论对于后世子孙还是当代人都具有较大的效用，符合可持续发展原则和生态文明原则。

生物医药产业的发展是我国产业结构高度化的必然选择。我国将生物医药产业列为战略性新兴产业之一，重点发展。美国、英国、日本等国家纷纷将生物医药产业当作下一个经济增长点。比尔·盖茨曾预言下一个世界首富应该出现在生物医药行业，日本甚至提出生物医药立国理念。生物医药产业低耗能、高附加值的特性，使得各国既十分重视生物医药产业在各国的产业结构调整中发挥的作用，也十分重视产业结构高度化过程中生物医药产业的发展。可以说，生物医药产业的发展是产业结构高度化的必然选择，而生物医药产业的不断发展又是产业结构高度化的表现，并促进了产业结构的继续优化。

2.创新理论

习近平总书记在党的十九大报告中指出："加快建设创新型国家。创新是引领发展的第一动力，是建设现代化经济体系的战略支撑。"[②] 同时强

① 高远东，张卫国，阳琴.中国产业结构高级化的影响因素研究[J].经济地理，2015（06）：96-101.

② 习近平.习近平谈治国理政（第三卷）[M].北京：外文出版社，2020：24.

调："加强国家创新体系建设，强化战略科技力量。"① 在科学技术日新月异的今天，创新已经成为一个国家或地区经济发展的根源动力，特别是正在进行供给侧结构性改革的中国，运用创新的能力，对于转变经济发展方式，优化产业结构布局，提高要素供给的质量，实现中国经济的持续高速健康发展具有最根本的影响。

1912 年，熊彼特（J.A.Schumpeter）所著《经济发展理论》一书的出版，标志着创新理论的形成，这也是学术界第一次将创新与经济发展联系起来。按照熊彼特的观点，创新就是企业家将支配的原材料与力量通过新的组合，形成新的生产函数，来获取更多的利润。② 换句话说，就是企业通过优化生产要素组合，提高生产要素的生产效率来扩大利润。按照熊彼特的观点，创新的主体是企业或者说是企业家，企业家又通过自己的聪明才智，通过采用新的生产要素，或者说在原有的生产要素的基础之上，通过新的生产关系或者生产函数，来提高原有产品的生产效率，或者说生产出一种新的产品，这就是创新的过程。创新的动力归根结底是科学技术的发展，但是并不是说所有新的科学技术都实现了创新，新的科学技术只有通过企业家或者企业将技术转化为生产力，才能够叫作创新。

（1）技术创新理论

熊彼特创新理论提出之初，得到了学术界的认可，但没有得到学术界的重视。20 世纪中叶，随着计算机技术的出现和发展，以美国为首的资本主义国家展开了轰轰烈烈的信息革命浪潮，很多国家的经济在信息革命的浪潮之中得到了飞速的发展，这种经济现象已经很难用传统的经济理论来解释，这时候，经济学界才开始重视起奥地利经济学家熊彼特提出的创新理论。经济学家索洛（Robert Merton Solow）将熊彼特的创新理论进一步微观化，首次提出了技术创新的概念，思想上的创新和现实生产的实际需要都是技术创新所需要的条件。美国著名学者曼斯菲尔德（Edwin Mansfield）区别了不同层面的创新内涵。他认为，经济学层面的技术创新应从产品的角度来定义，应以企业对新产品的构思设计为起点，而以新产品的消费为

---

① 习近平 . 习近平谈治国理政（第三卷）[M]. 北京：外文出版社，2020：25.

② 代明，殷仪金，戴谢尔 . 创新理论：1912—2012——纪念熊彼特《经济发展理论》首版100周年[J]. 经济学动态，2012（04）：143–150.

重点，新的设计、新的工艺方法、新的销售策略、新的战略计划等一切与新产品运作流程相关的环节，都包含在技术创新的内涵中。①英国经济学家弗里曼（Christophe Freeman）在其著作《工业创新中的成功与失败研究》中对于技术创新的概念划分有了更加明确并且细致的定义。弗里曼认为，技术创新是一个整体的概念，市场会产生出新的需求，生产者会根据市场新的需求来运用新的技术，并通过这种新的技术生产出满足市场新的需求的产品，在此过程中获取属于生产者的利润。这整个的商业流程就是技术创新。

　　我国学者对于技术创新的研究，最早的是经济学家傅家骥教授。傅家骥在其著作《技术创新学》中，首次明确地界定了技术创新的概念。②技术创新首先需要具有可行性，如果没有可行性和可操作性，那么技术创新就是一纸空谈。其次，技术创新必须有利可图，对于我国具体情况来说，就是技术创新要有利于社会主义经济的发展，有利于社会主义社会的发展。经济学家董中保结合中国具体的政治经济体制和政治经济现实，将技术创新与中国的实际相结合，给技术创新界定了更符合中国国情的定义，即技术创新是科技成果转化为现实生产力，进而转化为新商品的过程。③

　　不论是国外学者还是国内学者，对于技术创新的发展，已经有了非常完备的体系。技术创新并不是单纯的科学技术水平的更新换代，而是企业家依据社会的新的需求点，通过运用包括技术要素在内的各种要素，来生产出新的产品并为自己获取一定的利润，但这也不是技术创新的全部过程。随着技术创新理论的不断发展，产品的再次回收、重新生产的过程，也成了技术创新的一部分。目前，西方技术创新理论的研究和发展已形成了新古典学派、新熊彼特学派、制度创新学派和国家创新系统学派四大理论学派。④新古典学派的技术创新理论认为：经济的发展来源于技术创新，技术创新是经济发展的内生变量，通过技术创新可以产生新的部门，政府部门

---

① 杨东奇.对技术创新概念的理解与研究 [J].哈尔滨工业大学学报（社会科学版），2000（02）：49-55.

② 傅家骥.技术创新学 [M].北京：清华大学出版社，1998.

③ 董中保.关于技术创新概念的辨析 [J].科学管理研究，1993（04）：15-18.

④ 张磊，王淼.西方技术创新理论的产生与发展综述 [J].科技与经济，2008（01）：56-58.

可以对技术创新进行干预。

技术创新的新熊彼特学派坚持熊彼特创新理论的传统，强调技术创新和技术进步在经济发展中的核心作用，认为企业家是推动创新的主体，侧重研究企业的组织行为、市场结构等因素对技术创新的影响，提出了技术创新扩散、企业家创新和创新周期等模型。[①] 对于创新学派与技术创新学派之间的关系，学术界更多地认为是制度创新决定了技术创新，也就是说好的制度能够推动技术创新的进行，而不好的制度同样也能够限制技术创新的进行。技术创新的制度创新学派属于制度创新的范畴，但同时也是技术创新的组成部分。技术创新具有风险性、商业性、正外部性和合作性的特性。技术创新的风险性是指，技术创新是包含技术要素的一个系统性的工程，既对科学技术的更新具有较高的要求，也对技术要素商业化工程中的每一步有较高的要求，除了研发的风险，更有部门协作、市场需求的风险。技术创新的商业性是指，市场新的需求为技术创新提供动力，那么技术创新商业化所带来的高额收益就是企业家（或者说生产商）进行技术创新的动力，只有成功进行完商业化的技术创新，才能称得上是真正的技术创新。技术创新的正外部性是指，技术是具有外溢性的，一种新的生产技术也可以应用在其他的生产厂商，从而带动全社会生产效率的提高，因此具有正的外部性。技术创新的合作性是指，技术创新是一个包含技术要素在内的多个要素协同进行的系统工程，不仅需要部门间的相互协作，也需要部门内部各要素之间的相互协作，所以说，技术创新是一项对合作程度要求很高的创新。

（2）制度创新理论

严格意义上来讲，制度创新理论也属于技术创新理论的范畴，但是与传统的技术创新理论又有所不同。技术创新理论在发展的过程中，依次发展出了技术创新理论的新古典学派、技术创新理论的新熊彼特学派、技术创新理论的制度创新学派以及技术创新理论的国家系统创新学派。传统意义上来讲，技术创新理论的新古典学派和新熊彼特学派更多的是从企业家（或者说是生产者）的角度出发，思考技术创新的系统过程，而技术创新

---

① 柳卸林，张爱国. 自主创新 从经济大国向强国转变的依靠 [J]. 创新科技，2007（05）：14-19.

理论的制度创新学派和国家系统创新学派更多的是从集团组织、社会组织甚至是国家层面，以制度变革的手段，来调整生产关系以提高生产要素的生产效率。

技术创新理论的制度创新学派始建于19世纪70年代，代表人物是道格拉斯·诺斯（Douglassc North）和兰斯·戴维斯（Lance E.Davis）。他们通过研究美国经济发展与美国制度变化之间的关系，拉开了制度创新的序幕。制度创新学派认为，技术的进步会导致个人收益和社会收益的差距，只有建立一种较为完善的产权制度，能够为个人进行技术创新提供持续的动力（也可以理解为提供源源不断的利益），才能保证技术创新不断地进行下去。一项好的制度能够推动个人或者企业对技术的不断创新，与之对应的是，一项不好的政策，也会打消个人或者企业对于技术创新的积极性。不断改进制度环境以确保技术创新的进行，对于技术创新来说，至关重要。

新制度经济学者提出了多种解释制度变迁的模型，主要有诺斯的制度变迁模型、拉坦（V.W.Latan）的诱致性制度变迁的模型、林毅夫的诱致性制度变迁和强制性制度变迁模型、产权学派的制度变迁理论、与公共政策有关的制度变迁模型等。[①]其中，诺斯的制度变迁模型具有代表性。诺斯认为，对利益的追求导致了制度的创新，在现有的制度已经约束了对利益的追求的情况下，改变制度会带来净利润，就会主动寻求制度的创新。制度的创新不仅能够促进技术的创新，更能推动经济的发展。而制度创新的一般途径，则是对管理组织的形式进行优化或者颠覆性的创新。

技术创新理论的国家创新系统理论的诞生，标志着技术创新和制度创新不再是独立的研究理论，而是逐渐转变为统一的整体理论。国家创新系统是参与和影响创新资源的配置及其利用效率的行为主体、关系网络和运行机制的综合体系，在这个系统中，企业和其他组织等创新主体，通过国家制度的安排及其相互作用，推动知识的创新、引进、扩散和应用，使整个国家的技术创新取得更好绩效。国家（或者说政府）作为统一指挥的中枢系统，统筹安排各行为主体（企业或者研究机构或者个人）的创新行为，并且将行为主体的创新成果推广应用，使得创新成果更有效地从实验室走

---

① 刘辉煌，胡骋科.制度变迁方式理论的演变发展及其缺陷[J].求索，2005（06）：42-44.

向市场，行为主体能够更有效地获得收益。这不论是对于技术的发展还是经济的发展，都具有推动作用。

（3）创新理论与生物医药产业的发展

生物医药产业是带有战略意义的新兴产业。而生物技术的创新发展过程，需要大量资金、技术以及人员的积累，个体的以研究机构为代表的行为主体，限于有限的资金、技术积累，很难在生物医药的技术上进行全面的突破。部分发达国家经过数十年的技术积累，其生物医药技术水平已经有了足够的积累，大部分的生物医药产业也具有庞大的规模。巨大的企业规模差距、财力差距，很大程度上局限了我国生物医药产业企业的技术创新。针对中国生物医药产业的具体情况，要加快中国生物医药产业的创新，就必须发挥出中国的制度优势，同时进行技术创新和制度创新。

生物医药产业的技术创新和制度创新，必须有序地结合在一起，既有助于推动研发主体对于技术的创新追求，也有相关的制度来推进技术创新的开启，保证技术创新的过程，加速技术创新的效益回报，缩短生物医药产业创新周期，加速生物医药产业的发展。生物医药产业的制度创新，需要政府来进行推进，从生物医药研发立项、研发融资过程，一直到生物医药新产品的市场应用，特别是生物医药新技术由实验室转化为市场产品的过程，都需要政府干预。政府通过改善现有的制度或者填补之前的制度空白，来保证生物医药研发周期的有效进行，同时确保生物医药研发的效益回报。在生物医药产业的技术创新方面：由于生物医药产业投资大、研发周期长、风险高的特性，特别是在生物医药新产品的研发方面，大部分企业限于自身能力，一部分企业对于风险的过高评估，很多的研发活动并不能够有效地进行，通过政府的参与（资金参与、制度保证），保证研发资金，降低研发风险，使得各研发主体之间相互合作，发挥各研发主体的优势，更加有效率地进行生物医药新产品的研发活动。

3.战略性新兴产业理论

（1）战略性新兴产业的内涵及特征

《国务院关于加快培育和发展战略性新兴产业的决定》（国发〔2010〕32号）中对于战略性新兴产业的定义为："以重大技术突破和重大发展需求为基础，对经济社会全局和长远发展具有重大引领带动作用，知识技术密集、物质资源消耗少、成长潜力大、综合效益好的产业。"[1]我国对于战略性新兴产业的理解,既包括了经济层面,又涵盖了社会层面,其中战略性新兴产业发展的前提是科学技术取得突破。

对于战略性新兴产业理论的理解,要把握好战略性和新兴性两个方面。战略性是指从整个社会乃至整个国家的层面出发,技术的革新带动产业的革新,能够给整个社会带来福利,并且增强国家的综合国力。学术界对于战略性的理解各抒己见,其中代表性的有:万钢认为,在战略性新兴产业中,战略性是针对结构调整而言的,在国民经济中具有战略地位,对经济社会发展和国家安全具有重大和长远影响,这些产业是着眼未来的,它必须具有能够成为一个国家未来经济发展支柱的可能性。[2]而刘洪昌认为,战略性新兴产业是指在国民经济中具有重要战略地位,关系到国家或地区的经济命脉和产业安全,科技含量高、产业关联度高、市场空间大、节能减排的潜在朝阳产业,是新兴科技和新兴产业的深度融合,既代表着科技创新的方向,也代表着产业发展的方向。[3]整体来说,战略性的内涵就是强调发展新兴产业的重要性,强调发展新兴产业对于未来产业构成与经济健康可持续发展,对于社会进步和国家发展的重要性。对于新兴性产业的研究,国外学者要早于国内学者。笔者理解的"新兴产业"是指在经济发展进程中能够带有革命性的,转变人们生产生活方式,甚至颠覆原有生产关系的产业。波特将新兴产业定义为新建立的或是重新塑型的产业,其出现原因包括科技创新、相对成本结构的改变、新的顾客需求,或是因为经济与社会上的改变使得某项新产品或服务具备开创新事业的机会。[4]将战略性和新兴性组织到一起,战略性新兴产业就成为在技术革新背景之下,能够带动产业结构变化,甚至推动社会生产关系发生变化,促使经济持续健康发展,

① 中共中央文献研究室.十七大以来重要文献选编(中)[M].北京:中央文献出版社,2011:940.

② 《科技日报》记者.抓住机遇培育和发展战略性新兴产业——访科技部部长万钢[J].理论参考,2010(11):9-11.

③ 刘洪昌.中国战略性新兴产业的选择原则及培育政策取向研究[J].科学学与科学技术管理,2011(03):87-92.

④ PORTER M.Competitive Strategy Techniques for Analyzing Industries and Competitors[M].New York:Free Press,1980:120-125.

对于人民福祉与国家进步都具有重要意义的产业。

（2）战略性新兴产业发展领域

根据国务院印发的《"十三五"国家战略性新兴产业发展规划》（国发〔2016〕67号），战略性新兴产业的发展领域分为七大领域，具体又细分为三十一个小的领域。表2-1是对《"十三五"国家战略性新兴产业发展规划》包含的相关战略性新兴产业发展领域进行的整理。

表 2-1 战略性新兴产业发展领域

发展领域	领域细分	领域内涵及纲要
信息技术产业跨越发展，拓展网络经济新空间	网络基础设施	推动光纤网络建设、提供1000兆比特接入服务，推动无线宽带的普及以及更新，构建新一代的广播电视网络等
	"互联网+"生态系统	推动互联网在生产领域和公共服务领域的应用，并且在互联网基础上推动原有生产关系革新
	国家大数据	推动国家数据开放平台的建设，依托于大数据平台，推动经济发展，提高社会福利，强化信息安全保护
	信息技术产业核心技术	推进核心硬件、软件的自主化，并做到硬件、软件的完美结合
	人工智能	加快人工智能的研发，并推进人工智能的实际应用
	网络经济	破除电信行业壁垒，完善相关法律立法
高端装备与新材料产业	智能制造	打造智能制造系统，推动智能制造关键技术突破，形成相应的产业链条，打造中国智造高端品牌
	航空产业	提高航空发动机的自主制造能力，加快国产民用飞机的制造，完善配套设施的建设
	卫星及应用产业	从相应基础设施建设以及卫星技术两个方面推动卫星产业的发展，并且推动卫星技术的全面应用
	轨道交通装备产业	打造具有国际竞争力的轨道交通装备，发展新型的绿色轨道交通装备，实现关键技术的完全自主化
	海洋工程装备产业	强化传统海洋工程装备制造能力，开发新型海洋工程装备，完善相关配套产业
	新材料产业	根据行业需要来进行新材料的研发，并推动新材料的应用，布局下一代新材料的研发

续表

发展领域	领域细分	领域内涵及纲要
生物产业创新发展，培育生物经济新动力	生物医药产业	推动生物医药产业升级，开展对生物医药产业的监管
	生物医学工程	掌握高性能医疗设备关键技术，发展智能化、移动化新型医疗设备
	生物农业产业	形成生物种业自主创新体系，开发新型生物农业产品
	生物制造规模化应用	提升生物产品制造的规模，建立生态安全、绿色低碳、循环发展的生物法工艺体系
	生物服务	一是要凭借生物技术的发展促进生物产业的发展，二是生物产品更好地服务消费者
	生物能源	促进生物能源的应用与产业化生产
新能源汽车、新能源和节能环保产业	新能源汽车产业	提高新能源汽车研发能力，研发世界一流的新能源汽车，完善配套基础设施的建设
	新能源产业	包括核电、风电、太阳能在内的多种新型能源综合利用
	高效节能产业	进行节能技术储备，生产新型节能设备并推广应用
	先进环保产业	污染防治与新型环保产品应用双管齐下
	资源循环利用	提高可回收资源、能源的再利用、再生产能力
数字创意产业	数字文化创意技术和装备	提高文化创作水平的同时，提高文化的传播能力
	丰富数字文化的内容和形式	既要传承优秀的历史文化，又要创造新时代的新文化
	创新设计水平	提升人民居住环境水平，强化工业化设计的引领作用
	相关产业	数字文化产业与其他产业相结合，形成数字生态系统
布局战略性产业	空天海洋领域	推动空天海洋探索设备的研发与技术创新，提高对太空和深海的探测能力
	信息网络领域	加快电子产品更新换代，布局未来信息网络
	生物技术领域	提高生物技术
	核技术领域	发展新一代核能装备

资料来源：国家发展和改革委员会."十三五"国家级专项规划汇编（上）[M].北京：人民出版社，2017：139-171.

（3）战略性新兴产业发展趋势

以生物医药产业为代表的战略性新兴产业的发展将会引领新一轮的科技革命，谁能够掌握核心技术，早一步登上科技的制高点，谁就能够在未来的发展中掌握足够的话语权。随着地球资源的逐步枯竭，环境的持续恶化，以往高耗能的生产方式已经不适应新时代经济发展的需要，在供给侧结构性改革的浪潮之中，落后的生产方式和生产关系将会被淘汰，取而代之的是具有低耗能、环境友好特征的新兴产业的发展。

根据相关学者的研究，战略性新兴产业的发展趋势主要体现在以下三个方面。

第一，需求引导。战略性新兴产业的发展，最好的方向就是市场需求。市场需求能够为战略性新兴产业的发展提供动力，极大地促进科技研发的积极性，激发市场的活力。就生物医药产业而言，诸如尿毒症类的临床重大疾病，治疗的最大难题就是获得匹配的肾源，多数患者在等待肾源的过程中去世。细胞培养人体器官的生物医药技术倘若可以实现，那么尿毒症就不再是不治之症。对生物医药企业来讲，需求引导能够为企业带来巨大的利润，从而促使企业不断进行技术创新，形成良好的科技创新环境。

第二，产业集聚。产业集聚包含了两个层面：首先是相同产业共同集聚，形成规模效应；其次是相关产业进行集聚，形成配套产业链条，提高生产效率。以生物医药产业为代表，我国的生物医药企业相对于发达国家生物医药企业来讲，规模较小，综合实力弱，这就导致不论在技术层面还是在市场层面，我国的生物医药企业在参与国际竞争时都处在不利的位置。推动生物医药产业集群发展，这里对集群的定义并不仅仅限于地域集群，通过现有通信网络将各个企业密切联系在一起也属于产业集群，通过集群的方式，来内部化外部成本，形成规模效应。另外，诸如药材种植、药材初加工之类的配套医药产业，与生物医药企业集聚，既能够提高生产效率，在研发生产过程中，也方便技术人员及时对原材料进行查验，提高生产质量。

第三，产业联动。一方面，新兴产业的发展带动传统产业的转型升级，提高生产要素的供给效率和生产效率；另一方面，各个新兴产业之间进行联动，提高创新发展的效率。生物医药产业的不断发展，并不意味着完全淘汰传统的治疗方式，也不是说生物医药就能包治百病。生物医药与传统治疗手段相结合，充分发挥各自在疾病治疗中的优势，实现"1+1 > 2"的效应，帮助患者更快康复。

生物医药产业与互联网产业的结合，使得距离不再是看病难的障碍之一。通过在线问诊、在线诊断、在线治疗，患者足不出户便可以接受治疗。通过生物医药技术与互联网技术的结合，可以实现个人身体状况的实时监控，降低重大疾病的发病率。

（4）战略性新兴产业与生物医药产业的发展

在国务院印发的《"十三五"国家战略性新兴产业发展规划》中，生物技术是我国战略性新兴产业发展的重要突破方向，其中，生物医药产业又处在生物技术产业一栏的首位，可见生物医药产业在我国战略性新兴产业发展规划中的重要程度。生物医药产业作为对社会、经济都具有重要意义的产业，符合战略性的标准，生物医药产业的高技术门槛、高创新要求，也符合新兴性的要求。从归属的角度来讲，战略性新兴产业包括了生物医药产业，生物医药产业是战略性新兴产业的代表之一。从相互作用的角度来讲，只有战略性新兴产业发展了，生物医药产业才能有良好的发展环境，而生物医药产业的发展，推动了战略性新兴产业的发展。以基因测序、干细胞培养为代表的生物医药产业，其发展所带来的不仅仅是高效环保的经济发展模式，更重要的是依托生物医药技术对临床各类重大疾病的有效治疗，能够为人类带来福祉。

二、全球化背景下医药产业知识产权保护的现实依据

生物医药产业是国家确定的七大战略性新兴产业中生物产业的最大分支，是当今发展最快、活力最强、科学技术含量最高的领域之一。随着中国人口老龄化进程的加快，生物医药产业的市场需求也越来越大。虽然近些年来中国生物医药产业的收入规模持续扩大，但国内生物医药产业发展进程落后于西方发达国家，且中国的生物医药企业以中小企业为主，在医药创新方面竞争力不足。根据国家竞争力的观点，政府应该制定产业政策保护还处于发展阶段的生物医药产业。我国仅在中央和国家机关层面就出台了大量的政策扶持生物医药产业，这些政策为医药产业知识产权保护提

供了现实依据。

（一）我国传统医药知识产权的立法保护

根据世界卫生组织的解释，中医药即中国传统医药。而在医学上，中医药并非严谨的学术概念，中药理应隶属于中医。中药又是广义的概念，包括传统中药、民间药（草药）和民族药。传统中药是指在全国范围内广泛使用，并作为商品在中药市场流通，载于中医药典籍，以传统中医药学理论阐述药理作用并指导临床应用、有独特的理论体系和使用形式，加工炮制比较规范的天然药物及其加工品。民间药是指草药医生或民间用以防治疾病的天然药物及其加工品，通常根据经验辩证施治，一般是自种、自采、自制、自用，少见或不见于典籍，而且应用地区局限，缺少比较系统的医药学理论及统一的加工炮制规范。民族药则指我国除汉族外，各少数民族在本民族区域内使用的天然药物，有独特的医药理论体系，以民族医药理论或民族用药经验为指导，多为自采、自用，或采用巡回行医售药的经营方式。据此，本书提出的传统医药保护范畴中的中医药是在广义范围内论述的。

目前我国传统中医药知识产权保护的依据主要有《中华人民共和国非物质文化遗产法》（以下简称《非物质文化遗产法》）、《中华人民共和国专利法》（以下简称《专利法》）、《中华人民共和国著作权法》（以下简称《著作权法》）、《中华人民共和国商标法》（以下简称《商标法》）、《中华人民共和国反不正当竞争法》（以下简称《反不正当竞争法》）及其他行政性法规、规章。

1.《非物质文化遗产法》

2011年2月25日，第十一届全国人民代表大会常务委员会第十九次会议通过了历经修改十余载的《非物质文化遗产法》，将保护和弘扬中华民族优秀传统文化工作推向了新的历史阶段。

该法首次系统科学地界定了非物质文化遗产的概念，并将传统医药涵盖其中。该法在总则中规定了国家扶持民族地区、偏远地区、贫困地区的非物质文化遗产保护、保存工作，并从保护、开发、传承人以及调查四个方面强调保护措施的落脚点。

为了突出保护传承人的核心地位，该法第二十九条还规定："国务院文化主管部门和省、自治区、直辖市人民政府文化主管部门对本级人民政府批准公布的非物质文化遗产代表性项目，可以认定代表性传承人。非物质文化遗产代表性项目的代表性传承人应当符合下列条件：（一）熟练掌握其传承的非物质文化遗产；（二）在特定领域内具有代表性，并在一定区域内具有较大影响；（三）积极开展传承活动。认定非物质文化遗产代表性项目的代表性传承人，应当参照执行本法有关非物质文化遗产代表性项目评审的规定，并将所认定的代表性传承人名单予以公布。"

另外，该法第四十四条还规定："使用非物质文化遗产涉及知识产权的，适用有关法律、行政法规的规定。对传统医药、传统工艺美术等的保护，其他法律、行政法规另有规定的，依照其规定。"由此，《非物质文化遗产法》的颁布为其组成之一的传统医药提供了更直接和明确的法律依据。

2.《专利法》及相关细则

专利保护是传统医药知识产权保护的重要途径，也是最有效的方式之一。从最初专利申请仅局限于方法发明和医疗器械，到扩展至产品领域（药品），保护期限延长至20年。《专利法》对传统医药专利的保护范围也已经有了质的飞跃。2000年，我国再次修改《专利法》，使专利范围与《与贸易有关的知识产权协定》要求相一致。2008年第三次修改的《专利法》及2010年2月重新修订的配套细则《专利法实施细则》（以下简称2010《实施细则》）对遗传资源做了披露要求，体现了我国作为基因资源大国和基因技术发展强国的立场。

修改后的《专利法》第五条规定："对违反法律、社会公德或者妨害公共利益的发明创造，不授予专利权。对违反法律、行政法规的规定获取或者利用遗传资源，并依赖该遗传资源完成的发明创造，不授予专利权。"第二十六条第五款规定："依赖遗传资源完成的发明创造，申请人应当在专利申请文件中说明该遗传资源的直接来源和原始来源；申请人无法说明原始来源的，应当陈述理由。"

第三次修改的《专利法》将传统知识也纳入了专利保护的范围，即"发明创造的完成依赖于遗传资源或者传统知识，该遗传资源或者传统知识的获取或者利用违反有关法律、法规的规定的，不授予专利权"，但介于传统知识范围的庞杂以及一系列有待解决的问题，最终未将传统知识纳入其中。但该法条的订立表明我国正在建立一种机制，防止违反我国传统知识法律法规而完成的发明创造获得专利权。

3.其他知识产权保护法律及法规

（1）《商标法》

商标是区别不同商品或服务的标记。通过商标来保护体现传统医药知识的商品或服务可以间接保护传统医药知识。商标权与传统医药知识存在更大的相容性，表现为商标体系除了普通商标外还包含证明商标和集体商标。这两类商标分别是用来保护具有某种特质的商品或服务，以及注册该商标的集团内部成员所使用的商品或服务。中医药服务、中药材、重要饮片、中成药、制药专用器械、中医药包装材料、中医药包装机械等均可以申请中医药商标。

（2）《著作权法》

与传统医药知识有关的作品或表达，如果符合《著作权法》上的独创性、科学性、可复制性以及非违法性，可以获得著作权。传统医药知识数据库也可以获得数据库的保护。

（3）《反不正当竞争法》

我国《反不正当竞争法》规定：本法所称的商业秘密是指不为公众所知悉、具有商业价值并经权利人采取保密措施的技术信息、经营信息等商业信息。商业秘密必须符合秘密性、价值性或实用性以及新颖性三项要件。

中医药在我国发展的历程中，具有其独特的神秘性。有些知识如家传秘方、传统工艺（如中药的炮制工艺）、传统配方等并没有进入公有领域，真正知晓其内容的人极少，可作为商业秘密予以保护。由于专利、中药品种等制度程序的烦琐、专利制度的保护期限制以及需要公开等因素，我国多数药企选择采用商业秘密这种保护方式。采用商业秘密措施保护的成功案例有云南白药、片仔癀等。

中医药商业秘密可以涉及中医治疗、中药配方、秘方、独特的生产加工工艺、中药栽培技术、养殖技术、饮片加工技术、炮制技术、制药工程技术、营销信息、技术信息等。20世纪50年代，我国就将炮制技术列入保密技术范畴。《中国禁止出口、限制出口技术目录》中明确规定："中药饮片炮制技术"中的"毒理中药的炮制工艺和产地加工技术"以及"常用大宗中药的炮制工艺和产地加工技术"禁止出口。

（4）其他行政法规及地方性法规

首先是《中药品种保护条例》。中药品种保护是我国对优质中药品种实行的一种特殊保护。

除此之外，地方政府也相继开始制定传统医药知识保护管理的具体办法，其中上海市施行的全国首部地方性的《传统医药知识保护管理办法》，重点体现了传统医药知识的精神权和财产权，并制作"名老中医经验知识保护名录"，树立知识拥有者、传承人的品牌；制作"老字号企业善本保护名录"，合理体现市场价值；制作"传统医药知识保护名录"，赋予产品名称权，阻止不当利用和专利不当申请；成立上海市传统医药管理委员会，从学术上加以鉴定和管理。

（二）与传统医药知识保护有关的国际条约及国际合作

1.《生物多样性公约》（以下简称 CBD）

1992 年，在巴西里约热内卢召开世界首脑会议，签署了旨在保护遗传资源与传统知识、人类生存环境、资源合理利用以及促进资源提供者知情同意和利益共享的《生物多样性公约》，从保护生物多样性的角度出发来达到保护传统知识和遗传资源的目的。其宗旨是尊重、保存、维持和使用传统知识。CBD 具体规定了传统知识保护的几大原则：遗传资源国家主权原则；事先知情同意原则和惠益分享原则，即各国对其本国的遗传资源享有主权，获取遗传资源应有其所有者的事先知情同意，并应在使用收益方面达成协议。公约没有规定遗传资源的具体保护方式，但是明确要求各国专利法以及其他知识产权法律制度应当符合其确立的前述基本原则。这一具有法律约束力的国际公约对切实维护我国和其他发展中国家的利益具有深远的历史意义和重要的现实意义。

2. 世界知识产权组织（以下简称 WIPO）的保护

2010 年，WIPO 成立了"知识产权与传统知识、遗传资源、民间文艺政府间委员会"（简称 WIPO – IGC），致力于研究遗传资源的获取和惠益共享、传统知识的保护、民间文学艺术表达的保护问题。

3.《保护非物质文化遗产公约》

《保护非物质文化遗产公约》于 2003 年 10 月在巴黎正式通过，2006

年4月生效。我国是第六个加入该公约的国家。在此之前,我国一直使用"民族民间文化"这一概念,"非物质文化遗产"的使用扩大了遗产保护的范围与宽度。《保护非物质文化遗产公约》的宗旨中第二条指出:尊重有关社区、群体和个人的非物质文化遗产;第三条指出:在地方、国家和国际一级提高对非物质文化遗产及其相互欣赏的重要性的意识。"保护"指确保非物质文化遗产生命力的各种措施,包括这种遗产各个方面的确认、立档、研究、保存、保护、宣传、弘扬、传承(特别是通过正规和非正规教育)和振兴。公约的出发点与 CBD 的不同之处在于其以文化多样性为出发点,对传统知识等非物质文化遗产保护做了不同的规定。

4.《与贸易有关的知识产权协定》(以下简称 TRIPS 协定)

《与贸易有关的知识产权协定》是世界贸易组织法律规则体系下的一个协定,旨在保护国际贸易中的知识产权。TRIPS 协定设立了知识产权保护的最低标准,与之相关的争议由世贸组织争端解决机制管辖,且规定了交叉报复的制裁方法,为履行协定义务及其他知识产权保护公约的义务提供了保障。这既是 TRIPS 协定的优势所在,也是 TRIPS 协定的缺陷所在,尤其是对于传统知识主要保有国的发展中国家而言。

TRIPS 协定对传统知识的专利来源披露制度没有做强制规定或明确禁止,其中第二十九条要求发明的公开应当清楚、完整,使普通技术人员能够实施。对这一条规定的理解与实施存在很多不确定性。因此发展中国家力求在 TRIPS 协定的框架下实现突破,通过修改 TRIPS 协定来达到保护传统知识的要求。

5.其他国际合作

2006年,世界知识产权组织发表《郑州宣言——国际范围内对传统知识、传统文化表达和遗传资源的保护展望》,表明传统医药是传统知识保护的重点领域之一。

2008 年 11 月,世界卫生组织首届传统医学大会在北京召开。会议发表了《北京宣言》,总结了传统医药在卫生服务中的作用,突出阐明了传统医药的进展、挑战和发展方向。

2009 年 10 月,由国家中医药管理局、国家民族事务委员会、广西壮族自治区人民政府共同主办的"2009 中国–东盟传统医药高峰论坛"在南宁隆重举行。来自中国与东盟各国、世界卫生组织、东盟秘书处的官员、专家学者、行业和企业负责人出席了论坛。2010年，广西实施了壮瑶医药振兴计划，利用毗邻东盟的优势，进一步加强了民族医药对外合作交流；利用中国－东盟自由贸易区的政策优势，以《中国－东盟卫生合作与发展南宁宣言》为契机，积极筹建中国－东盟传统医药科技文化合作交流中心，探索建立中国（广西）－东盟传统医药合作长效机制。

第三章 全球化背景下中外医药产业发展 及知识产权保护经验借鉴

生物医药产业是世界各国经济发展高度关注的重要产业。美国、欧洲、日本等国家和地区纷纷将生物医药产业当作下一个新经济增长点。日本甚至提出以生物医药立国的理念。我国生物医药产业起步较晚，但随着生物医药产业在世界范围内影响程度的加深，我国也十分重视生物医药产业的发展，最早在国家高技术研究发展计划（简称"863"计划）中将生物技术列为重点发展对象，在"十一五"规划中，提出"以生物和医药技术为重点"，在"十二五"规划中又将生物医药产业列为七大战略性新兴产业之一，"十三五"规划确立了"提升生物技术原创性水平""打造生物技术创新平台""强化生物技术产业化"三大具体目标体系。

美国是世界上生物医药产业最为发达的国家，不论是研发技术水平还是研发效能都处于世界领先地位。美国具有多家世界一流的生物医药企业，根据 2016 年《福布斯》杂志发布的全球前 500 强企业中，全球第一医药企业美国强生公司位列第 32 位，企业资产为 1 334 亿美元，销售额为 702 亿美元；全球第二医药企业美国辉瑞公司位列第 46 位，企业资产为 1 675 亿美元，销售额为 489 亿美元。虽然近些年来我国的生物医药研发水平取得了长足的发展，但是其产业化程度不高、科技成果转化率较低，产业在发展过程中存在诸多的问题。我国第一大医药企业国药控股 2016 年企业销售额为 361 亿美元，仅为强生公司的 51.42%；企业资产为 213 亿美元，为强生公司的 15.97%、辉瑞公司的 12.72%。

我国的生物医药产业与世界先进水平之间还有较大差距，面临着很多问题。在供给侧结构性改革的背景下，我国生物医药产业发展亟须构建有利于创新的机制和制度环境，通过创新发展，在政策创新、技术创新、制度创新中，培育一批具有重大创新能力的企业，构建较完整的生物技术创新体系，提升生物医药产业的国际竞争力，使生物医药产业发展在国际中立于不败之地。

凡是知识进步与经济繁荣的国家，无一不是知识产权制度健全与完善的国家。在当代社会，知识产权制度成为创新型国家维护技术优势、实现创新发展的战略武器。知识产权保护制度为新技术和新产品的革新提供了制度保障。特别是对于生物医药产业这样的技术密集型产业，完善的知识产权保护制度给新技术带来了巨额收益，为企业进行技术革新提供了源动力。随着中国生物医药产业的不断发展，中国的生物医药技术正在不断缩小与发达国家之间的差距，生物医药产业对于加强知识产权保护制度的需求越来越迫切。

本章从医药产业相关概念着手，阐述以英国、德国和印度为代表的国外医药产业发展及其生物医药企业的成功案例；并以印度传统医药知识产权保护制度和国际生物制药巨头——美国辉瑞为典型，剖析其知识产权保护的经验；在此基础上，探讨我国医药产业发展及其知识产权保护存在的问题。

一、医药产业相关概念

（一）产业的含义

产业的产生和发展有两个最重要的推动力——社会分工和生产力进步。产业是社会分工的产物，它随着社会分工的产生而产生，随着社会分工的发展而发展。远古时代，狩猎和采集是人类所有的生产活动，没有社会分工，因而产业也无从谈起。随着狩猎和采集的野兽、野果的增多，人类开始饲养动物和种植植物，农业从狩猎和采集活动中分离，社会分工开始出现。随后，畜牧业、手工业和商业相继从农业中分离，形成了不同的产业部门。直到工业革命的到来，工业与农业分离，造就了现代工业，形成了大工业基础上的深度的社会分工，产业部门不断出现，产业分工越来越细。现代医药产业就是在大工业时代背景下，以化学工业为基础不断发展演进而来的。

产业是社会生产力发展的必然结果，它随着生产工具、科学技术的不断进步而成长。未进入石器时代的人类，生产工具直接取自自然物，没有科技水平而言，生产力水平极低，没有社会分工。石器、青铜器和铁器时代，人类开始使用经过加工制作的生产工具和生活用具，生产力逐渐发展，新的产业部门也随之不断形成。机器的使用大大地提高了劳动生产率，从而促进了社会生产力的迅速发展，也促使新的产业部门不断发展，如织布机和纺织机的发明使棉纺织产业成为18世纪中期社会经济发展的主导产业。近代信息技术和生物技术的产生和发展给农业、工业等领域带来了巨大的变化，促使产业内部分工进一步细化，新的产业部门也大量涌现。生物医药产业的产生和发展也是社会生产力不断提高、科学技术水平不断进步的结果。

从产业产生和发展的历程中可以看出，任何特定的产业，其经济活动均具有某些相同或相似的特征，这些特征与其生产技术、生产过程和所生产的产品类型密切相关，共同的特征使一个产业与其他产业区别开来。从上述产业经济活动的特征来考虑，可以将产业定义为，在社会分工和经济发展基础上形成的，依赖相同或类似生产技术、生产工艺和知识体系，具有相似的产品生产、分配、使用过程，生产同类产品或服务的企业的集合。

产业作为一个经济单位，是介于微观经济——企业经济活动和居民消费行为与宏观经济——国民经济之间的"集合"。相对于企业而言，它是具有相似经济活动的企业的集合体；相对于国民经济而言，它是国民经济的组成部分。产业的含义不是一成不变的，随着社会分工的深入和生产力水平的提高，产业的内涵不断充实，外延不断扩展。资本主义工业产生前，手工业依附于农业，产业主要指农业工业高度发展时期，产业主要指工业，并常常等同于工业；近代的产业包括农业、工业和服务业三大产业和其细分产业。今天，凡是具有投入产出活动的部门都可以纳入产业的范畴，人们以往所想象不到的许多新产业不断诞生，从生产到流通、服务以至于文化、教育等各行各业都可以称为产业。

（二）生物技术和生物医药

在人类文明形成之初，就出现了最原始的生物技术。古老的祖先利用当时有限的条件，在对生物技术并无认知的情况下，运用最为传统的生物技术进行生产生活活动。酿酒就是最具有代表性的一个例子。酿酒是利用微生物发酵而产生含有一定浓度酒精的饮料的过程，根据考古学家考证，在黄帝时期、夏舜时代便存在酿酒这一活动，而实际上最初的酿酒活动还要早于这一时期。

现代生物技术起步于20世纪70年代，并很快成长为信息产业之后的新兴产业。如表3-1所示，进入21世纪之后，生物技术不断创新，生物技术发展进一步加速，形成了以基因技术、新药开发和工业技术应用为代表的现代生物医药技术。

表3-1 现代生物技术分类简述

现代生物技术	发展历程	作　用	代表成果
基因技术	20世纪初，遗传学家摩尔根得出了染色体是基因载体的结论。20世纪60年代，脱氧核糖核酸双螺旋结构的发现，奠定了基因技术的基础。人类基因组计划（HGP）与曼哈顿原子弹计划和阿波罗登月计划一起被称为20世纪三大科学计划	疾病诊断：特别是先天性疾病；疾病治疗：通过将相关基因置入人体而治疗不治之症；基因诊断：如亲子鉴定；基因克隆：培育人体器官，创造自然界不存在的新物种等	基因重组技术及依托此技术开发的药物；细胞抗体技术；基因农作物；等等
新药开发	利用生物技术进行药物开发与人类基因组测序相辅相成，并很快成长为高利润的热门产业。2010年全球生物技术新药达到200亿美元的销售额；2013年，全球25大生物医药公司共研发新药1932种	基于人类基因组框架图，认识疾病发生发展的基因和分子机理，定向地进行疾病治疗	干扰素、重组乙肝疫苗、重组促红细胞生成素、白细胞介素、基因工程抗体等
工业技术应用	2010年，全球化学产品的产值中，有五分之一是应用生物制造的产品的产值，随着生物技术在工业领域的不断应用，这一占比还会不断增大	利用生物技术取代传统的工业技术，降低能耗和环境污染	利用酶素生产化学用品，利用细菌生产橡胶，利用玉米提取葡萄糖，等等

生物医药产业包含两部分内容：生物技术产业和医药产业。其中生物技术产业包括基因技术、生物信息技术等，涉及医药、能源等多个领域。生物医药产业不仅包含制药产业，还包括生物医学工程产业。制药就是将生物技术用于药品的研发，生物医学工程主要是从工程学的角度出发，对人体结构进行多层次的研究，研究防病、治病等相关领域的人工材料。生物医药是指将生物技术应用于制药产业，进行药品的开发和生产。生物医药产业受到生物技术产业的约束，并且随着生物医药产业的不断发展壮大，生物技术将在生物医药产业中占有越来越高的比重。

（三）生物医药产业

1.广义的生物医药产业

生物医药产业有广义和狭义之分。根据对产业内涵和类别的分析，广义的生物医药产业是指国民经济活动中与药品的生产、分配和使用有关的所有企业和组织的集合，它泛指一切与药品有关的经济活动，是一个较为宽泛的微观概念，涵盖了药品包括农药、兽药、人用药品及医疗器械从原材料到最终产品及其使用过程中形成和关联的各种活动，如药品原材料提供、制药器械制造、药品研究开发、药品制造、药品销售、药品流通、药品使用、药品监督管理、医药人才的培养和教育等过程中的具体活动。根据活动的类型、性质及其在生物医药产业中所处的地位，广义的生物医药产业可以划分为三个层次（如图3-1所示），即核心层——药品的生产行业；支撑层——药品原材料提供、药品流通、制药器械制造等上游和下游辅助行业；关联层——与药品使用相关的医疗服务机构、药品监督管理机构及医药人才的培养和教育组织。

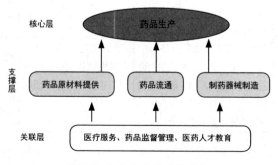

图3-1 广义的生物医药产业

（1）核心层

药品的生产行业是生物医药产业的核心。

从其生产活动的参与者来看，生产行业是众多药品生产性企业和组织的集合，其中跨国公司和大型制药企业是药品生产行业的最主要组成部分，强大的垂直一体化能力使其无论在药品的研究开发还是制造和销售方面都具有明显的优势；独立的研发企业和各类研发机构使药品生产行业充满了创新活力，它们依靠强大的基础研究能力在创新药物早期研究中发挥着巨大的支撑作用；小型制药企业数量众多，它们大多将核心竞争力集中在原料药制造、制剂制造和分装以及地区性销售领域；各类专业的医药外包组织近年来逐渐发展壮大，特别是合同研究组织（Contract Research Organization，简称 CRO）的迅速发展，使医药研发外包成为生物医药产业研发活动的重要运行模式。

从其生产的环节来看，是指药品生产性企业的发现、开发以及制造和销售环节，相应地，可以将药品的生产行业主要分为药品研发业和药品制造业。药品研发业是生物医药产业的核心，作为高技术产业，研发是生物医药持续发展的命脉。药品研发业指开展以药品研发为主要活动的企业或组织的集合，包括从药品研究阶段的靶标确定、先导化合物的发现到开发阶段的临床前 / 临床试验、新药申请、疗效评价等的全部或部分活动。药品制造业是指将研发得到的创新药物，按照市场要求，通过化学合成、细胞培养、分离纯化、处方开发、剂型设计、包装等过程，转化为可供患者使用的医药产品的行业，它是以药品制造为主要经济活动的企业和组织的集合。

（2）支撑层

药品原材料、药品流通、制药器械制造等行业是生物医药产业发展的强有力保障，它们作为支撑层为药品生产提供丰富的原材料，为药品顺利到达患者、实现价值提供畅通的渠道，同时也为药品生产活动的开展提供基础设备支持。

药品原材料行业包括通过采集、捕猎、栽培和养殖等方式向药品生产环节提供一般化学品、天然植物、动物、矿物、微生物菌种，以及相关的组织细胞的各种经济活动。原材料行业的典型代表是中药原材料的提供，如最普通的中药原材料田七，主要产自我国西南部，云南、贵州、广西等地的田七种植已经成为重要的产业。随着生命科学技术在医药领域发展的日新月异，科学家已经得出许多成功转殖动植物基因的例子，可以直接培养植物或饲养动物来制造药物，这种原材料的提供也是药品原材料行业的重要组成部分。

药品的流通行业是药品批发企业、药品零售企业——连锁药店和独立药店以及一些医院药房等主要从事商业性活动的企业和组织的集合。药品批发是联系药品生产性企业和药品零售、医疗机构的关键环节，发达国家的药品批发行业集中度较高，规模化特征明显。医药零售企业近年来在物流高速发展的推动下充满了活力，在美国，一些有实力的零售企业甚至越过批发企业直接向生产企业进货。医院属于医疗服务机构，但其药房也是药品到达最终消费者手中的重要一环。

制药器械制造行业是指为药品生产提供所需实验仪器设备的企业集合。药品生产是一个专业化的过程，从药物发现到药品制造，需要经过确认靶标、筛选活性、毒性测试、合成、萃取、分解、纯化等一系列活动，这些活动的开展绝非人们徒手可以完成，需要依靠各种专门的仪器设备。除了试管、培养皿、蛋白质特性分析仪、药品稳定测试箱等"硬"产品，还包括芯片信息数据库、基因表达分析软件等"软"产品，这些产品的生产企业共同构成了制药器械制造行业。

（3）关联层

医疗服务机构、药品监督管理机构及医药人才的培养和教育组织与药品生产、药品流通、药品原材料提供、制药器械制造密切相关，它们影响着药品的需求和使用，管理着药品生产流通的全过程，为生物医药产业提供人才支持，虽然关联层的大多数经济活动并不直接产生价值，但却为药品价值的实现提供了服务，创造了条件。

医疗服务机构主要指从事疾病诊断、治疗等活动的组织，如医院、诊所等。一方面，医院药房承担着药品流通的角色，是药品流通环节的重要组成部分；另一方面，医疗服务机构的从业人员，如医生、药师等在药品的选择和使用方面提供专业的指导和建议，保障人们用药的安全性和有效性。

药品监督管理机构包括药品行政监督、技术监督管理机构及各种药学社会团体等，它们依据法律、法规的授权或行业自律条例等，按照规定的程序和标准，对药品从原材料到使用的各个环节进行必要的监督管理。如世界卫生组织、欧洲药品管理局、美国食品药品监督管理局以及我国的市场监督管理总局等，而我国执业药师协会、非处方药协会、制药工业协会等社会团体也在药品监督管理方面发挥着重要作用。

医药人才的教育和培养组织主要指高等医药教育、医药职业技术教育、医药行业继续教育、岗位培训等各类教育培训机构。它们是医药产业发展的智力源泉，为产业培育药品研发人才、技术支持人才、创新管理人才、医药服务人才及其他各种专业人才。

2.狭义的生物医药产业

狭义的生物医药产业（如图3-2所示）指直接从事研究、开发、制造和销售人用药品的各种生产性企业和组织的集合。结合上述对广义生物医药产业内涵的分析可以发现，狭义的生物医药产业主要指广义内涵的核心层部分，即药品的生产行业，同时，从产品性质上看，不包括农药、兽药以及医疗器械的生产行业。考虑到支撑层和关联层经济活动内容与药品生产的差异性，以及研究结论的普遍性，理论界对生物医药产业的研究普遍采用这一狭义界定，本书的研究重点也主要集中在人用药品的生产行业。同其他产业一样，作为一个中观经济的"集合概念"，生物医药产业也应是具有相似的经济活动的企业或组织的集合体，它们生产类似的产品，使用类似的技术。

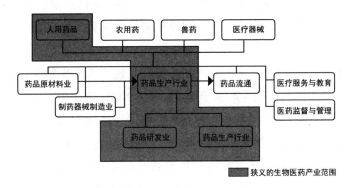

图3-2 狭义的生物医药产业

二、国外医药产业发展及典型国家医药产业发展案例分析

（一）全球生物制药产业发展现状及趋势

1.全球生物制药产业发展现状

作为高技术的产品，生物技术药品是人们生活中不能缺少的最重要的产品，也是国家现代生物技术发展水平的最重要标志。在制药业中，生物制药的发展是最快的，具有的活力也是最强的，同时技术含量也比较高。自 1982 年第一个生物技术药物重组人胰岛素上市以来，全球生物制药产业的发展已历经了 40 年。

（1）市场需求拉动产业稳定增长

最近几年，世界医药产业的发展非常稳定，在世界金融风暴与经济危机的冲击之下，虽然出现了比较大的困难与波折，但是这个行业总体还是以一个稳定的速度向前发展，这个行业的发展速度超过了 GDP 的增长速度。从 1998 年之后，全世界的生物医药产业年销售额的年增速为 15% 至 33%，是世界上发展速度最快的产业。

（2）全球生物医药产业的区域分布

就现在来看，美国、欧洲、日本、印度以及中国是世界生物医药产业的主要集中地。就分布来看，占据主导地位的国家是美国、欧洲、日本等发达国家和地区。

英国是世界生物医药研发的第二大强国，位于美国之后。英国拥有的产业科学基础，其他国家无法与之相媲美。英国已经获得这一领域的二十多个诺贝尔奖。从园区发展来看，英国的剑桥生物技术园区是世界面积最大、科研最尖端的生物技术园区之一。就现在来看，剑桥、爱丁堡、伦敦及牛津等是英国生物医药产业的主要分布地区。

这几年，印度生物医药产业的发展不容忽视，印度生物医药产业的最大特色在于实现信息学与生物医药的融合。印度从 20 世纪 80 年代就开始了生物技术的研发活动，国家制定了很多优惠政策来吸引投资。发展到今天，印度已经建立了六家生物技术的产业园，生物技术公司接近两百家，在未来几年内，印度将建成二十几家生物技术的产业园。就目前来看，海德拉巴、新德里、班加罗尔、浦那及勒克瑙等地区是印度生物医药产业的集中地。

（3）新药投入产出比重下降

随着社会的发展，人们在药品安全性上制定的标准更高了，同时新药获得批准的门槛也变得越来越高，使得创制新药的难度不断加大。最近几年，欧洲药品管理局与美国食品药品监督管理局不断加大了新药的上市门槛，新药获得批准的数量不断下降。新药的研发在全球范围内逐渐下降，但是生物医药行业的研发投入一直很高。纵观药物研发的投资，整体上还是上升的。

（4）产品格局出现新变化

这些年来，化学药品的地位有逐渐被生物药品代替的趋势，这主要是由于化学药品的新药开发已经处于瓶颈阶段，另外就是最近生物技术的迅猛发展为生物药品在现实中的应用提供了前提，促进了生物制药的发展。虽然我国最近已经强化了对医药消费市场的促进，导致这些年来小分子药物以每年8％的增长率增长，这已经说明生物技术药物已经得到了很好的发展，逐渐受到大型制药企业的重视。根据上市药物的数量，现在小分子药物的数量仍然是多于生物技术药物的数量。

（5）联盟合作成为重要研发模式

发现新生物技术药物是一个比较复杂的过程，需要综合使用基因组学、分子生物学和生物信息学等方面的技术与知识，需要花费很多的时间与精力，尤其是在前期需要投入很多的资金。当然，这些投资具有一定的风险，有时候需要跨国制药企业联合投资，尤其是最近几年，跨国机构的合作逐渐增多。出现这种情况主要是因为一方面新兴生物技术企业掌握了先进的生产技术与生产在研药物的技术，另一方面大型制药企业也不想在新药研发中失去原有的地位，这促进了制药企业与生物技术公司相互合作。另外，一些制药公司与生物技术公司通过与小企业在技术方面进行合作，将某些药物的研发外包给某些技术比较强的小企业，能够显著地将创新药品开发时间缩短，抢占市场的制高点。

2.全球生物医药产业发展趋势

（1）全球医疗需求将继续保持增长

2017年3月IMS发表的《全球药品市场展望》估计，到2022年，全球消耗的药品总量每年将以3%的速度增长，略高于人口变化和人口结构转变，但世界各地的增长驱动因素各不相同。药品支出将增长 4% 至 7%，主要是由成熟市场的新药上市及新兴市场的药品用量增加所驱动。成熟市场将通过使用仿制药抵消使用新药的增加成本，并且更加关注定价和可及性措施，而新兴市场则力求实现在其经济前景走强时所允诺的可及性扩张预期。2021 年，基于发票价格的全球药品支出接近 1.5 万亿美元，相比 2016 年预期支出水平高 3 700 亿美元。在原研品牌药的推动下，成熟市场的支出将有所增加，而非原研药将继续推动新兴市场，这些药物平均占新兴市场药品用量的 91% 和支出的 78%。患者可使用的新药量之大将创历史新高，处于临床后期阶段的药物达到 2 240 种。新药将能够满足癌症、自体免疫疾病、代谢性疾病、神经系统等目前尚未得到满足的巨大需求。

（2）全球生物医药市场向新兴国家转移

鉴于新兴国家市场的增长速度比较快，全球生物医药市场格局将会时刻改变。虽然从现在开始的一段时间，发达国家仍然占据生物医药的很大一部分市场，但是澳大利亚、亚洲与拉美地区生物医药市场的增长潜力可能会超过西方发达国家。

（3）专利纷纷到期，研发转向通用名药

随着品牌药的专利到期，总体支出预计未来 5 年总共减少 1 435 亿美元——是过去 5 年的 1.5 倍以上。其中包括将贡献 270 亿至 580 亿美元的生物类似物的预期影响，其中的不确定性主要是基于与原研企业的诸多法律诉讼，以及监管、定价和市场竞争动态等因素。不论不确定性如何，未来 5 年生物类似物都将对支出产生影响，其中生物药领域在研的 25 至 35 种药品需求量最高。

伴随着品牌药的专利到期，在最近的几年内，市场上比较多见的就是那些畅销药物的通用名药。所以，很多跨国药企将精力与时间用于新药的开发，或者调节产业的结构，最终将专利药到期的负面影响降到最低。一个常见的方法就是：加大对仿制药研发的投资力度，从而在仿制药市场中占据有利的位置。

通用名药是指已过专利保护期的原创药的仿制药。我国一直都是通用名药的生产大国。目前，全球通用名药市场价值约为 400 亿美元左右，并以每年 10% 至 15% 的速度增长，高于全球制药业整体发展速度，现在，通用名药和对现有产品新的适应证的扩充药物成为世界知名品牌的10家制药企业研发投资的主要领域，根据统计与预算，将会有五分之一的研发费用适用于新适应证的研究与开发，有些企业会将40％的收入用于这类药物的开发与研究中。

（4）生物医药研发外包有望继续扩大

最近，环保意识在发达国家获得了很大的增强，这导致传统的原料药逐渐面临着很多的限制，很多跨国制药企业将生产药物的地点从环保要求高的国家与地区转移到环保要求不高的发展中国家与地区。鉴于有些生物药物的制造工艺比较复杂，有些企业愿意将其生产制造外包到其他的产业。近年来，跨国制药企业更加愿意将研发部门用于科研实力比较雄厚，同时又具有比较丰富的临场资源的发展中国家，通过这种方式可以使研发支出与研发的风险降低，使研发的效率得到不同程度的提高。很多大型制药公司都通过外包的方式来降低开发新药的成本，这在很大程度上扩大了医药产业生产制造、研发和部件设计制造等外包的规模。

（二）英国、德国、印度医药产业发展及案例分析

1.英国生物医药产业发展现状

和欧洲其他国家相比，英国生物技术产业具有比较强的科学基础，英国在生物技术领域获得了二十多个诺贝尔奖。无论是单克隆抗体与DNA结构的发现，还是抗体工程，都在很大程度上促进了英国生物技术的产业化。近年，英国凭借其比较高的基因工程技术，无论是在人类基因测序，还是在基因治疗等方面都做出了突出的贡献，起到举足轻重的作用。100种世界上最畅销药物有25种是在英国的实验室完成开发的。[①]

（1）生物技术工业

英国的生物技术一直处于世界领先地位。50年前，弗朗西斯·克里克（Francis Harry Compton Crick）和詹姆斯·沃特森（James Dewey Watson）在剑桥实验室发现了DNA的双螺旋结构，现在，英国是仅次于美国的最具活力的生物技术工业基地。

根据英国生物工程协会统计，截至2020年年底，英国有超过300家

---

① 吴晓隽，高汝熹. 欧洲生物医药产业集群的案例研究及启示 [J]. 软科学，2008（12）：110-127.

的公司直接从事生物技术产品的研发和制造，其中包括欧洲 6 家最大的生命科学公司。这些公司中有近 50 家为上市公司，占据整个欧洲同行业上市公司的一半。私营生物技术公司约有 285 家。英国的生物技术工业有23 000 多名直接从业人员，绝大多数是高技能的技术人员。

大约三分之一的人类基因研究项目在位于剑桥的桑格研究院（Sanger Instituite）进行，它是世界上最重要的生物技术研发中心之一，同时也是将基因研究转化为商业用途的重要基地。

位于剑桥、牛津、伦敦的大学形成了世界顶级的高生物科技研发集群得以和美国竞争。苏格兰首府爱丁堡已经发展成为新兴的农业生物技术研发、制造中心，拥有阿达纳（Ardana）等 85 家农业生物技术公司。登迪·希雷斯（Dundee Cyclacel）公司在教授戴维·莱恩（David Lane）发现 p53 基因的基础上，正在开发新型基因抗癌药物。此外，肯特郡、约克郡和曼彻斯特的生物技术工业水平也较发达。

目前，欧洲各国政府致力于借助领先的学术研究机构来培育自己的生物技术工业，英国在此方面保持着显著的领先地位。目前，德国与英国在生物技术领域进行着激烈的竞争，英国生物技术工业以公司总数、进入市场和开发的产品以及丰富的管理经验，仅次于美国，在世界上名列第二位。

英国历史最悠久的生物技术公司——希尔泰克（Celltech），已经在市场上拥有一系列的药品的市场份额，同时一批新型产品正在研制中。希尔泰克研制的治疗关节炎的药品——CDP870 已经与制药企业法玛西亚（Pharmacia）达成合作生产意向，这是目前在生物技术和制药领域达成的最大的一笔交易之一。

其他享有世界级声誉的公司还有：世界最大的独立疫苗公司庞德·捷克特（Powder Ject）被美国奇龙集团（Chiron）注资 5.42 亿英镑；在抗体药物开发方面，在世界居领先地位的剑桥抗体技术公司（Cambridge Antibody Technology）在分子生物研究方面取得了重要进展。

目前，英国的生物技术工业是吸引海外投资的主要领域之一。美国生物技术公司沃泰克斯（Vertex）资助了葛兰素史克（Glaxo Smith Kine）药物研究机构，在牛津、剑桥设立了研发机构；马瑟诸塞（Massachusetts）公司在夏沃西儿（Haverhill）经营着欧洲最大的生物技术制造工厂。

英国同时还是世界生物制药的主要中心，在复合蛋白质和 DNA 技术疗法领域与处于世界领先地位的瑞士并驾齐驱。

具有强大疫苗开发能力的奇龙集团加大了投资，与化学研究集团摩西塞德、阿维希亚在英国东北部签署了联合生产的合同。

据独立研究机构统计，2020 年，英国生物技术公司用于研发的资金达到 32.5 亿英镑，高于欧洲其他全部国家的总和。除了雄厚的科研能力以外，英国还不断完善综合资金市场管理和法律框架，以保护知识产权和鼓励企业不断开发新产品，确保英国的生物技术工业在欧洲的领先地位。

伦敦拥有欧洲最大的股票交易所，数量最多的生物技术财务分析师以及欧洲最具实力的风险投资基金组织。英国的制药工业也颇具实力，英国的生物技术也因为欧洲医药鉴定局总部设在伦敦而受益。

2003 年 3 月，英国政府通过了克隆和茎细胞研究合法化的法律，为再生药物的研究铺平了道路，使再生药物广泛应用于各领域。英国政府还专门成立了生物科学创新和研发机构，以继续保持其在生物技术领域的竞争力。同样重要的是，英国在欧洲最具优惠的营业税率和资金资助计划，以及对小型未上市公司投资的优惠政策，鼓励了科学研究的不断突破，保证了英国在欧洲生物技术领域继续保持领先地位。

（2）制药工业

英国的制药工业在世界上居于领先地位，其药品消费虽只占全球市场份额的 3%，但却是世界药品主要的出口国和药品研发重要中心。

制药不仅是英国的主要出口行业，同时还是吸引海外投资的重要领域。由于行业合并、重组等原因，英国的制药公司绝对数目有所减少，但英国制药行业在欧洲仍保持着领先地位，并拥有葛兰素史克和阿斯特拉捷利康（Astra Zeneca）等世界一流的制药公司。同时，许多世界顶级的制药集团，诸如辉瑞（Pfizer）、诺华（Novartis）、伊丽-里利（Eli Lilly）、莫克（Merck）等，在英国设立了研发中心和生产基地。

英国的生物技术行业同样居世界领先地位，生物技术的研究成果广泛应用于制药行业。同时，英国还是制药原材料的重要生产基地，世界知名的化工企业，如巴斯夫（BASF）、德古萨（Degussa）和罗迪亚（Rhodia），均在英国保持良好的经营业绩。

英国在科研领域的卓越表现使它保持了全球主要医药研发中心的地位。基础性的研究由政府机构和维尔康基金（Wellcome Trust）资助，独立的慈善性研究机构承担了三分之一的人类基因项目，五分之一的世界上最畅销的药物是在英国的实验室完成开发的。如：阿斯特拉捷利康的抗癌药物（Nolvadex），GSK治疗呼吸道疾病的药物（Serevent），辉瑞恢复性功能的药物伟哥（Viagra），莫克治疗偏头疼的药物（Maxalt）以及里利治疗精神分裂症的药物（Zyprexa）。一些最新型的药物是在维尔康基金会设在苏格兰的登迪（Dundee）研发中心以细胞指令为基础进行开发的。

英国的制药工业在GDP中占有重要比重，在出口方面仅次于北海石油，列第二位。据英国制药工业协会（ABPI）统计，英国2020年的药品出口额首次达到200亿英镑，成为世界药品第一出口大国。英国的制药工业贸易顺差达到45.8亿英镑。英国的制药行业大约有10.5万直接从业人员，创造了35万个相关行业的就业机会。

2020年，全球大型生物制药公司用于药品研发的投资达到了660亿英镑，其中英国占到了57亿英镑。英国在药品研发及商务应用方面一直走在世界前列。

英国制药行业的发展与欧洲医药鉴定局（The European Medicines Evaluatiuon Agency）总部就设在伦敦不无关系。始建于20世纪90年代中期的欧洲医药鉴定局是欧洲医药工业的政策制定者，以其在制药行业及临床治疗领域独家审批的地位而成为欧洲制药行业的重要组织。

英国的制药工业遍布全国，葛兰素史克的研发中心位于英格兰东部的斯迪文格（Stevenage）和哈罗（Harlow）。阿斯特拉捷利康在英格兰北部和米德兰（Midlands）地区设有生产基地，原因是本地的化学工业相当发达。在英格兰东南和东北地区以及苏格兰地区均有制药行业。辉瑞作为世界上最大的制药集团和英国国家医疗服务体系（NHS）知名药品的主要供应商，在肯特郡的桑德维奇（Sandwich）设有生产和研发联合集团，桑德维奇的研发中心是除美国之外的最大的研发中心，辉瑞在英国的雇员超过6 000人，随着开发出一系列具有轰动效应的药品（如伟哥），其在英国的研发经费从1990年的4 300万英镑上升到2020年的10.02亿英镑。

（3）生物产业推动英国经济发展

从国家经济发展的角度来说，生物技术促进了英国GDP的增长，大约有0.2%的国民经济在英国是由生物技术产业贡献的，其中，医药产品的贸易顺差多达50亿英镑，而且这种增长速度以后还会变大。英国政府在发展生物技术方面一直稳居第二的宝座。通过制定基因组计划，制定了战略报告，并成立了生物技术协调指导委员会，英国强化了生物技术的发展。

关于英国生物技术产业的发源地，一般是在剑桥、牛津和爱丁堡等高等院校科和研机构比较多的地方，其中，生物制药更是整个生物制药产业中的朝阳产业。现在，在英国境内，除了某些世界著名的大公司，很多中小型公司同样将未来发展的目光投向生物技术产业，按照统计，在英国，大约每七天就会出现新的一家生物技术公司，这也就意味着，有将近25%的生物技术产业是在英国。

在英国，只要是和生物技术有关的，如农业、制药和食品等部门都从生物技术产业中获了利，得到了成功的发展。和生物技术有关的部门促进了整个国家的就业，为国内生产总值的提高做出了很大的贡献。正是因为英国具有科研能力比较强的生物科学研究基地，所以，该国的生物技术获得了很大的发展，是其发展的主要动力。

（4）政府发展生物产业的主要举措

英国政府一直比较重视生物技术产业的发展，并将其作为知识经济的一种对英国的未来起着重要作用的产业。从促进生物技术产业发展的角度来说，英国政府放弃了直接投资公司进行重大项目的开发，却是采用促进基础科学研究的途径，将适合产业发展的环境建立起来，进而促进本国经济的发展。

关于促进生物技术产业发展，英国主要采用以下方式。

第一，改革税制。英国政府通过只对小型高技术企业征收80%的公司税，来降低它们投资的风险。

第二，将新的风险投资基金建立起来。通过建立较多的风险资本基金，来支持规模比较小的高技术企业的发展。

第三，自觉提供咨询服务。通过各种形式的咨询，使企业意识到生物技术具有能够使企业的成本降低、产品的质量得到改进等优点。

2.德国生物医药产业发展现状

作为欧洲生物技术研发中心之一，德国具有大约 1 000 家的生物技术产业公司，约为 2.5 万人提供了就业。考虑到生物技术的产出需要比较久的时间，目前德国的许多公司主要在做好生物技术的开发，市场销售投入的精力相对较少，这也就意味着从现在开始到以后的一段时间，生物技术产业还只是处于投资科研的阶段，丰厚的产出还需要一段时间，这也就是德国生物产业具有比较高的研发费用的原因。虽然德国生物技术产业发展的前景比较好，可是其赶上美英还需要很长一段时间，还需要投入很多的资金。

德国的生物技术产业发展虽然与美国、英国有一定差距，但较为全面，在医疗生物技术、生物制药和工业生物技术方面都处于世界领先水平。特别是近几年来，在小分子药物和大分子药物开发领域取得了长足发展，紧随英国之后，居欧洲前列。

总体来说，德国的生物技术产业以工业生物技术最为著名，具有很长的历史并得到了持续发展。过去，工业生物技术在德国仅仅应用在食品和医药领域，现在越来越多地应用在各种化工生产中，例如精细化工品、合成纤维。德国的许多跨国集团，例如巴斯夫（BASF）、拜耳（Bayer），以及数量众多的中小企业都在从事工业生物技术生产。德国国立科研机构、大企业的科研机构和新创立的生物技术公司形成了工业生物技术的雄厚的研发基础。同时，其研发处于世界领先水平，有很强的技术优势和专利优势。从 2005—2020 年，德国申请的专利约占世界的 10% 至 15%，仅排在美国、日本之后，位居世界第三。德国的相关科研水平接近美国、日本，大学和研究所的研究能力很强，尤其在分子生物、发酵工程、化工、植物基因学等学科占据世界领先地位，并且在生物技术向工业转化方面具有丰富的经验。

（1）公司经营状况分析

2020 年德国共有 801 家生物技术公司，比 2019 年（740 家）略有增长，基本延续了稳定态势。另外有 92 家公司从事与生物技术相关的商业领域，包括制药公司、化工企业和种子生产商，它们将生物技术应用于医疗健康、工业和农业领域。德国生物技术公司的平均经营年限为 8.6 年，大约 30%

的公司经营时间超过 10 年，13% 的公司为过去三年内新成立。这一比例基本反映了世界上大多数生物技术发达国家的发展现状，即生物技术为新兴产业，但已有相当部分的公司表现出很强的生存能力。

除了公司数量基本稳定外，近几年德国生物技术产业从业人员数量也基本保持稳定。2020 年统计结果表明，801 家生物技术公司拥有 24 450 名雇员；从事生物技术相关领域的公司（制药、化工和农业）雇员数量达到 15 520 人，比 2019 年增长 2%。雇员总数到达 30 000 人。从总体上看，生物技术公司起步较晚，规模偏小，43% 的公司不到 10 人，44% 的公司 10~49 人；而从事生物技术相关领域的公司发展历史相对较长、规模较大。

德国生物技术公司主要业务集中在医疗卫生和生物制药（396 家公司，占总数的 44%）、服务外包（296 家公司，占总数的 37%）上。工业生物技术公司只有 72 家，占全部生物技术公司数量的 9%，核心业务是提供各种工业用酶、新的生物材料和生物法生产工艺。虽然工业生物技术在生物技术产业发展中并不占主导地位，但它对于现代化工产业的发展非常重要。

2008 年，全球金融危机并未对德国生物技术产业销售收入产生影响，相反，全行业销售收入达到 22 亿欧元，比 2007 年增长 9%。其中，服务外包、医疗和生物制药公司分别占据销售收入的前两位。2020 年生物技术产业研发投入达到 30 亿欧元，比 2019 年增长 1.1%，其中医疗卫生和生物制药公司研发投入占绝大部分，可见这个领域发展中存在的高投入状况短期内还未有改变，相比较而言，提供服务外包则是低投入、高产出的领域。

（2）区域发展分析

目前德国存在四大生物技术产业集群，分别是慕尼黑－莱茵河地区、柏林－勃兰登堡地区、巴登－符腾堡州以及北莱茵河－西伐利亚地区。其中柏林－勃兰登堡地区有 80 家生物技术公司，巴登－符腾堡地区有 77 家生物技术公司，这两个地区生物技术产业的发展得益于较强的经济实力和良好的教育基础，特别是巴登－符腾堡州，生产总值约占整个德国的 14.6%，同时州内拥有 6 所德国排名前十位的大学。其余生物技术公司大多分布在慕尼黑－莱茵河地区和北莱茵河－西伐利亚地区，主要受益于当地强大的工业基础。

（3）产业发展水平

德国的生物技术产业未受全球金融危机的影响，仍保持增长态势。2020年德国生物技术公司有801家，全行业销售收入达到40亿欧元，增长9%。研发投入达到10亿欧元，增长1.1%。而且雇员数量也有增加，全行业达到24 450人。如果算上制药、化工、农业等相关的92家公司，从业人员将达到30 000人。虽然总体上来说，德国生物技术领域的公司数量不多，销售收入也不大，但德国的工业生物技术市场在全世界占有举足轻重的地位，同时近几年德国在生物制药领域也取得了长足发展，2020年总共有128个生物药品种在进行临床I期、II期和III期实验，紧随英国之后，排在欧洲第二位。

（4）投资状况

风险投资目前是德国生物技术产业最大的资金来源，有超过1/3的德国生物技术公司接受过风险投资的资助。受全球经济危机的影响，2020年德国在生物技术领域风险投资为5亿欧元，比2019年减少了1/3。同时，这几年生物技术产业从公共资本市场筹集资金也变得越来越困难，2020年只有1.5亿欧元，比2019年减少了1/3。这种资本投资下降的趋势随着经济危机的蔓延在短期内将不会出现明显改观。

3. 印度生物医药产业发展及成功案例

（1）印度生物医药产业发展

印度医药产业发展具有鲜明的特点：仿制药品生产、原料药品生产、政府制度保障是促进印度生物医药产业发展的三台强劲引擎。印度医药产业最原始的资本积累就是仿制药品的生产。仿制药大大促进了印度医药产业的向前发展，并在全球范围内确立起印度医药产品的竞争优势。

①仿制药品的生产

印度制药业发展历史悠久，但是直到1970年，印度《专利法》的颁布，才真正地推动印度医药产业进入高速发展的阶段。1970年印度颁布的《专利法》中，并不承认医药类专利，默许印度医药公司对国外医药公司的先进医药技术以及印外合资医药企业的先进医药技术进行大规模的模仿，并进行医药产品的生产。在同一时期，印度政府还颁布法案对印外合资医药企业中的外资比例进行限制，其规模不得超过企业资产的40%，并对医药的最高价格进行控制。印度政府对本土的医药企业进行保护，在政府的支持下，印度医药产业在这一阶段完成了最原始的资本积累和技术积累。1994年，印度签署了《与贸易有关的知识产权协定》，逐步向知识产权保护进行过渡。1994—2005年是印度知识产权保护的过渡期，在这一阶段，印度医药企业借助专利保护的过渡期进行全球范围内的扩张。2005年印度颁布新《专利法》，印度的仿制药历史正式结束。但是在生物医药产业，印度颁布《生物仿制药指南》，从制度上继续支持印度生物医药企业进行生物医药的仿制。在完成了最原始的资本积累、市场积累和技术积累之后，印度重视起生物医药产业的自主创新发展。

1970—2005年，印度政府通过《专利法》以及后期的过渡期政策，保障印度仿制药生产的合法进行。虽然在2005年之后，印度仿制药生产受到极大的限制，但针对某些特效药，印度政府通过强制许可的方式，允许印度的医药公司进行生产。拜耳公司的肝癌特效药Nexaver成了印度政府第一个被强制许可生产的药物。除了强制生产许可，印度政府还通过拒绝授予专利等方式来为印度本土医药企业进行仿制生产提供便利，如印度政府通过颁布《生物仿制药指南》来促进本土生物医药产业的发展。

②特色原料药的生产

印度重视特色原料药的生产。原料药是指生产各类药物的原料，特色原料药指的是为非专利制药企业提供专利即将过期或者刚刚过期的，并且在世界范围内有重磅级消费水平的原料药。特色原料药的生产在获得药品认证之后，将会成为药品生产企业的定点原料药品供应商。目前，印度获得的特色原料药的药品许可位居世界首位。特色原料药的生产，有力地推动了印度医药制造业的规模扩张。

③印度政府制度保障

印度政府对本土生物医药公司的制度保护。印度政府在印度的生物医药产业发展历程中扮演了极为重要的角色。在印度医药产业发展之初，印度政府通过控制外资企业规模来保护本土企业发展，并通过颁布《专利法》来保障。

在完成了最初的资本积累、市场积累和技术积累之后，印度政府通过修订《专利法》来保障印度药品企业的知识产权，与世界接轨，并鼓励本土企业进行技术创新。印度政府通过直接拨款和设立基金两种方式来促进印度生物医药产业的发展，在印度生物医药发展史上，印度政府运用各种制度保障了印度生物医药产业的利益最大化。

（2）印度生物医药企业的成功案例——百康（Biocon）公司

①印度百康（以下简称 Biocon）公司的概述

Biocon 是印度最大的生物技术公司，生物疗法在亚洲处于领先水平。Biocon 最初研究他汀类药物和免疫抑制剂，现如今生产用于全球市场的慢性治疗药物，如胰岛素和单克隆抗体。Biocon 是全球少数几家获得美国等发达国家生物仿制药批准的公司之一。随着日本批准甘精胰岛素（Insulin Glargine）的上市，Biocon 作为生物仿制药领域的地位首次得到确立。Biocon 与合作伙伴迈兰（Mylan）分别于 2017 年和 2018 年在美国获得了生物仿制药曲妥珠单抗（Trastuzumab）和 Pegfilgrastim 的批准，成为全球首个在美国获得批准的公司。在欧洲和澳大利亚，也是首批获得甘精胰岛素批准的公司之一。Biocon 通过安全、有效和高质量的生物仿制药，包括重组人胰岛素，在主要新兴市场占据了一定的市场份额。Biocon 凭借自身先进的基础设施、专业人才和合规文化，在市场上脱颖而出，具有独特的竞争优势。

Biocon 的业务主要分为以下几个方面：第一，小分子 API 及通用配方；第二，生物仿制药（胰岛素、单克隆抗体和其他生物制剂）和新型生物制剂；第三，品牌配方（目前是印度和阿联酋）；第四，研究服务（Syngene）。

②印度 Biocon 公司创新发展的经验分析

第一，大量资本投入。Biocon 在研究和制造基础设施方面进行了大量的资本密集投资，以实现规模经济：投资的最大生物药品制造基地在班加罗尔，最大的胰岛素制造基地在马来西亚。Biocon 还投资创建了基于发酵的他汀类药物和免疫抑制剂原料药研发基地。Biocon 是印度在研发方面投资最高的制药公司之一。Biocon 利用印度的科学人才和具有成本竞争力的制造业的价值优势，逐渐成长为一个高度创新的生物制药企业，已经使 120 多个国家的数百万患者受益。

第二，保障产品质量。Biocon 建立了较为完善的管理和质量监督体系，生产设备符合最严格的 cGMP 准则，符合国际监管标准，并定期对质量监督体系和制造操作过程进行评估，以便与全球标准保持一致。Biocon 拥有全球最大的生物仿制药组合，包括重组人胰岛素、胰岛素类似物、单克隆抗体和用于糖尿病、肿瘤学和免疫学的生物制剂。Biocon 已经将几种生物仿制药在全球不同市场上进行销售。

第三，强大的内部研发能力。Biocon 已经形成了临床前和临床发展的整个开发连续体。Biocon 还拥有从药物开发、CMC 到大规模制造和商业化的价值链。

为保持生物仿制药的领先优势，Biocon 培养了高技能的科学人才，建设了强大的研发基础设施，通过技术研发和有效运营，寻求成本优势，并进行持续改进，对质量和合规性始终保持严格的要求。

（三）英国、德国、印度生物医药产业发展的经验与启示

1.政策引导生物医药企业发展

第一，完善知识产权保护机制，有效保护生物医药企业的生物技术。生物医药产业的特征是高投入、高风险、周期长，生物医药企业投入有限，仅仅依靠企业进行医药研发是难以实现的，企业投入的资金有限，单纯依靠企业开展生物医药研发会影响其发展的进程。在中国的生物医药市场中，60% 为进口药，我国生物医药产业与发达国家之间还存在很大的差距，且具有很大的发展空间。通过对英国、德国、印度生物医药产业发展进行剖析，可以看出英国、德国、印度在政策上对生物医药产业发展的引导和支持——不仅完善相关法律建设，还出台详细的规划，对生物医药企业的发展进行指导，促进生物医药技术成果市场化，进而推动整个生物医药产业的发展。通过财税政策，对生物医药企业实行税收优惠制度、研发抵扣制度；加大对知识产权保护的力度，保护生物医药企业的研发成果，促进研发成果的市场化，积极鼓励新药的研发和上市。生物医药产业属于高技术产业，其发展的核心是生物技术，生物技术的市场化需要法律的保护和支持，否则在技术转让的过程中将面临很大的风险，会影响生物医药技术的转化效率。

第二，建立技术信息公共服务平台能够有效整合相关资源。生物医药产业属于我国七大战略性新兴产业之一，是国家重点发展的新兴产业。国家在对生物医药产业进行规划时指出，重视生物医药产业核心技术和前沿技术的发展。从当前的经济形势出发，国家集中力量重点突破战略性新兴

产业的关键技术。对全国的生物医药项目进行合理的规划和调整，根据当前经济社会的需要，突出重点实现关键技术的创新和突破。对已经实现产业化的生物技术，不断扩大其应用的范围，实现规模经济。生物医药产业具有研发周期长、高投入、高风险的特征，政府需要对资源进行有效的整合，建立技术信息公共服务平台能够有效整合相关资源。通过对资源的整合，对以企业为中心的研发进行大力的支持，鼓励企业进行生物医药技术的研发，促进生物医药技术成果的转化，实现关键技术的突破。

2.完善生物医药成果转化制度

根据英国、德国、印度生物医药产业发展的经验得出，生物医药研发不仅需要大量的资金投入，还需要很长的研发周期。生物医药新药的研发是一个非常复杂的过程，涉及很多主体。在研发的上游涉及高校和科研机构，主要负责对生物医药新药的研发，是生物医药产业发展的核心环节，也是整个生物医药产业发展的前提；中游阶段是临床试验阶段，新药研发后需要进行临床试验，检查药物的药效和不良反应，该阶段主要是在医疗机构中进行的；下游产业链是企业，在临床试验之后，企业获得了生产许可证，开始对药品进行批量生产和销售等一系列经济活动。在此过程中，实现技术转化的过程，企业是技术得以转化的关键。

生物医药技术的成果难以转化，其转化的过程比较复杂，受到很多因素的影响。在整个转移过程中，其核心是对生物医药技术的转移，对知识产权的依赖度较高，需要各个部门进行紧密的配合。政府、医院、企业、高校和科研机构之间构成生物医药技术转化的有机整体，需要有效配合，才能促进生物医药技术成果的转化：国家完善知识产权保护法等制度，对生物医药技术的产权进行保护，是科研成果市场化的保障；此外，将新药纳入医保报销的范畴，提高生物医药创新药的报销比例，促进创新药的推广和应用；高校和科研机构应该以市场为导向进行新药的研发，加强与企业之间的协作，提高成果的转化率；医院在整个环节中起到承上启下的作用，主要负责生物医药创新药的临床试验，临床试验效率和质量的提升，能够缩短创新药的研发周期；企业既是市场的主体，也是技术创新的主体，企业自身也能够开展技术的研发工作，还是创新药市场化的推动者。通过政府、高校和科研机构、医院和企业之间的密切合作，能够促进技术成果的有效转化。

3.生物仿制技术产业化带动技术创新

印度生物医药产业最初依靠生物仿制药,与我国生物医药产业的发展存在一定的相似性。生物仿制药在药效、安全和纯度上,与专利药相似度非常高。生物仿制药以自身成本价格优势在市场上受到极大的欢迎。现阶段,我国生物医药仿制药技术相对成熟,我国拥有的生物医药技术自主知识产权少,产业化程度低,新药品的研发需要较长的时间。在此情况下,仿制药的发展面临巨大的市场空间,在国内市场的带动下,生物医药仿制技术逐渐产业化,带动市场的更好发展。中国人口基数较大,现阶段面临较为严重的老龄化问题,专利药品的价格高导致普通百姓难以支付高昂的药费。生物仿制药能够减少知识产权纠纷,在全球范围内关于仿制药的法律还不健全,且美国很多生物医药产品在2011年知识产权保护到期,知识产权的纠纷问题就不复存在。而对生物仿制药的研发也不是一蹴而就的结果,按照国外的研发经验,一般需要5至8年的时间,花费平均为1亿美元。中国对生物仿制药还没有明确的规划,需要进一步制定相关政策保障仿制药的研发,加大仿制药的研发投入。从仿制药的技术看,仿制专利保护期满的技术主要以基因治疗技术为基础的抗肿瘤、糖尿病药物及血液代用品药物为主。中国基因治疗研究起步比较晚,现今已经有了很大的进步,在多个方面取得了自己的自主知识产权。通过仿制技术产业化,扩大自己的研发范围,改良产品结构,能促进生物医药市场更好地发展。

4.建设生物医药技术研发信息化网络平台

生物医药技术的研发涉及多个部门和机构,是一个比较复杂的过程,公共服务平台的建立需要联合大学、科研所、政府机关和企业等多个主体。建立公共服务平台能够实现信息的共享,促进生物医药资源的共享,加强生物医药技术成果的转化。平台的建设需要因地制宜,根据所在区域内的基本情况,以及人才、技术等水平,进行合理的规划。将医、产、学、研进行有机的整合,建立开放式的网络服务平台,将新药研发的信息、政务信息、检测结果、成果转化情况、投融资信息整合在公共服务平台之中。通过公共服务平台,从研发到成果转化的一站式服务,促进生物医药科技资源的共享。在公共服务平台上,综合统筹相关资源,对科技资源要素进行优化配置,进一步促进成果的转化。研发平台对资源的整合最主要的目标是共享生物医药要素间的协同创新，促进成果的转化效率，完善生物医药技术研发的整个流程。建设生物医药技术公共服务平台，能够进一步促进生物医药技术的创新，合理进行资源的配置，实现生物医药技术成果的转化。

三、典型国家医药产业知识产权保护经验借鉴

（一）印度传统医药知识产权保护制度

印度有着丰富的传统医学和药物资源，长达 4 000 余年的文明史为其创造了独特的传统文化。印度传统医学体系由阿育吠陀学（Ayurveda）、尤纳尼医学、西达医学、瑜伽功组成。阿育吠陀学作为生命之学已有 6 000 年以上的历史，是全世界有记载的最古老的医学系统，也是印度主要的传统医学系统，盛行于南印度。中国传统医学基础理论的核心在于强调人体阴阳的平衡，而阿育吠陀学则更加广泛地关注人类与自然、家族、友人、职业、文明、理念、习惯、真理、神灵等待与自我之间的关系协调。总之，印度的传统医学，在思考"健康的维系与促进""疾病的解释与治疗"时，实际上是将肉体、精神与灵魂三者作为一体加以考虑的。

中医药文化的传承和弘扬面临着不少问题，而印度传统医药文化也不例外。首先是印度国内医草药行业对草药的无序开发利用。与此同时，生物盗窃正不断掠夺印度宝贵的资产和丰富的生物多样性资源。例如，辣木树是一种在印度土生土长的树，是印度的一种象征，具有极好的药用价值。美国人格雷诗（W. R. Grace）却在印度民间经验的基础上申请和取得了多项辣木提取液生产工艺的美国专利，却未给与印度任何经济惠益，致使印度的经济利益遭受重大打击。又如姜黄。姜黄是印度人常用的烹饪调味料以及医药、化妆品、染料的组成成分。密西西比医学中心的两位印度公民利用姜黄申请了名称为"姜黄在伤口愈合中的应用"专利号为第5、401、504 号的美国专利，并被授权。再如，2010 年 6 月，美国家用产品巨头高露洁棕榄公司的"红色草药牙膏"在美国被授予了专利，而所谓的红色草药牙膏中的配剂成分（包括丁香油、樟脑、黑胡椒粉和薄荷）早在数百年前就在印度普遍使用。从"姜黄案""辣木树案""姜黄案"到"高露洁

牙膏案"，国外对其传统医药知识的抢占愈演愈烈，而印度也逐渐对这些掠夺者的行为展开有力回击。

1. 印度关于传统医药知识产权保护的相关立法

印度知识产权法律体系包括著作权法、商标法、专利法、设计法、地理标识法等，这些法律奠定了印度知识产权政策的基石。涉及印度传统医药知识产权保护的法律主要有印度《生物多样性法》及《生物多样性法细则》，《专利法》《商标法》等。

（1）专利来源披露制度

印度于1994年成为CBD的缔约国，同年启动了制定生物资源保护、获取和惠益共享法律，即后来的《生物多样性法》的工作程序。该法历经6年的大规模讨论与磋商，吸收了来自不同阶层利益相关者就该部法律应采取的形式及包含的内容等问题的意见。该法规定：任何人要就基于印度的生物资源或相关的传统知识得到的研究成果而获得知识产权，必须首先获得印度国家生物多样性管理局（National Biodiversity Authority）的批准。为了更好地贯彻惠益共享机制，2004年的《生物多样性法细则》允许相关当事人根据确定参数、利用范围、可持续性、影响和预期成果水平等因素进行协商，在个案基础上最终确定惠益的数额，并根据个案的具体情况来确定短期、中期和长期惠益的时间范围。这种模式显然是在国家许可和指导下的契约模式，更多的是强调契约自由和一定程度的国家行政权介入。

1970年，印度颁布该国独立后第一部《专利法》，规定专利的客体仅限于发明。加入世贸组织后，为与TRIPS协定相关规定一致，印度于1999年修订了《专利法》，扩大专利保护范围。2002年，印度再次修订《专利法》，延长专利保护期限及规定了强制许可。2004年12月26日最新《专利法修正案》对已有条款做出了体现遗传资源、传统知识保护的修改和补充，主要内容如下。

《专利法修正案》第八条是对《专利法》第三章"专利申请"第十条"专利申请文件内容"进行的修改。在第十条第（4）款（c）项后增加（d）项，要求在摘要中提供发明的技术信息，分项又提出在涉及公众所无法获取生物材料的保藏要求，明确要求"当在发明中使用生物材料时，在说明书中公开来源和原产地"。

《专利法修正案》第十八条是对该法第五章"专利授权异议"第二十五条"专利授权异议"所做的修改。第二十五条第（1）款规定了任何利益相关人在专利局依照该法收到完整的申请文件并公告后四个月内都能够提出异议的条件。在原法条件的基础上又增加了与遗传资源及传统知识相关的两项。其中一项涉及传统知识，规定如果该项发明可从印度或其他地方的当地或本土社区可获得的任何口头或其他知识推知，则任何利益相关人都可以在规定期限内向专利局提出异议。

《专利法修正案》第三十一条是对该法第十二章"专利的放弃和撤销"第六十四条"专利的撤销"做的修改。第六十四条第（1）款规定，对于一项专利，由利益相关人或中央政府提出无效请求，或者基于一项与之相抵触的专利侵权诉讼，而被高等法院撤销的条件。新增的条件与《专利法修正案》第十八条所增加的两项文字表述相同。

（2）其他知识产权保护立法

①著作权法

印度 1847 年制定了第一部《著作权法》。为了实现国内法与国际条约的适用性，先后做了多次修改，印度于 2001 年 1 月实施的《著作权法》实现了与《与贸易有关的知识产权协定》的接轨。目前，许多关于瑜伽的书、CD 和 VCD 享有著作权的保护。但是这种保护只限于作品而不会保护瑜伽体式本身。①

②商标法

从第一部商标法——1958 年《贸易和商品标志法》开始，印度逐步修订并出台了 1999 年《商标法》和《商品地理标志（注册和保护）法》，现行《商标法》自 2003 年 9 月 15 日施行。同旧法相比，新法拓宽了商标注册范围，如"任何能区别他人的商品或服务的标识，包括图表、包装、商品外形和色彩等"均可注册；增加了服务商标、集体商标；实施驰名商标的特殊保护和注册制度；申请程序简化，可在一件申请书中申请多类商品或服务商标；注册商标保护期从 7 年延长到 10 年，每续展一次延长 10 年；建立了上诉机构；扩大了侵权行为定义。印度《商品地理标志（注册和保护）

---

① KRISHNA RAVI SRINIVAS. Intellectual Property Rights and Traditional Knowledge：The Case of Yoga[J]. Economic & Political Weekly，2007（07）：14-20.

法》使印度商品获得原产地保护的专有权，保护期限是 10 年，且可以不断延期。

③印度草医学法案

印度锡兰议会于 1961 年通过了旨在促进印度本国医学发展的《印度草医学法案》。该法案提出建立专门的草医学部门对草医医院、诊所、药房进行管理，规范了登记、管理等具体实施细则；并建立草医学委员会，对草医医生、药师或护士等从业人员进行登记管理，处理与之相关的一切专业行为；建立草医学研究委员会，对草医学的研究进行管理。法案对各委员会会员、行政长官的职责权限做出了明确界定，同时对各级草医从业人员的资质要求、登记管理等进行了详细说明，并将按此规范管理。

2.印度关于传统医药知识产权保护的基础工作

（1）传统医药知识文献化及建立相关数据库

①建立生物多样性注册制度

印度许多传统知识是通过口头传述的，未形成书面文字。为了抑制生物盗版活动，阻止各种形式的侵权，印度开始使用书面方式，开展生物多样性民众注册。喀拉拉邦、安得拉邦和恰蒂斯加尔邦已经开始了此项工作。到 1998 年，印度各地已有 60 个相关登记机构在运作。可以登记的知识有三种：有关物种、物种的用途及相关技能的知识；关于自然事实的知识；传统生态知识。登记时不需要区分是否是商业秘密或产业秘密，但必须提供充分的权利人信息，以便权利人在他人使用该知识但未承认其所有权和知识价值并分享相应利益时提出请求。

②传统知识数字图书馆的设立

自印度在对欧洲专利局以辣木树为基础的专利以及美国专利局的姜黄专利提出成功却代价高昂的异议后，印度国家科学普及局（NISCOM）和印度药品和疗法系统部（ISM&H）合作建立了传统知识数字图书馆（TKDL），包括传统疗法的知识以及 900 多种瑜伽姿势。200 多位调研者利用 8 年多的时间搜集了 23 万多种传统药物。数据库有英语、日语、法语、德语以及西班牙语版本。印度政府已经授权联合国以及欧洲专利局、美国专利局（USPTO）专利审查员使用印度传统知识数字图书馆。当有人向这些专利局提出与印度传统知识相关的专利申请时，审查人员可以使用印度传统医药数字图书馆，确保提出的专利申请不同于印度已存在的传统知识。不过，经过政府的许可，印度公司以及国外公司可以通过订立合同获得图书馆 3 至 4 年的使用权，即印度建立的传统医药数字图书馆是一个开放性的数据库。不过数字图书馆建设的领导者认为其他国家的专利局官员访问数据库时，应该仅限于搜索和检查专利，不能披露信息给第三方，否则，国外公司可以从数据库中获得有价值的信息或者改进其配方，进而申请专利。

（2）确立相应政府主管部门

针对国内草药的无序开发和利用，印度于 2000 年成立了保护草药委员会，对某些濒临灭绝的药用植物进行抢救，开始重新种植生产咕咕树，鼓励并资助各邦建立草药保护区。除了抢救资源之外，委员会也希望进行有序开发，提高草药的疗效。目前，印医的发展速度十分惊人，印度各邦近 10 年来新开了几十家传统医药诊所，专门接待来自世界各地的游客，每年创造 12 亿欧元的产值，而且这个数字在以每年 8% 的速度递增。

除此之外，印度还根据《生物多样性法》设立国家生物多样性局作为批准专利申请人基于遗传资源、传统知识等提出的专利申请的机构。

（3）传统医药知识开发利用的产业化机制

① "蜜蜂数据库" 的建立

印度建立的 "蜜蜂数据库"（Honey-Bee database）是一个让发明者登记注册其发明的工具，它包括土著知识的归档、实验和推广。目前约有 1 万个包含发明者姓名和住址的发明在该数据库登记注册。该数据库的建立，使得人们可以改良在该数据库登记注册的发明从而增加其价值，也可以与发明者和知识提供者进行利益分享。通过该数据库的 "蜜蜂通讯"（the Honey-Bee newsletter）这个平台，在该数据库登记注册的发明被推广到 75 个国家以上。[①]

② 专门投资基金会的设立

印度建立了专门的投资基金会以促使传统医药知识产业化。印度通过建立绿色风险促进基金和孵化器机制为搜集、维持和增加这种基层发明，

---

① 陈凌. 传统医药的知识产权保护研究 [D]. 厦门：厦门大学，2006：20.

为提高发明者的技术能力和自主能力提供制度支持。在 20 世纪末，印度创设了国家层面的发明基金会，意在设立一个国家发明登记体系。调整知识产权保护体系以方便传统知识保护，创立孵化器以将发明转化为可行的商业行为，并在全国范围内帮助推广传统知识。[①]

③专项分享基金的设立

专项分享基金设立的法律依据是印度《生物多样性法》以及《生物多样性法细则》规定的惠益共享机制。例如，印度南部的传统医药中有一种草药叫作 arogypaacha，用于帮助运动员克服紧张情绪和疲劳。由于部落成员泄密，印度热带植物园研究院的科学家从这种植物中提取出了 12 种活性成分，制成药品，并申请了两项专利。印度制药公司 Arya Vaida 获得许可后将该制剂商业化，同时注册了专项基金，以分享从传统医药知识处间接收获的经济利益。

3.印度传统医药国际保护的进展

印度与巴西等发展中国家努力将传统医药知识保护问题列为国际组织的知识产权谈判议题，认为现行知识产权制度不能从整体上充分、有效地保护传统知识，这对于传统知识的保存与可持续发展是不利的。它们还主张将传统知识的保护纳入现有的知识产权国际保护体系中。2004 年 12 月和 2005 年 3 月召开的《与贸易有关的知识产权协定》理事会讨论了对传统知识给予有效的专门保护的含义，以及在什么程度上需要专门的法律。

在 WTO 等国际论坛上，印度政府还建议在 TRIPS 协定中明确规定，如果与 CBD 规定的事先知情同意原则和利益分享机制不一致，则专利申请不应被授予专利权，以此来缓解 TRIPS 协定和 CBD 间可能产生的矛盾与冲突。

另外，针对森林资源以及海洋生物资源面临的开发及保护问题，印度于 2012 年 10 月在新德里举办生物多样性国际会议，邀请近 194 个国家的代表参加了该会议。

（二）跨国制药企业阿斯利康的知识产权保护

阿斯利康制药有限公司（以下简称阿斯利康）是全球领先的制药公司，由瑞典阿斯特拉公司和英国捷利康公司于 1999 年合并而成，在消化、心血

---

① 邓伟生.我国中医药传统知识的保护现状与对策研究 [D].沈阳:沈阳药科大学，2008:26.

管、肿瘤、中枢神经、麻醉、呼吸和抗感染等治疗领域为患者提供富于创新、卓有成效的处方药产品。阿斯利康总部位于英国伦敦，研发总部位于瑞典，销售覆盖全球 100 多个国家和地区，在 8 个国家设有 17 个研发机构，共有 12 000 名员工从事与新药研发的相关工作。阿斯利康运用知识产权保护特别是专利制度，开发出了许多药品"重磅炸弹"，如世界上第一个质子泵抑制剂——奥美拉唑就是运用知识产权保护制度的成功典范。企业新药研发和技术创新的能力不仅是积极参与国际竞争的重要战略，也是经济增长的深层动因。

市场经济发达地区制药企业的发展得益于知识产权保护制度的完善。各发达国家对专利战略给出了不同的定义，知识产权在国际上被广泛作为综合国力、科技竞争、经济贸易的衡量指标。知识产权保护制度不断健全，能极大地促进经济发展，提升企业整体国际竞争力。严格的法律规定、司法制度可有效地保护专利权人的合法权益，也充分体现了专利制度的本质是激励创新，促进技术进步，使经济效益得以持续增长。北美（美国和加拿大）和日本是阿斯利康老牌的市场，开发早，市场成熟稳定。

市场经济欠发达地区制药企业的发展，首先要进行知识产权特别是专利的布局。阿斯利康自 2001 年在中国无锡投资建厂以来，累计在华投资 2.2 亿美元，高速增长的阿斯利康中国区销售业绩屡创新高，已经成为中国处方药市场最大的跨国制药公司，2020 年在中国销售额首次超过 10 亿美元，同比增长 29%，增长率在各大地区中排名第一，超过加拿大地区增长率 26%，远超全球地区增长率 1%。阿斯利康为了更好地抢占中国医药市场，结合其市场发展战略，精心进行专利布局。例如肿瘤治疗领域的激酶靶向药物，阿斯利康从具有相同生物活性的一系列化合物的通式结构，到其中具体某个可能成药的化合物，再到这个化合物的晶型、衍生物（盐、水合物、前药等）、代谢物乃至制剂、制备方法、工艺、用途等，在中国共申请了 56 件发明专利。坚固的专利"堡垒"保护了其知识产权，使得经济效益得以飞速增长（中国区近 5 年平均经济增长率为 31.0%，居各地区之首）。专利的地域性特征决定了企业只有在其他国家申请专利才能在该国获得专利保护。一般而言，企业到国外申请专利取决于占领国际市场的需要。企业到国外去申请专利是实施专利技术输出战略的重要前提，也是企业开拓和占领国际市场的重要手段。至今阿斯利康申请专利数累计919件，有效地保护了其知识产权。强有力的专利布局及技术转移，是企业在此技术方面稳定持续收入的保证。

跨国制药企业的研发中心主要布局在科技发达地区，专利布局得益于全球的一体化。阿斯利康研发中心主要分布在英国、美国、加拿大等发达国家和地区，然而其专利却辐射全球100多个国家和地区。随着全球经济一体化进程的加快，世界范围内，各国之间在经济上越来越多地相互依存，技术越过边界的交流量越来越大，使得阿斯利康在全球有了良好的专利布局。由于阿斯利康的研发中心多在欧洲和北美地区，其成果大多出自该区域，因此欧洲和北美的专利非常多。阿斯利康的研发中心在日本和中国极少，该地区基本没有原创性成果，其专利也是欧洲和北美专利转移的结果，因此该地区的专利非常有针对性。如日本的专利转化率非常高，就证明了这一点。中国是阿斯利康的新兴市场，加上中国对医药产品进行专利保护是1992年《中华人民共和国专利法》第一次修正以后，医药专利制度不太完善，阿斯利康在中国的专利申请量与其销售增长率呈负相关，说明了阿斯利康进入新兴市场的早期主要是进行专利的转移和布局。

综上所述，阿斯利康在全球年专利申请累计数与年销售收入呈显著线性正相关，在北美和日本也呈线性正相关，但在中国其线性相关不显著；阿斯利康在全球以及北美和日本地区年销售增长率随着专利申请量的降低而减少（正相关），而在中国年销售增长率随着专利申请量的增长而减少（负相关），说明阿斯利康对知识产权的重视程度直接影响其经济效益。阿斯利康在市场经济发达地区的稳健发展得益于其对知识产权的创造、运用和管理，阿斯利康在市场经济欠发达地区的快速发展得益于其对知识产权的转移和提前布局。可以说，新药创制和知识产权保护是医药企业发展的核心动力。

四、我国医药产业发展及知识产权保护存在的问题

我国生物医药产业起步较晚，但随着生物医药产业在世界范围内影响程度的加深，我国也开始逐渐重视生物医药产业的发展。我国最早在"863"

计划中将生物技术列为重点发展对象；"十一五"期间提出了"以生物和医药技术为重点"；在"十二五"规划中又将生物医药产业列为七大战略性新兴产业之一；"十三五"期间形成"提升生物技术原创性水平""打造生物技术创新平台""强化生物技术产业化"三大具体指标体系。"十四五"基础研究取得重大原创性成果，突破一批核心关键技术，完善生物技术标准体系，培育一批具有重大创新能力的企业，基本形成较完整的生物技术创新体系，生物技术产业初具规模，国际竞争力大幅提升。

（一）知识产权的专利意识不强，科技创新能力有待提高

对生物医药企业而言，专利权可以使得其在市场上具有一定的独占期，收回前期投资和获得利益，并且可以激发企业在研发过程中不断加大对专利保护的投入，因此专利作为知识产权的重要范畴，对企业尤为重要。当前，我国生物医药企业存在专利申请质量不高、中药专利保护标准难统一、专利保护重视程度不够等问题，既反映医药企业专利保护战略和保护意识不强，也说明医药企业科技创新和成果转化能力有待提高。

1.专利申请质量不高

专利授权数量是生物医药企业的专利技术创新能力的重要体现。从专利数量上与美国、欧洲及日本三个传统的大型医药市场相比，我国生物医药领域科技创新能力在不断提升，但就专利申请的质量和技术含量、知识产权保护的种类而言，与发达国家还有一定的差距：知识产权保护种类较少，中药、西药知识产权保护多为发明专利、外观设计等，商业秘密、数据资料专属保护等知识产权保护形式较少，围绕核心专利的外围专利也较少。专利申请质量不高，既有知识产权专利保护意识不强的原因，也存在科技创新能力不强的因素，专利保护意识不强一定程度上也影响了生物医药企业科技创新能力的提升。

2.中医专利申请标准化高

根据我国现行的《专利法》，一项产品发明必须同时具有创造性、新颖性和实用性，才能被授予专利。由于专利的"三性"审查标准要求精确，中医药专利保护标准存在严重标准化、量化情况，标准化程度高，难以符合实际，传统中药方申请专利保护面临困境，导致许多中药专利无法得到根本性的保护。国家出台的中药专利申请，需要提供类似西医的标准化、量化的数据资料支撑，这对于中药专利品种保护不利，一些中药验方、秘方往往缺乏标准量化的数据，难以满足申请条件需要，因此难以申请到专利保护，长此以往，对于中医药的知识产权保护是一个很大的障碍，需要加以重视。关于中医药专利的申请认定标准，技术量化标准过高，采用指纹图谱的量化数据给中药的研发操作带来很大困难。目前，《药品生产场地变更简化注册审批管理规定》及《药品生产场地变更研究技术指导原则》对于中药研发采用比较量化的数据标准使得很多中药研发产品难以达到标准要求，难以申请专利。

3.生物医药知识产权保护制度对推动医药高等院校、科研院所的发展具有重要作用

一些生物医药科研人员和管理人员还没有认识到这一制度的重要性，对生物医药知识产权保护的知识了解甚少；许多生物医药企业虽然有专门负责知识产权的人员，但是他们对知识产权保护的相关知识也没有充分理解；许多企业负责知识产权工作的人员没有接受过关于知识产权方面的正规培训，他们只是负责专利证书保管等方面的工作。

由于生物医药产业从业人员缺乏相关法律意识，没有意识到不注重知识产权保护的后果，以至在国际科技合作中出现出卖知识产权或知识产权被他人轻易盗走的现象。在国内，由于某些企业开发新产品后，很快被其他企业仿制，严重影响了我国生物医药产业整体的竞争力。

（二）成果技术转化及技术转让存在不足

科技成果转化是科技创新的重要体现，是科技创新的价值所在，直接决定科技成果对经济发展的贡献。但是，由于成果转化的渠道机制不畅、医药科研成果经费相对不足、知识产权人才匮乏等因素，我国生物医药科研成果转化率仍然很低，科技创新受到一定程度的影响。

1.成果研发及科技创新投入不足

生物医药企业研发周期长及风险大的特点，使企业吸引投资常常面临很大困难。以安徽省为例，安徽省生物医药企业大多是以中小企业为主，获得资金渠道较少，主要是政府投入和企业自筹，政府投入主要是前期的工程及厂房建设，且公共财政也有限，一些研发条件好的创新型企业和高新技术企业，考虑到科技投入风险大，一般也只对现有的生产需求进行研发。

部分追求眼前利益的企业,让其投入大量资金开展远期的研发可能性不大,加上生物医药企业科技成果转化的高投入、高风险、周期长的特点,贷款难度较大,创投、风投等融资形式在安徽省还处于初始阶段。生物医药企业创新资金不足,难以承受对专利研发投入失败的风险,而一些科技含量高,市场潜力大,要经过长期研发的科技成果又很难在企业实现转化和推广应用,仿制便成为它们的被迫选项。这些因素极大地影响了生物医药企业科技创新的积极性,因此,政府要在投融资政策上给予政策支持,积极开展企业知识产权融资,缓解企业资金压力,实现知识产权运用保护与企业科技创新的互动良性循环。

2. 知识产权和科技创新人才缺乏

生物医药知识产权人才不仅是加强知识产权保护的需要,也是提升企业竞争力的需要。由于我国对知识产权专业人才的重视和培养力度不够,导致我国生物医药领域知识产权人才匮乏。医药企业中专利代理人或专利律师等专业人才短缺,缺少专门的管理机构,医药高校一般都没建立知识产权管理部门,对知识产权保护工作的管理很少。

（三）技术保密及成果被仿制假冒等问题

生物医药成果专利被仿制假冒,商业秘密受到侵犯的案例时有发生,严重挫伤了医药企业自主创新的积极性。

1. 大量的仿制药与药企的存在,客观上增加了技术保密及成果被假冒仿制的风险

我国已是全球第二大医药市场国家。我国医药工业以仿制药为主,2015 年至 2020 年,我国仿制药市场以 13% 的复合增长率快速增长。我国的仿制药市场中,企业数量高达 7 000 多家。我国仿制药行业大而不强,"多小散乱差"的局面仍然存在,药品质量差异较大,高质量药品市场主要被国外原研药占领,部分原研药价格虚高,大量的仿制药与药企的存在,客观上增加了技术保密及成果被假冒仿制的风险:一方面,导致仿制药与原研药之间专利侵权的可能性增大;另一方面,仿制药的仿药品分子实体不受专利保护,但在其研发过程中也不排除有自主创新的活动,比如制备工艺、晶型和组合物、技术壁垒等的专利保护,因此也会出现仿制药之间的侵权摩擦。

我国现阶段的药品市场中，国内医药企业尚难以承担高额的研发费用和研发风险，仿制药占据主流，更倾向于商业秘密或依靠政策壁垒对其技术方案实行保护。医药企业在研发和生产、销售过程中的生产设备图纸、药品合成工艺、化合物结构式，合成过程中信息、客户信息、研发资料、销售渠道等都有可能构成商业秘密，也都可能成为其他企业侵害商业秘密的途径和方式。

2.生物医药企业在技术保密、药品审批等方面的法律真空对侵权产生可能

生物医药企业基于其行业特殊性，在有关技术咨询、技术登记、药品审批等方面的法律规定还存在真空地带。我国实行药品批准文号制度便是其中一例。按照《药品注册管理办法》相关规定，生物医药企业在新药申报过程中，企业只需要提交不侵犯他人专利的声明，药品监管部门并不承担对新药申报专利侵权分析的职责和义务，即使正在审批的注册药品存在知识产权侵权风险的投诉，也不会因此终止审批程序。近年来，我国各省（自治区、直辖市）关于科技、专利等法律法规陆续出台，但针对生物医药知识产权相关法律的空白依然存在。这种法律上的真空地带，给侵权产生了可能。因此，生物医药知识产权保护方面侵权假冒案件不断增多。

3.生物医药企业成果专利维权力度不够

虽然近年来对知识产权侵权加大查处，但总体来看，专利维权司法查处力度还有待加强。由于法律存在的打击侵权假冒力度不够，影响了企业科技创新的积极性。

（四）新技术知识产权保护的问题

1.部分生物医药新技术知识产权保护强度过大

目前国内的生物医药创新能力和水平与美国等发达国家仍然存在较大差距，生物医药新技术的源头技术几乎都掌握在外国制药企业或者外国研发机构手中，国内生物医药新技术多数是基于已有源头技术的二次创新技术，这一形势也将持续多年。近年来，国内生物医药企业发现二次创新技术的成果被国外制药企业或者研究机构的授权专利所保护，若实施则会产生侵权风险。分析这些先申请的国外制药企业或者研究机构专利，可以发现，在申请之初，这些专利无法与上市产品相对应，不具备产业化或者商品化的优势，申请文本的保护范围大，权利要求书所含的技术特征不具体，

但是这些专利的技术方案为新技术的范畴，无法检索到太相似的对比文献，通过创造性要求进行审查存在较大的困难，若审查员审查风格不严厉，基本上都能获得大的授权范围。国外制药企业或者研究机构的生物医药新技术授权专利保护范围过大，很容易涵盖国内生物医药企业二次创新技术，究其本质就是对这些生物医药技术知识产权保护强度过大，阻碍了国内生物医药企业自主创新。

2.生物医药新技术知识产权维权力度不足

知识产权保护相关的法律和行政程序种类繁多，但是对于生物医药行业来说，基于其行业特殊性，处于知识产权保护最前线的行政程序是药政审批程序，涉及的法律法规为《药品注册管理办法》。

美国FDA对存在知识产权潜在侵权风险的药品注册申请，采取非常谨慎的态度，需要潜在侵权的药品注册申请人提供解释说明，并且在药品审批程序中也有相关的规定，以最大限度地维护专利权人的利益。而按照我国法律的相关规定，药品监管部门并不承担对新药申报进行专利侵权分析的职责与义务，只是要求企业在提交新药申报资料时申明不侵犯他人专利，即使药品监管部门收到正在审批的注册药品存在知识产权侵权风险的投诉，也不会因此就终止新药的审批程序。

虽然知识产权保护相关的法律和行政程序种类繁多，但是依然存在着不可忽视的真空地带，这些真空地带导致生物医药新技术知识产权维权力度的不足，可能会打击自主创新积极性。

3.生物医药新技术知识产权激励制度不够

在各级政府资助、科技部立项、风险基金及药品定价、招标采购与进入医保等与药品收益息息相关的政府行为中，对于拥有知识产权的医药企业的倾斜度分级不够细致，导致对知识产权激励不够。

在我国药品招标和定价的各项文件中，一般将药品专利分为两个等级：化合物专利及其他专利。专利对于参与招标的药品的贡献仅仅被僵硬地划分为两个类别。例如《2019年陕西省公立医院药品集中采购配送实施方案》中，拥有化合物专利并且专利在保护期内的药品在科研创新能力项中可以得到满分10分，而其专利保护期内的实用新型专利、工艺专利和处方专利药品在科研创新能力项中只可以得到2分；在其他一些地区公布的方案中，甚至是外观设计专利也可以与实用新型专利、工艺专利和处方专利相等同，在科技创新能力项中得到2分。

我国生物医药行业中的原始创新药，也就是拥有化合物专利的药物，其专利权人几乎全部为外国制药公司，我国医药企业拥有的大部分为集成创新和引进消化吸收再创新的药物、已知化合物工艺改进的药物。在药品招标和定价各项文件中将专利划分为化合物和其他专利的僵硬方式无疑给外国制药公司提供了极大的优势，却没有将国内医药企业的良莠区分开，将拥有非化合物发明专利的医药企业与拥有实用新型专利的医药企业相等同，将拥有制剂专利、用途专利、发明专利的医药企业与拥有工艺专利的医药企业相等同。这种"一刀切"的分类方式没有给医药企业带来足够的激励，在化合物专利被外国制药公司占有的情况下，只需拥有外观设计专利或实用新型专利就可以了，不足以激励医药企业对工艺、处方等技术方面进行研发、改进，让二次创新的医药企业无法通过专利手段得到应有的实惠，对于生物医药新技术发展没有从根本上起到应有的激励作用。

第四章　河北省医药产业发展现状分析

医药产业是高新技术产业以及战略性新兴产业的重要组成部分，还是按国际标准划分的 15 类产业和世界贸易增长最快的朝阳产业，同时与全民身体健康和生命安全息息相关，是关系到国计民生的基础产业。伴随着跨国医药企业和现代生物技术的飞速发展，我国医药产业面临着很多不确定因素，机遇与挑战并存。这一方面有助于提高我国医药出口，加快国际化进程，为缩小与国际先进水平的差距提供了良好时机；另一方面，跨国医药企业规模的扩大、实力的增强，使市场的竞争愈来愈激烈，使我国的医药产业面临更严峻的挑战。

医药产业作为河北省十大主导产业之一，是重要的发展产业。面临复杂的国内外经济形势和日益激烈的市场竞争，河北省医药产业仍然保持稳定增长的趋势，固定投资力度不减，创新以及结构调整初显成效。同时河北省医药产业也面临着十分严峻的问题，例如生产企业间分化较大，发展不均衡；开放引进的重点突出，深入不够；医药市场竞争激烈，同质化竞争依然严重；与其他省市相比发展落差进一步加大，创新能力不足，人才队伍建设不足；等等。这些在很大程度上阻碍了河北省医药产业的发展。

本章从生物医药产业特点入手，着重分析河北省医药产业发展现状与问题，并探寻河北省医药产业发展的制约因素。

一、医药产业特点分析

（一）生物医药产业特征

生物医药产业作为我国七大战略性新兴产业之一，有其独特的产业特征。生物医药产业是在生物技术和制药技术两大基础之上发展起来的，在生物医药产业发展初期，就有较高的产业技术门槛，随着产业的持续发展，对投资的需求也越来越多。生物技术和制药技术较为发达的国家和地区（如美国、日本、欧洲等），及时抓住了发展机遇，牢牢把握了产业的发展主动权。由此可以总结出，生物医药产业的四大产业特征：技术密集型、资本密集型、高收益率以及正外部性。

第一，生物医药产业是技术密集型产业，技术密集型产业又被称为知识密集型产业。发展生物医药产业需要有较强的人才和技术储备。高技术的要求也成为涉足生物医药产业的第一道门槛。一项生物医药产品的生产，背后是复杂的技术研发体系的支撑。生物医药学综合了微生物学、生物学、医学和生物化学等学科，涉及微生物学、化学、生物化学、生物技术、药学等科学的原理和方法，产品用于疾病预防、诊断和治疗。由此可见，生物医药是多学科、多产业相互交叉渗透、共同组成的产业。

第二，生物医药产业与其他产业相比，要有更大规模的投入。只有资金得到一定的积累，才有可能制造出新的生物医药产品。其中资金投入的绝大部分用在了生物医药的研发阶段，包括研发人员的费用、研发设备的采购、新技术的引进与消化等。2020年全球生物技术企业销售收入为1 078亿美元，其中研发费用达到了447亿美元，研发费用占到了销售收入的41.5%。2018—2021年，全球生物技术企业平均研发费用占销售收入的比重达到了42%。而生物医药企业基础设施的建设、产品生产线的建设，也需要非常大的资金投入。

第三，一般来说，新的生物医药产品，投入市场2至3年就会收回全部的研发成本。因为生物医药产业具有明显的知识产权保护特性，凡是专有的技术都会得到法律的保护，而这些专有的技术所带来的都是大量的垄断利润。当然，生物医药产业的高回报率是建立在前期大量的人力、物力、财力的基础之上，而对于一般的企业来说，前期的高额投入成为阻挡它们进入生物医药产业的门槛。

第四，生物医药产业的发展会很大程度地提高社会效应，提高社会福利，对国民经济的发展也有一定的影响。外部性理论是马歇尔（A.Marshall）在20世纪初提出的。外部性是指在经济活动中，某一生产者或消费者所进行的活动对其他生产者或者消费者所产生的有利或有害的影响。①外部性有正外部性和负外部性之分。生物医药企业技术的发展不仅能够带动整个行业技术的进步，促进生产力的提升，还能够造福人类，使用疗效更好的药品。

（二）生物医药产业的特殊性

1.生物医药产业的安全性

随着生物技术的不断发展，现代生物技术已经超越自然的力量，能在一定程度上对生命及"逆行"操控。生物医药的安全性与传统医药不同，因此，从安全性的角度考虑，生物技术就存在"该"与"不该"进行研究的问题。现代生物技术对人体健康安全性的威胁主要有以下几个方面：第一，转基因食品对人体安全性的问题；第二，人畜细胞核移植对人体安全性的问题；第三，异种器官移植、干细胞对人体安全性的问题。例如，"长生生物疫苗事件"引发了社会对生物技术安全的思考，也加大了对生物医药安全性的重视。由于生物医药产业蕴含巨大的商机，很多企业在利益的诱惑下纷纷加入生物医药产业，但在生物医药安全保障上，国家还没有制定完善的法律法规，对企业生物制品和技术研发的监管还存在缺陷。

2.生物医药产业的道德伦理性

生物技术的发展给人类带来的不仅仅是惊喜，还有忧虑，并且引发了社会对道德伦理问题的争论。如克隆技术是生物技术领域的一项重大技术突破，对道德伦理产生了极大的冲击。如果克隆技术应用在人身上，将会改变传统的生育方式。自古以来，人类都采用有性繁殖的方式，无性繁殖被视为一种倒退，不被人类所接受，而且克隆将会打破传统上的父母、血缘关系，直接挑战法律、伦理、道德等方面的权威。再如，在干细胞研究中也涉及道德伦理问题。干细胞制备过程涉及人类的卵子、胚胎及克隆技术，卵子和胚胎是生命的起源，在很多国家被视为活着的婴儿，利用胚胎分化形成人的器官而进行实验研究是违背伦理道德的。生物技术与道德伦理之间的冲突，也是生物医药产业的特殊性。

（三）我国医药产业的特点

改革开放以来，我国医药产业呈现超高速增长，年均增长速度接近

---

① 邵学峰.财政学[M].北京：清华大学出版社，2015：55.

18%，创造了全球医药产业的奇迹。2010年，我国药品市场的销售额就突破了1 400亿元，仅仅过了10年，我国药品市场就达到了1.38万亿元，医药产业完成总产值2.69万亿元，比2010年增加了10倍。尽管取得了巨大成绩，但与世界其他医药产业发达的国家相比，我国医药产业仍然存在一些问题和不足，如市场分散、医药企业规模小、管理不规范等，而且我国医药产业的质量明显不高，大多以仿制药和高仿药为主。如果仅仅计算生产和流通企业数量和原料、制剂生产能力，我国可以称得上医药大国，但从医药产业的质量和水平来看，我国还远远称不上医药强国，医药产业整体水平与世界发达国家水平还有相当大的差距。总体上看，我国医药产业具有以下特点。

1.医药产业事关国计民生，是受政府政策影响最多和管理最严的产业之一

首先是宏观管理政策的影响。我国发布的医药产业的宏观管理政策较多，如医疗卫生管理体制、医疗保险及报销制度、药品价格管理体制以及药品的注册、生产和流通体制等，这些政策涉及面广，影响人群多，从医药产业的申报、生产、销售、使用和保险等多层面、多角度做出了规定，尽可能地让医药企业在保质保量的前提下赚取一定利润。其次，国家的一些政策也对医药产业特别是民族医药产业产生了不利的影响，以至出现了"以药养医"等过分追求医药价格的行为——一些医院为了追求利润最大化，不惜开大处方，或追捧高价药，价格越高，药品越多，医院越赚钱。再次是政策的扶持。近年来，国家在医药服务和保险方面出台了一系列的政策，直接推动了医药市场的扩张。最后是药品的自主定价机制仍存在漏洞。一些企业凭借其"原研药"的地位获得自主定价的权利，即便专利保护期过了仍然定高价，甚至一种国外的、专利已过期的药物都可以在国内卖出高价，部分医药企业甚至偷梁换柱，"挂羊头卖狗肉"，不断扰乱我国医药产业市场秩序，不仅影响了我国医药产业的发展，还危及人民群众的生命安全。

2.医药产品原发药较少，药品的含金量不高

从生产规模和市场规模看，中国的医药产品主要依靠数量取胜，尽管我国的原料药生产和出口已经稳居世界第一，OTC药物市场也仅次于美国，理论上应该是医药强国，但实际上我国距离世界医药强国还有很大的差距。

首先，我国药品销售排名靠前的药物都不是自己的专利药。西方医药强国药品销售的前几名都是专利药，这些专利药药效明确，科技含量高，往往一个品种的药物年销售额就可达到近百亿美元。与此相比，我国销售的原研药品极少，基本上都是根据国外专利药生产的仿制药，拥有自主知识产权的药物极其缺乏。其次，我国出口药物的科技含量不高。尽管我国药品出口的总量不小，但是这些出口的药物多为高污染、低附加值的原料药、中药注射剂以及专利过期药。最后，我国的高端医疗器械严重依赖进口。近年来，我国医药事业蓬勃发展，国家投入了大量经费，一些医院特别是大型公立医院大量引进了高端医疗器械，但是其中我国自行研制的极少，高科技医疗器械严重依赖进口。

3. 医药企业面临国际跨国企业的强大竞争压力

面对中国庞大的市场，国外医药跨国公司开始逐渐重视国内市场，有的在我国直接申请注册生产药品，有的直接在我国投资建厂，有的与我国医药企业联合生产，有的直接购买相关医药企业，并且加强了新产品的报批以及知识产权的保护，这使得国内医药产业面临巨大的压力。2020年，我国城市公立医院使用数量最高的前10名医药厂家中，有6家为国外医药企业，如辉瑞、阿斯利康和赛诺菲等。按照国际惯例，一种新药的药物专利保护期通常为20年，在此期间，为赚取超额利润，拥有该专利的医药企业会想方设法地对药物实施全方位的保护，跨国医药公司会采取诸如化合物专利、晶型专利、制剂专利、复方专利等不同组合的保护方式，大大延长了该药物的专利保护期，使其他公司难以模仿，从而延长该药物牟取高额利润的周期。另外，由于新药研发费用不断提升，跨国企业为了降低研发费用，提高研发效率，已将研发重点从开发新化学实体药物转移到仿制药的开发和应用上，以便尽可能地降低研发成本，这对于我国以仿制药为主的医药产业来说无疑是一个巨大的挑战。

二、河北省医药产业发展现状与问题

"十三五"时期是落实健康中国战略，推进健康河北建设的起步期。这一时期，河北省把人民健康放在优先发展的战略位置，居民健康水平显著提高，公共卫生服务成效显著，卫生健康服务能力明显提升，中医药事业发展顺利，健康服务产业势头良好，医药卫生改革持续深入，全省卫生健康事业发展取得明显成效。2016—2020 年，河北省大健康产业按照省政府确定的"到 2020 年全省规模以上健康产业产值比 2015 年翻一番，产业总规模超过 8 000 亿元，成为河北省战略性支柱产业，综合竞争力显著提升"的目标要求，构建完善的大健康产业体系，凝聚产业要素，强化产业支撑，不断提升产业实力、竞争力，实现持续快速发展，为新时代建设"经济强省、美丽河北"提供有力的健康支撑。

（一）河北省医药产业发展现状与优势

1. 河北省医药产业发展现状

（1）河北省医药制造业发展情况

医药制造业（概称医药工业）是河北省健康产业的传统优势行业，具有良好的产业基础和广阔的发展空间，在河北省健康产业中居于龙头地位。2016 年以来，河北省医药制造业积极实施创新驱动战略，强化企业创新主体地位，构建科技创新体系，有效推动了医药行业结构调整和转型升级。

从产值与增速看，在 2017 年医药制造业"年收入突破千亿，利润超过百亿"的跨越式发展以及 2018 年快速发展的基础上，2019 年全省规模以上医药工业（318 家）工业增加值累计同比增长 10.4%，高于全省医药工业累计增速 4.8 个百分点，高于全国医药工业增速（6.6%）3.8 个百分点，累计贡献率为 4.5%，拉动全省工业增长 0.3 个百分点，工业增加值累计占全省工业增加值的 2.6%，可谓形势喜人，可圈可点。

从营业收入看，2019 年医药企业实现营业收入 783.17 亿元，同比增长 12.3%，高于全国医药工业营业增速（8.0%）4.3 个百分点。营业收入利润率 15.14%，较上年同期增加 1.22 个百分点。

从利润看，2019 年实现利润总额 118.58 亿元，同比增长 22.1%，高于全国医药工业利润增速（7.0%）15.1 个百分点。

从医疗器械看，据不完全统计，截至 2019 年，河北省共有医疗器械生产企业 891 家，其中第三类生产企业 37 家、第二类生产企业 315 家、无菌医疗器械产品生产企业 35 家、植入性医疗器械产品生产企业 9 家、体外诊断试剂产品生产企业 12 家。

（2）河北省中医药产业发展情况

河北省是我国传统中医药大省，中医药发展源远流长，产业发展基础雄厚。2019年省中医药工作厅际联席会议制度调整为省中医药事业发展领导小组，出台《关于加快推进中医药产业发展的实施意见》，中医药强省战略快速推进。

从产值看，2017年河北省中医药行业实现主营业务收入274.3亿元，同比增长17.7%；实现利润22.1亿元，同比下降3.4%。2018年、2019年实现快速发展。从主体看，截至2021年，现有规模以上中药工业企业93家，从业人员2.2万人，以岭药业、神威药业、颈复康药业3家中医药企业实现销售收入超10亿元。从产品看，中药注射液产量居全国首位，黄芩、黄芪、知母、柴胡、连翘等中药材产量居全国前列，连花清瘟颗粒、通心络胶囊、参松养心胶囊等多个单品销售收入超10亿元人民币。从中药材种植业看，河北省中药材产业近几年发展较快，在全国处于中上水平。2021年河北省中药材种植面积304万亩（1亩=666.67平方米），比2017年翻了一番。从布局看，种植业主要集中在"两带三区"，即燕山产业带、太行山产业带、冀中平原产区、冀南平原产区和坝上高原产区。中药材种植面积较大的市有承德、邢台、保定、石家庄、张家口等，承德种植面积最大（79.5万亩），占全省种植面积的30.3%。种植超10万亩的县有8个，5万亩以上的县有18个，1万亩以上的县达38个；全省种植10万亩以上中药材有8种，超5万亩的有12种，3万亩以上的有18种。

（3）河北省医药物流产业发展情况

经过多年发展，河北省医药物流产业已经基本形成多种所有制并存、稳定发展、覆盖城乡的现代流通产业体系。

2017年以来，河北省药品流通市场规模稳定增长，增速较快。据商务部药品流通行业不完全统计，2021年河北省药品流通行业销售总值再创新高，达到620亿元，同比增长32.76%，其中中成药类销售84亿元，同比增长31.25%，占13.55%；中药材类销售18亿元，同比增长38.46%，占2.9%；医疗器械类销售16亿元，同比增长14.29%，占2.6%；其他类销售25亿元，同比增长25%，占4.03%。

从销售品类和对象结构看，化学药品类销售355亿元，同比增长

31%，占七大类医药商品销售总额的76.02%；中成药类销售64亿元，同比增长20.75%，占13.7%；中药材类销售13亿元，同比增长56.63%，占3%；医疗器械类销售14亿元，同比增长27.27%，占3%；其他类销售20亿元，同比增长15.8%，占4.28%。

（4）河北省医药制造业研发情况

①河北省医药制造业研发政策环境

中国医药制造业在"十三五"之后逐渐开始加大改革力度，改革涉及的行业从医药业到医疗业，甚至包括保健和健康产业，改革的力度也是越来越大，逐步深化。国家对于医药制造业出台了一系列相关的政策，涉及的门类不但包括基本的医疗保险制度改革，关系民生的药品审批和上市许可制度，还包括规范医药市场的仿制药一致性评价等政策。伴随着供给侧结构性改革，医药制造业在这样的背景下发展也面临着较大压力和竞争。因此，中国的医药制造业要积极地迎接挑战，建立适合当下改革背景的核心竞争力。

第一，国务院办公厅在2016年印发了《关于促进医药产业健康发展的指导意见》（国办发〔2016〕11号）（以下简称《意见》），提出了一系列关于深化医药产业改革的重要任务。比如，提出的首项任务就是要提高我国医药行业的创新能力。大数据时代，创新已经成为所有行业的最强的竞争力，尤其是对于本身就属于高技术产业的医药制造业来说，保持持续的创新能力是占领市场的重要武器。除此之外，文件中还有一些与创新有关的任务，如支持创新产品的推广、建设智能示范工厂等。《意见》还提出关于促进重大药物产业化的任务，重大产业的产业化有助于医药制造业更具规模性和营利性。《意见》还提及了一些医药制造业的支持性政策，如引导产业集聚发展、强化财政金融支持和健全政府采购机制等政策。除了以上提高核心竞争力的功能性任务外，《意见》还制定了实施绿色改造升级等注重生态发展任务，实现经济和环境之间、行业和行业之间、制度和体系之间、区域和省份之间的协同发展。

第二，中共中央、国务院在2016年10月印发了《"健康中国2030"规划纲要》（以下简称《纲要》）。《纲要》也是着重强调了要将创新融入医药制造业当中，尤其是要建立一个产学研结合的协同创新体系，从根本上提升医药制造业的创新能力和推动产业转化升级。《纲要》除了强调创新的重要作用之外，还着重强调了要将重大疾病专利技术转化为新药物并进入市场，从侧面说明了，从政策层面不但要关注新产品、新专利的创新，也要做好新专利转化为新药物上市的过程，这也是医药制造业重要的竞争能力之一。此外，《纲要》还指出要大力发展与医药制造业相关的产业。当今时代，各个产业之间的界限越来越模糊，医药产业的发展离不开相关产业的支持，这些产业包括医疗器械和制药设备等。《纲要》还强调了医药制造业的贸易服务，这些服务不但涉及国内，也涉及国际间的服务和合作。全球化的发展使得各行各业都与国际相接轨，不仅需要借鉴国际上的宝贵经验，也是开拓市场的重要途径。

第三，工业和信息化部与国家发展和改革委员会等六部门于 2016 年 10 月联合印发了《医药工业发展规划指南》（以下简称《指南》）。《指南》为我国医药制造业的发展提供了非常宝贵的意见和方向指引，不但顺应了我国在"十三五"时期提出的建设健康中国和制造强国的战略，更提出医药制造业的发展要以人民的需求为目标，保障国民健康，推进医药制造业的供给侧改革。在对医药制造业的建议方面，首先要加快研发能力。该项能力的提高一方面可以通过与行业间的交流获得，还可以通过跨行业、跨国际的交流，进行知识、技术的积累进而实现研发能力的提高。其次是提高质量安全水平，由于医药制造行业与民生息息相关，随着经济发展和生活水平的提高，人们对健康的医药服务的需求越来越高。最后是发展医药制造业中的高端品牌，实现行业内的规模效应和集聚效应。

第四，国务院办公厅于 2016 年 5 月印发了《药品上市许可持有人制度试点方案》，提出为了更好地发展我国医药制造行业，在个别省市建立医药上市许可持有人制度试点。这些试点城市包括北京、天津、河北、上海、江苏、浙江、福建、山东、广东、四川。医药上市许可持有人的试点城市的建立有利于试点城市打造以自身为中心的医药制造市场，这也说明国家为了促进医药制造业的发展，充分地给予试点城市自主权，无论是在资源的自我整合方面还是市场开拓方面都让其充分地融入市场环境中。此外，每个试点城市的医药制造业都可以根据自身的情况开展生产外包或者资源承接的活动，不仅如此，试点城市实现了生产许可和上市许可相分离，对医药制造业的研发能力的提升具有重要的作用。

②河北省医药制造业研发能力与其他省市对比情况

2016年5月，国务院办公厅印发了《药品上市许可持有人制度试点方案》，国家根据各省市的经济发展状况和医药制造业的发展状况，选取了十个省市为试点城市，河北省是试点城市之一。为了探究河北省医药制造业研发能力的发展状况，本书以这十个省市为研究范围，以《中国高技术产业统计年鉴2020》的统计数据为基础，从产业规模、研发投入、研发产出三个方面，比较分析河北省该产业研发能力在试点范围内的位置和发展情况。

第一，产业规模对比情况。产业规模是医药制造业自身实力的一个表现方面，其会对研发投入产生影响，从而会对医药制造业的研发能力产生影响。医药制造业会根据自身发展状况，从而合理地进行资源配置，决定是否开展研发活动以及投入多少，所以，在比较河北省医药制造业研发能力与其他省市的差异状况时，先从产业规模这一方面进行比较（如表4-1所示）。

表4-1 2020年药品上市许可持有人制度试点医药制造业产业规模统计表

地 区	企业数（个）	排 名	从业人员平均数（人）	排 名	资产总计（亿元）	排 名	主营业务收入（亿元）	排 名
北京	209	7	74 400	7	1 290.1	5	809.0	7
天津	100	10	45 428	9	940.7	9	567.4	9
河北	245	6	82 100	6	1 052.4	8	945.8	6
上海	197	8	57 284	8	1 216.9	6	716.4	8
江苏	703	2	203 106	2	2 826.1	2	3 870.3	2
浙江	439	4	13 535	3	1 975.3	4	1 248.6	5
福建	134	9	31 242	10	304.3	10	289.4	10
山东	800	1	262 577	1	3 729.0	1	4 546.8	1
广东	421	5	133 606	4	2 561.0	3	1 553.0	3
四川	444	3	122 833	5	1 155.4	7	1 300.1	4

根据学者们的研究，笔者选取了四个指标，来对各省市医药制造业的产业发展进行说明，数据统计结果如表4-1所示。从排名的结果来看，河北省该产业的企业数量、从业人员平均数等四个指标的排名依次为第六、

第六、第八和第六，这说明在药品上市许可持有人制度试点范围内，河北省医药制造业在产业规模上处于中下游位置。山东省各项指标的排名均位于第一位，由此可见，山东省医药制造业的产业经济发展在试点范围内是最为迅速的。江苏省医药制造业的各项指标排名均位于第二位。在试点范围内，医药制造业的产业实力最为薄弱的是福建省，除了企业数量外，其他三个指标的排名均位于最后一名。

从数据的统计结果来看，河北省医药制造业的企业数量比北京市、上海市多，但总资产数量却比北京市、上海市少，说明河北省医药制造业的资金实力还有待加强。河北省与产业实力最强的山东省差距比较大，山东省该产业的企业数量、从业人员平均数、资产总计约为河北省的三倍，而在主营业务收入上约为河北省的四倍多。由此可见，河北省医药制造业的产业基础还是非常薄弱的。

第二，研发投入对比情况。研发投入是影响研发能力的直接因素，医药制造业是高投入的产业，创新药的研发需要有人力投入和资本投入的支持，因此，笔者从研发投入这一方面，比较河北省医药制造业与试点范围内的其他省市医药制造业研发能力存在的差异（如表4-2所示）。

表4-2 2020年药品上市许可持有人制度试点医药制造业研发投入指标统计表

地区	研发人员（人）	排名	R&D人员全时当量（人/年）	排名	研发经费支出（万元）	排名	新产品开发经费支出（万元）	排名
北京	7 063	8	5 468	6	231 923	7	1 738 715	8
天津	7 730	5	4 442	8	197 531	8	1 832 149	7
河北	7 620	7	5 563	5	252 404	5	2 008 148	6
上海	6 193	9	4 893	7	239 956	6	2 144 290	5
江苏	23 322	2	18 588	1	846 039	2	9 052 097	1
浙江	18 325	3	14 628	3	442 974	3	502 407	3
福建	3 378	10	2 331	10	81 337	10	662 398	9
山东	26 538	1	18 305	2	971 618	1	8 990 851	2
广东	12 819	4	9 375	4	401 024	4	4 216 343	4
四川	7 659	6	3 444	9	186 722	9	581 660	10

从表4-2可以看出，河北省医药制造业的研发人员、研究与开发人员（以下简称R&D）全时当量、研究经费支出、新产品开发经费支出这四项指标

的排名分别为第七、第五、第五和第六，这表明河北省医药制造业的研发投入在药品上市许可持有人制度试点范围内排在中游或者中游偏下的位置，而在京津冀三个省市排名中，除了研发人员数量稍稍低于天津外，其余三项指标的排名均高于北京市和天津市。在试点范围内，河北省医药制造业的研发投入与山东省、江苏省以及浙江省存在较大的差距，而山东省和江苏省的研发投入可谓是旗鼓相当、不相上下——山东省医药制造业的研发人员和研发经费的支出在江苏省之上，而另外两个指标的投入略低于江苏省。山东省医药制造业的研发人员数量和 R&D 人员全时当量相当于河北省的三倍多，而山东省医药制造业对于研发活动和新产品开发的投入是河北省的四倍多，由此可见，河北省医药制造业在研发投入上还需继续加大力度，重视创新药的研究与开发，重视自身研发能力的提升，以便在市场竞争中站稳脚步。

第三，研发产出对比情况。医药制造业具有高风险、高经济社会效益的特点，都会希望通过大量的投入能够取得相应的回报。研发产出就是其取得成果的一个直接表现，也是医药制造业提升自身研发能力的一大动力，因此，笔者从研发产出这一角度出发，比较各个省市医药制造业研发能力的发展状况（如表 4-3 所示）。

表4-3 2020年药品上市许可持有人制度试点医药制造业研发产出指标统计表

地区	新产品销售收入（万元）	排名	新产品出口交货值（万元）	排名	专利申请数（件）	排名	有效发明专利数（件）	排名
北京	1 738 715	8	20 735	10	369	8	1 904	7
天津	1 832 149	7	212 543	5	688	6	3 070	4
河北	2 008 148	6	239 727	4	329	10	1 225	9
上海	2 144 290	5	119 129	7	599	7	1 457	8
江苏	9 052 097	1	669 101	3	2 729	1	4 262	2
浙江	5 092 407	3	1 242 390	1	1 482	4	2 703	5
福建	662 398	9	34 129	8	351	9	482	10
山东	8 990 851	2	929 699	2	2 128	2	4 766	1
广东	4 216 343	4	143 946	6	1 473	5	3 410	3
四川	581 660	10	26 250	9	1 536	3	2 267	6

从表 4-3 中可以发现，河北省医药制造业的新产品出口交货值排名第

四,在药品上市许可持有人制度试点范围内处于中上游水平,虽然排名相对比较靠前,但是河北省医药制造业的新产品出口交货值与排名第三的江苏省相差了429 374万元,与排名第一的浙江省相差了1 002 663万元;新产品销售收入排名第六,处于中下游位置,与排名第五的上海市相差不多,但与排名第一的江苏省相差了7 043 949万元;而专利申请数和有效发明专利数的排名分别为第十、第九,在药品上市许可持有人制度试点范围内处于最下游,分别与排名第一的江苏省相差了2 400件,排名第一的山东省相差3 541件。根据上述河北省医药制造业研发投入情况的比较分析,可知河北省的研发投入总水平要高于北京市和天津市,但在专利申请数和有效发明专利数上落后于北京市和天津市,说明河北省医药制造业知识产权转化能力比较弱,在之后的发展中,不能只重视有形资产的产出,还应加大无形资产的产出与保护。

综上所述,笔者从产业规模、研发投入、研发产出三个方面对试点范围内的十大省市医药制造业研发能力的发展状况进行了比较研究,认为河北省医药制造业除了专利申请数量和发明专利拥有量在十个省市内排名落后,其他排名基本在试点范围内的中游水平,所以综合来说,河北省医药制造业的研发能力在试点范围内处于中游偏下的位置,其无形资产的产出比较少,说明其知识产权保护与产出意识还需要进一步提高。

2.河北省医药产业发展优势

(1)产业基础雄厚

河北省省会石家庄市是老牌的医药工业基地,石家庄高新技术开发区是目前全国最大的现代化综合生物医药产业基地之一,在2020年全国生物医药产业园区综合竞争力排位中位列第六;石药控股集团有限公司、华北制药集团有限责任公司、石家庄以岭药业股份有限公司、神威药业集团有限公司、石家庄四药有限公司——河北省生物医药产业的"五朵金花",均位列中国医药工业百强企业榜单(见表4-4);而北京-沧州渤海新区生物医药产业园作为京冀生物医药产业协同创新的承载平台,在京冀"共建、共管、共享"的大力推动下必将成我国生物医药产业发展的新引擎。

表4-4 中国医药工业百强企业榜单河北入围药企与排名（工信部版）

企业名称	2019 年	2020 年	2021 年
石药控股集团有限公司	16	15	15
华北制药集团有限责任公司	33	35	32
石家庄以岭药业股份有限公司	61	62	61
神威药业集团有限公司	95	100	—
石家庄四药有限公司	—	—	96

（2）产业实现高速增长

近年来河北大力推动生物医药产业从药用中间体、原料药向制剂、复配制剂、现代中药制剂等完整的产品链和价值链的创新生物医药产业集群转变，呈现出高速增长的态势。在 2019 年实现"主营业务收入突破千亿、利润超过百亿"的跨越式发展后，2020 年河北省医药工业增加值增速、主营业务员收入、出口交货值均实现突破性增长。增加值增速由 2017 年的 4.4% 提高到 2020 年的 13.2%；2021 年 1 月至 9 月，主营业务收入增速为 19.3%，高于全国平均增速 6 个百分点，由长期低于全国平均水平变为高于全国平均水平；出口交货值同比增长 29.19%，远高于 11.49% 的全国平均水平。

（3）产业分布相对集中

从市、区、县分布看，石家庄市是河北省最主要的药品生产集聚区，截至 2020 年，全市共有医药企业 104 家，占全省总数的 36.2%，主营收入和利润分别占全省医药工业总量的 68.08% 和 77.96%，初步形成了以石家庄医药产业高新区为中心的差异化的产业发展布局，同时也存在着环境容量约束、要素资源特别是建设用地供给短缺等制约。保定共有医药企业 63 家，占全省医药企业的 22.0%。被列为"国家火炬计划"的安国现代中药工业园区，是全国最大的中药材专业市场，中药饮片、中成药生产厂家聚集在信息共享、行业合作等方面拥有无可比拟的优势（如表 4-5 所示）。

表4-5 2020年河北省医药工业区域分布

名　称	企业个数	亏损企业个数	主营业务收入所占比例（％）	利润总额所占比例（％）
全省合计	287	25	100	100
石家庄市	104	4	68.08	77.96
保定市	63	3	10.35	5.99
邢台市	22	3	5.68	7.26
邯郸市	20	1	4.26	1.84
沧州市	18	0	4.91	2.05
衡水市	14	2	1.39	1.96
廊坊市	13	4	0.67	0.10
唐山市	11	2	0.83	0.96
承德市	9	2	1.51	0.56
张家口市	7	2	0.54	0.03
秦皇岛市	6	2	1.78	1.29

数据来源：河北省统计局。

（4）产品品牌快速崛起

2020年河北省战略性新兴产业百强领军企业中，石药集团、华北制药等15家医药企业上榜，创新百强企业中有13家医药企业榜上有名。例如，石药集团拥有"石药""欧意""果维康""恩必普"四个中国驰名商标，成为河北省内拥有驰名商标数量最多的企业，形成了鲜明的抗生素、维生素、心脑血管等商标品牌体系，还拥有"玄宁""固邦""欧来宁"等知名专科用药商标品牌。经全球五大品牌价值评估机构之一的世界品牌实验室测评，"石药"品牌连续多年入选世界品牌实验室权威评价《中国500最具价值品牌》，2021年经中国品牌建设促进会确认品牌价值177.17亿元。华药集团拥有的"华北"牌商标为中国驰名商标，有著名商标20件，2021年世界品牌实验室《中国500最具价值品牌》排行榜显示，"华北"牌商标品牌价值140.91亿元人民币。

同时，健康产业的龙头企业实力显著增强，产业集中度进一步提高。石药、华药、以岭、神威进入2021年度中国制药企业百强。据统计，2020年主营业务收入超10亿元企业有10家，其中石药集团、华药集团主营业务收入超过百亿元，名列省内前 10 名企业的主营业务收入、利润占全省的比重达到 50% 以上。主要指标排位在前十的企业对河北省医药行业发展起到了很好的推动作用（如表 4-6、表 4-7 所示）。

表4-6　部分医药工业企业主营业务收入前十位排序

位　次	企业名称
1	石药控股集团有限公司
2	华北制药集团有限责任公司
3	石家庄四药有限公司
4	石家庄以岭药业股份有限公司
5	神威药业集团有限公司
6	秦皇岛骊骅淀粉股份有限公司
7	河北常山生化药业股份有限公司
8	颈复康药业集团有限公司
9	河北君临药业有限公司
10	河北天成药业股份有限公司

表4-7　部分医药工业企业利润总额前十位排序

位　次	企业名称
1	石药控股集团有限公司
2	石家庄四药有限公司
3	神威药业集团有限公司
4	石家庄以岭药业股份有限公司
5	河北常山生化药业股份有限公司
6	河北君临药业有限公司
7	澳诺（中国）制药有限公司
8	葵花药业集团（衡水）得菲尔有限公司
9	康泰医学系统（秦皇岛）股份有限公司
10	秦皇岛骊骅淀粉股份有限公司

河北省医药制造业的一批大型综合制药企业集团通过创新驱动、转型升级完成了新旧动能转换，企业步入良性发展阶段，发展模式实现了由过去的规模扩张向质量效益转型，行业利润支撑由原来的大宗原料药为主转变为创新药品制剂为主，成为医药工业稳定发展的有力支撑。

（二）河北省医药产业存在的问题

1.与其他省市相比发展落差进一步加大

近年来虽然河北省生物医药产业实现了高速增长，但在全国的排位仍然持续下滑，2019 年河北省医药制造业主营业务收入在全国的排序滑落到第 11 位，2021 年才提升到第 10 位，与山东、江苏、河南等省的发展落差进一步加大。以 2019 年为例，河北省数据为 945.8 亿元，山东省为 4 546.8亿元，绝对值相差约 3 500 亿元。按照两省生物医药产业"十三五"规划的发展目标，到 2020 年年末，山东省达到 7 000 亿元，而河北省仅为 2 000亿元，差距进一步扩大为 5 000 亿元。

2.创新能力仍显不足

近年来河北省医药制造业有效发明专利数在全国的排位一直在十位以后，《中国企业创新能力百千万排行榜（2020）》首次公布了中国创新企业的前 1000 强，据不完全统计，共有 72 家医药企业上榜，其中河北省只有石家庄以岭药业股份有限公司 1 家名列其中。2019 年度中国医药工业百强榜单中河北依旧有 4 家企业入围，虽然有石家庄四药有限公司首次进入名单，但神威药业集团有限公司却"名落孙山"，说明河北省生物医药产业整体创新能力仍显不足。

生物医药产业是典型的知识密集型的高创新高技术产业，必须以知识型资本积累为基础，以研发创新为驱动，必须依靠人才带来的技术创新、进步和效率提高才能持续保持和引领产业发展的步伐。而河北省生物医药产业要想抓住发展机会、积极应对面临的危险，就需要更加强有力的人才队伍为保障与动力，提高生物医药产业的自主创新能力，加快推进生物医药产业供给侧结构性改革，形成河北新的经济增长优势。

3.生产企业间分化较大，发展不均衡

《河北省战略性新兴产业发展三年行动计划》（2018—2020 年）将生物医药产业列为七个战略性新兴产业之一。从规模看（如表 4-8 所示），7 家医药制造业企业收入和利润占行业总量近一半，在行业中占主导地位，发展较好。小型企业 228 家，占行业的 79.4%,收入占行业的三成以上，其中,亏损企业 21 家，比上年减少 19.2%，亏损额同比减少 69.8%，生产企业间分化较大，发展不均衡。

表4-8 2020年河北省医药工业企业规模分布

经济类型	企业个数	亏损企业个数	主营业务收入所占比例（%）	利润总额所占比例（%）	主营业务收入利润率（%）
全省合计	287	25	100	100	32.62
大型企业	7	0	45.1	55.7	12.51
中型企业	42	3	19.9	19.6	10.00
小型企业	228	21	34.1	24.4	7.27
微型企业	10	1	0.9	0.3	2.84

4. 环保压力大

京津冀地区污染防治任务艰巨，部分环保检查内容不够明确，实际检查过程中标准未完全统一，导致很多药企自查或整改无目标。大气污染防治过程中"一厂一策"制定的精准度仍有待提高，重污染天气预警存在一定的不确定性，导致一些药企不能按计划生产，从而也就无法及时满足客户需求，最终导致市场流失；一些项目虽然本身符合环保规定，但由于为其提供建材的企业受环保要求限产或停产，也就造成部分生物制药项目无法正常开展。

5. 医药市场竞争激烈，同质化竞争依然较重

河北省化学制药大宗原料药比重依然偏大、低端产品竞争激烈，再加上环保、质量、安全的监管政策日趋严格，企业内部体制机制、迁建升级、产品结构调整等改革任务仍十分艰巨。

从医药物流产业看，2020年全省药品流通行业620亿元的销售额中，化学药品类销售（473亿元）同比增长33.24%，占七大类医药商品销售总额的76.29%；中成药类销售（84亿元）同比增长31.25%，占13.55%；中药材类销售（18亿元）同比增长38.46%，占2.9%；医疗器械类销售（16亿元）同比增长14.29%，占2.6%；其他类销售（25亿元）同比增长25%，占4.03%。与发达省市相比，河北省"大健康、新医疗"产业机构虽然有所提升，但结构不合理、品质低端化、产业链之间整合不足等情况仍然存在。比如，行业结构不尽合理，药品批发企业供应能力大于需求，而在部分边远地区药品供应又明显不足；药品零售企业小、散问题仍然突出；行业集中度和药品零售连锁经营率有待进一步提高。

6.开放引进的重点突出，深入不够

"十三五"期间，作为开放主战场的京津健康产业协同发展有了突破性进展，一批生物制药项目集中落户河北，一些知名医院与河北合作开办专业医院与康复中心，专业技术人员交流频繁，但市场机制还不够完善，市场主体合作度不高，有的北京的项目跑到发达省市，高端产业要素落户河北省的还不多，还没有形成深度协同的一体化发展格局。

从医疗产业看，河北省着眼京津资源的承接疏解，本着共建共享的要求，立足开放创新，力推规划引领，调整资源布局，促进与京津的开放合作再上新台阶。其一，一批北京市的生物制药企业集中落户到渤海新区临港化工园区及其他地区，且开始面向天津、长三角地区招商引资。截至2022年3月，已有102家企业签约，总投资327亿元。其中上市公司7家、高新技术企业45家，部分企业已经建成投产，且多为附加值较高的特色原料药，其中一类新药有5个，这将大大提升河北省医药产品结构，为河北省医药工业增添生力军。石家庄高新技术开发区出台了促进生物医药产业发展新政策，加大支持生物医药产业发展的力度。其二，三地共同推进药品上市许可持有人制度试点，鼓励京津冀药物研发机构、药品生产企业联合开发新药，申请药品上市许可持有人；鼓励支持三地药品生产、经营企业承接本区域内上市许可持有人的委托生产和销售，探索建立京津冀药品生产企业及销售企业信息平台，为药品上市许可持有人寻找合同加工企业和销售企业提供帮助。河北省共接受京津药品加工生产文号210个。其三，有300余家二级以上医疗机构与京津医院建立了多种形式的合作关系，开展了药品医用耗材联合采购，实行了临床检验结果互认和影像资料共享，实现了天津、河北退休人员住院医疗费用跨省结算等，有效疏解了北京医疗服务压力，大幅提高了河北医疗卫生发展水平。其四，建立医疗机构间检查、检验结果互认制度。其五，建设名老中医药专家学术传承推广基地。

7.人才队伍建设不能满足河北省生物医药产业高质量快速发展的需求

（1）人才结构逐步优化，但依然存在突出问题

首先，人才结构逐步优化。与2011年调研数据相比，河北省生物医药产业人才结构得到了明显的优化。一是人才队伍结构不断完善。管理类人才占比由2011年的9%上升到2021年的11.5%，专业技术类人才占比由

2011 年的 15.7% 上升到 2021 年的 17.4%。二是人才队伍层次逐步提高。2021 年河北省生物医药产业人才队伍中具有本科及以上学历的占人才总数的 27.34%，比 2011 年的 20.8% 提高了将近 7 个百分点；专业技术类具有硕士及以上学历的人才占专业技术类人才总数的 18.97%，比 2011 年的 13.5% 提高了近 5.5 个百分点，随着高学历、高职称以及各层级专家人数的增加，河北省生物医药产业人才队伍层次逐步提高。三是年龄结构逐步优化。随着河北省生物产业人才队伍建设的加强，各项人才措施的实施，青年人才得到快速成长，40 岁以下的管理类人才和专业技术类人才已占到两类人才总数的 67.4%，尤其是 40 岁以下专业技术类人才已占到此类人才总数的 65%，使得产业人才构成逐步年轻化，青年人才形成了河北省生物医药产业人才的中坚力量。随着中青年人才队伍日益壮大，人才断层消失，人才年龄结构逐步优化，人才队伍已然形成了"老中青"三结合的人才梯队，基本实现了"老中青"三阶层人才的优化配置。四是专业技术类人才中的研发人才不论是人才数量还是质量都得到了大幅提升，例如石药集团研发人才数量由 2011 年的 725 人发展到 2021 年的 1 326 人，研发人才占人才总数的平均比值达到了 8.7%，一些企业研发人才占比甚至达到了 15% 左右。

其次，从总体上看，现有人才队伍建设还不能满足河北省生物医药产业高质量快速发展的需求，存在着一些亟待解决的问题。一是人才总量仍显不足，尤其是专业技术类人才总量不足，专业技术类人才总量只占到产业人才总数的 17.4%，与生物医药产业高技术、高创新性的发展要求还不相适应，制约着河北生物医药产业自主创新能力的提高。二是专业技术类以及高层次人才明显不足。调查结果显示，28 家企业中有 14 家，即 50% 的被调查企业认为专业技术类人才不能满足企业发展需求；仅有 4 家认为管理类人才不能满足企业发展需求，占总数的 14.3%；有 6 家认为技能类人才不能满足企业发展需求，占总数的 21.4%。企业人才需求现状表明，专业技术类人才缺乏是河北生物医药产业人才队伍建设面临的最大问题。近年来，河北省生物产业高层次人才总量得到大幅提升，但总体上还是相对缺乏，具有博士学位的人才仅占产业人才总量的 0.34%，具有硕士及以上学位的人才仅占人才总量的 4.04%。专业技术类人才以及高层次人才数量的明显不足，造成河北省生物医药产业自主创新能力不强，产品以仿制为主。2020 年河北省医药制造业有效发明专利数为 1 225 件，位列全国第 11 位。三是技能类人才出现"老龄化"趋势，年龄在 35 岁以下的技能人才占技能类人才总数的 38.4%，相比 2011 年的 55.3%，比值减少了近三分之一，而年龄在 45 岁以上的技能人才占到了技能类人才总数的 32%，说明技能人才供需矛盾依旧突出。

（2）产业后备人才与培养力量不足

河北一本高校每年生物医药相关专业 1 600 名左右的本科生招生人数远不能满足产业发展的需求。调查显示，仅石药控股集团有限公司、华北制药集团有限责任公司、石家庄以岭药业股份有限公司、神威药业集团有限公司和石家庄四药有限公司 5 家企业对初级专业技术人才的需求量就达到 1 400 名。河北省高校系统生物医药学科基础与实力整体较为薄弱，科研、师资力量不足，培养的人才不论是在规模还是在层次上都难以满足河北省生物医药产业发展的需求。

（3）研发投入持续增长但企业人才直接投入分化明显

河北生物医药产业研发投入持续增长。一是国家继续加大对生物医药创新的支持力度，2017 年以来，国家相继出台多项利好政策，鼓励创新药研发。二是仿制药一致性评价持续快速推进，关注质量成为企业可持续发展的核心。据不完全统计，2021 年河北省生物医药产业研发经费支出同比增长了 8.1%，高于当年生物医药业主营业务收入的增速，研发投入比达到了 4.92%。反映了河北生物医药产业转型期增长方式由投资拉动向创新驱动的新变化。

与研发投入形成鲜明对比的是企业对人才的直接投入，企业间分化比较明显，例如，2019—2021 年石家庄以岭药业股份有限公司人才引进投入 600 万元、人才培训投入 2 500 万元，是 28 家被调查企业中人才直接投入最高的企业；石药集团人才引进和培训投入分别为 500 万元和 600 万元，与其研发投入相比微不足道；华药集团人才培训投入 1 200 万元，但人才引进投入仅为 100 万元；石家庄四药与神威药业集团用于人才直接投入甚至不如其他中型企业，并且在被调研的其他大中型企业中，个别企业用于人才直接投入竟不足 10 万元。总结原因主要有两点：一是人才开发意识整体不强，认为人才投入周期长、成本高、见效慢，对人才开发投入回报期望不高；二是没有建立科学规范的人才发展规划，害怕培养的人才跳槽，不愿意花大力气对人才进行培养和储备。人才直接投入的缺乏使得河北省生物医药企业"引才、育才、用才"的主体作用还没有得到充分发挥。

（4）人才载体平台建设不足

截至 2021 年，河北省共有 10 家生物医药产业园，具有一定规模的只有石家庄高新技术开发区、石家庄经济技术开发区、北京－沧州渤海新区生物医药产业园 3 家，并且北京－沧州渤海新区生物医药产业园仍处于扩建阶段，竞争力还没有完全显现，其他生物医药产业园还存在园区规划不合理、基础设施配套不足、产业链整合不系统等问题，整体建设水平不高，对产业创新创业人才的规模效应和集聚效应并不明显。近年来河北省大力加强生物医药产业各类高技术研发平台建设，在生物医药技术研发创新上取得了显著的效果，如加速了基因测序编辑、抗体偶联药物、免疫治疗、靶向抗肿瘤药物等领域的研究；开展了多个抗体、融合蛋白、细胞因子、疫苗等重组蛋白质药物的研究；完善了氨基酸衍生物生物催化技术、多糖类药物等生产工艺的提升；开展了针对恶性肿瘤、心血管疾病、糖尿病、精神性疾病、神经退行性疾病、自身免疫性疾病、耐药菌感染、病毒感染的创新药物的开发；推进了现代技术在中药生产中的应用，完善了提取、分离、纯化、浓缩、干燥、制剂和过程质量控制技术升级等。高技术研发平台建设大力推动了河北生物医药产业从药用中间体、原料药向制剂、复配制剂、现代中药制剂等完整的产品链和价值链的创新生物医药产业集群转变。但现有的各类高技术研发平台中国家级工程实验室、企业技术中心数量仍较少，仅与山东省"十一五"末所拥有的国家级高技术平台数量相当，直接造成了高层次技术研发人才的缺乏。

人才资源作为"第一资源"是产业发展的引擎和支撑，河北生物医药产业现阶段面临与国内其他省市竞争位次下滑的危险，究其原因，人才队伍建设是制约生物医药产业快速发展的主要瓶颈。要推动河北省生物医药产业持续快速发展与积极应对面临的危险，加强人才队伍建设，补齐人才队伍短板。

三、河北省医药产业发展的制约因素

（一）生产要素分析

1. 人力资源

人力资源指的是可以推动国民经济和社会发展的、具有智力和体力劳动能力的人的综合，包含数量和质量。在数量方面，河北省医药制造业从业人数呈增长态势，2021 年较 2011 年从业人数增长了 21.64%，其从业人数在全国排名第八。在质量方面，河北省医药制造业的人员主要集中于化学药品原料药制造行业，2011 年比重高达 59.81%，近年来随着结构调整，2021 年下降至 40.84%，仍占比重较大；而需要高技术人员的生物药品制造仅占 2% 左右，2021 年河北省医药制造业 R&D 科研人员占从业人员的6.23%。由此可见，河北省医药制造业人力资源在数量上具有较强的竞争优势，而在质量方面还存在一定的劣势，因此还要注重加强高技术人才的引进。

2. 地理资源

河北省位于环渤海地区的中心，是连接山东半岛和辽东半岛及京津晋的枢纽，地理条件优越，这使得河北省的医药可以便捷地从各地获得所需的资源，转而向国外销售，十分适合产业的生存。优越的地理位置为产业的发展提供了一种竞争优势。虽然专有化的化工资源不算丰富，但是在燕山、太行山、冀中南平原以及冀西北等地区，有丰富的中药资源。河北是化学原料药生产大省，而且其原料石油和化工原料、粮食及动植物等均是河北省的主导产业。

3. 知识资源

知识资源是关系到一个国家或地区高技术产业发展进程的重要因素。知识资源主要表现在两个方面：技术基础，科研投入。

医药产业的技术支撑能力较强。全国的医药行业国家重点实验室有 11个，而河北省就有 2 个；全国有 22 家国家级医药产业基地，其中河北省是生物医药制造的重要省份，有着良好的传统医药产业基础；而且河北省拥有省部共建国家重点实验室培育基地 1 家，国家级产业基地 4 家，省级重点实验室 14 个，省级工程技术研究中心 11 个，还有"863"计划成果产业化基地。以石药和华药为首组建的全国范围内抗生素、维生素产业的技术创新战略联盟，开发了一批国内外领先技术，有力地促进了河北省的医药产业发展。目前，河北省的青霉素、维生素B12、维生素C、头孢类抗生素中间体7-氨基头孢烷酸等产品在多方面均居同行业领先水平。华药、石药、神威、以岭四家企业2021年技术产品创新成果丰硕，华药集团取得了7个产品文号、28项申请专利、33项授权专利；石药集团上市了"多美素""津优力""艾利能"等多种新药，而且玄宁药品项目被国家授予国家技术发明奖二等奖，该产品在打破国外同类产品的垄断的同时，以其优越的疗效为国家减少医疗费用支出达4亿/年以上；神威药业有15个QC课题在医药行业质量管理成果发表会上获奖；以岭药业正在开发研制9个新产品。这些都大力推进了生物药品制造产业的发展。

从河北省与全国医药制造业R&D经费投入的对比情况来看，河北省医药制造业R&D经费投入处于中上游地位，但2019年之后河北省的R&D经费投入排名较前几年来说有下降的趋势，这与近年来大力发展生物制造业，应加大科研投入的事实不符，与医药制造大省的地位不相称，理应受到重视。

4.资本资源

制约河北省生物医药产业发展的因素包括资金、技术、人才、政策等多个方面，但实质上最根本的因素是资金不足，倘若资金需求能够得到充分满足，其他问题均能够得到有效解决。因此，加大金融支持力度、完善金融支持手段是推进河北省生物经济发展的重要路径。

由于前几年河北省医药行业固定资产投资增长过快，规划的较大投资项目基本完成，因此2021年的增幅较上一年有所回落，且与大型企业相比，中小型企业在全省医药行业企业数中比重达95%以上，而中小企业由于经营历史短，其信誉不足，导致治理结构不健全，对外的信息披露也不规范，因此其融资比较困难。总的来说，河北省医药制造业的融资环境不具有竞争优势。

5.基础设施

医药流通业是医药卫生体系不可或缺的重要环节，为医药制造企业的发展提供了有力的支撑。近年来河北省医药流通业的整体规模不断扩大，不仅医药经营的企业数增加，其购销存总规模也进一步增长，而且重点企业销售增长、盈利能力不断增强。这都为医药制造企业的发展运转提供了坚定的基础。

（二）需求分析

迈克尔·波特（Michael E.Porte）将需求条件视为产业发展冲刺的动力，市场需求来自国内和国际两个市场。

国内的医药需求将继续保持强劲的增长态势，这主要是由于：一是我国的医保从广覆盖进入了高保障阶段，预计卫生费用占 GDP 的比重会保持稳步上升态势，且世界各国医疗卫生的支出会伴随本国经济的增长而增长，占 GDP 的比重也会随之上扬。如今，我国医疗卫生的支出占 GDP 的比重是 4% 至 5%，处于相对偏低的水平，因而未来会有较大的上升空间；二是未来十年将是一个老龄化加速的十年，我国正处于老龄化加速的初期，因此未来人均卫生支出会随着老龄化加速不断地增加；三是医药卫生行业的内部结构也在不断变化，诱导着消费者转向刚性需求，因此未来用药增速很可能会保持在较高的水平。

尽管各国都在控制医药费用，但由于新药品的研发，人口的老龄化以及人们的健康预期提升，导致了药品市场的增长比经济增长的速度要快，这均是生物制药在扩大在全球医药市场份额中所占比重所需的机遇。截至 2021 年，河北省医药制造业的出口交货值占销售产值的比重平均为 16.80%，而外向型的浙江出口交货值占销售产值的 30% 以上，差距很大。在河北省出口的产品中，化学药品原料药的出口交货值占全行业的主导地位，如 2021 年化学原料药出口交货值占全行业的 51.27%；同时由于产能过剩、成本上涨、国际监管趋严、国际环境变得复杂以及人民币汇率等问题，使得化学药品原料药的出口形势严峻，导致河北省的医药制造业受经济危机的冲击更大。

因此，在当前需求情况下，河北省想要扩大销售，抢占国内外市场，需要通过整合延伸产品链，提高创新能力，优化产品结构，坚定地走调结构、转方式的可持续发展路径。

（三）企业战略、企业结构、同业竞争的分析

波特认为，推进企业走向国际化竞争的动力比较重要，这种动力一方面是国际需求的拉动，另一方面是本地竞争者的压力。创造持续产业竞争优势的主要因素是国内或本地市场的竞争对手。

1.产品与行业结构

河北省的医药行业已经形成较完整的中西药产、供、销体系，成为医药门类较为齐全、结构较合理的医药大省，其主导产业是化学原料药、化学药品制剂以及中成药制造。从中药材种植业看，河北省中药材产业近几年发展较快，在全国位于中上水平。2021年河北省中药材种植面积262万亩，比2012年翻了一番。从布局看，种植业主要集中在"两带三区"，即燕山产业带、太行山产业带、冀中平原产区、冀南平原产区和坝上高原产区。中药材种植面积较大的市有承德、邢台、保定、石家庄、张家口等，承德种植面积最大（79.5万亩），占全省种植面积的30.3%。种植超10万亩的县有8个，5万亩以上的县18个，1万亩以上的县达38个；全省种植10万亩以上中药材有8种，超5万亩的有12种，3万亩以上的有18种。

河北省化学原料药品在全医药制造业中的比重呈现下降趋势，而生物药品制造虽然占比还是很低，但近年来发展速度迅猛，一直呈上扬态势。但是河北省医药制造业还是存在着产能过剩的老产品放不下、新产品上不来以及产品结构趋同等问题，医药制造企业仍处于产品结构调整的"阵痛期"。

2.企业结构

河北省生物产业基础良好，其中生物医药产业占主导地位，且发展较为迅猛。河北省生物医药产业分布相对集中，以石家庄国家生物产业基地为主要代表。石家庄生物医药产业集中分布于五个区域，分别是经济技术开发区、高新区以及赵县、藁城和深泽三县生物产业园。在全省生物医药产值中，五大园区的占比已超过60%，共汇聚了全省一半以上的生物制药企业，并培育出华药、石药、四药、以岭、神威等多家龙头药企。

华药是我国规模最大的抗生素与半合成抗生素生产基地，自主创新能力多次位列全国药企首位；石药在中国制药企业百强中居于前三名的领先地位，旗下包括石药、恩必普、果维康和欧意四大中国驰名商标；石家庄四药以输液制剂的研发和生产为主，研发水平、生产规模和市场影响均处于国内领先水平；以岭作为现代中药品牌十强的榜首，集现代中药研究、教学、临床、生产和销售于一体；神威以现代中药为主业，是中国驰名商标，涉及中药材种植以及中成药研究、提取、生产和营销等全产业链。河北省生物科技产业集群在生物医药产业的带动下呈现出相对良好的发展态势，但同时也存在一系列突出问题，这些问题在一定程度上制约着河北省生物医药产业的转型升级。

3.同业竞争

同业竞争应该考虑企业业务的性质、业务的客户、产品可替代性、市场差别等方面。

笔者主要参考了华药、石药、以岭和神威四大企业的同业竞争情况。华药集团主要产品分为青霉素类、头孢产品类、维生素类以及半合青产品，这与石药集团存在很大程度上的同业竞争，石药的产品也主要是青霉素、维生素C、头孢菌素和抗生素类等，这导致了两个集团有着多达40项以上的同业竞争。而以岭药业主要致力于专利中成药的研发、生产与销售，专利产品主要是心脑血管疾病、感冒呼吸疾病、恶性肿瘤疾病、糖尿病等领域。神威药业则以具有高增长性质的三大市场为主要目标，来进一步提升主打产品效益，主打产品包括清开灵注射液、参麦注射液、舒血宁注射液、五福心脑清软胶囊、藿香正气软胶囊以及小儿清肺化痰颗粒等，由此看来，虽然以岭药业与神威药业均以中药生产为主，但从产品可替代性来看，两个企业不存在较大程度的同业竞争。

河北省是原料药大省，其化学药品原料药制造业产值早在2012年就达41.87%，与同样作为原料药大省的浙江（浙江化学原料药所占比例高达46.27%）存在着严重的同业竞争。虽然浙江的化学原料药起步晚于河北省华药集团等老牌原料药，但它抓住了原料药产业的发展机遇，抢占了国内原料药行业的半壁河山。在面临原料药市场的渐趋饱和，环保要求日益严苛的情况下，浙江的原料药企业正积极提升产品附加值、促进产业升级、延伸产品链。因此，河北省同样要加快产业升级、调整产品结构，从而在竞争中占据一席之地。

4.相关性与支持性产业分析

（1）相关性产业分析

与医药制造业密切相关的主要有保健品产业、医疗器械制造业等。近年来随着人们对健康的关注以及消费水平的增长，保健品产业市场增长迅速，被称作全球性朝阳产业；但是河北省保健品产业企业大多是中小型企业，产品结构不合理，科技含量低，不具备竞争优势。河北省医药产业"十二五"规划中提到大力发展保健品产业，传统保健品生产企业要充分发挥自身研发优势，大力开发高附加值、多功能性的保健食品；同时要利用中医药特色优势形成规模和品牌优势，进一步扩大产品品质和市场规模，进而促进医药制造业的发展。医疗器械制造业在全省医疗产业总产值中占比为1%~2%，生产规模较小，竞争优势较低，因此要加快发展医疗器械的生产。一是提高中高端医疗器械产品的研发创新能力，努力使高端产品实现国产化以及中端产品实现国际化；二是在石家庄、保定、廊坊、衡水、秦皇岛等地现有的基础医疗器械产业基础上，抓住国家加大对农村、社区医疗资源投入的机遇，积极开发普及新型医疗器械产品；三是根据现有的医药产业基础，延伸拓展橡胶类医疗用品和计划生育用品产业，扩大其生产规模。

（2）支持性产业分析

从整个医疗产业角度看，对医药制造业有支持性的产业主要有医药流通产业。而我国医药市场普遍存在的问题是患者感觉药价太高，而制药企业不盈利，这是由于药品流通环节过多，而中间利润较高。药品自制药企业流通到患者手中，一般要经过经销商、分销商、医院、药房等几个环节，这些环节层层加价，使得药品价格逐级增高。

河北省的医药流通行业发展历史悠久，近两年随着医药市场的发展和竞争的加剧，兼并重组步伐加快，河北省的医药流通业已改变了传统的批发零售的经营方式。总代理、总经销、区域代理零售连锁和现代物流配送、电子商务等经营模式的出现，使医药流通业在保证人民群众健康和生命安危等方面起到了重要的作用。河北省的医药流通企业积极调整战略，开拓其销售市场，使得企业销售稳健增长，重点企业的盈利能力不断加强，前文已提到，2021年，河北省药品流通市场规模稳定增长，增速较快。据商务部药品流通行业不完全统计，河北省药品流通行业销售总值再创新高，达到620亿元，同比增长32.76%。

同时，河北省医药流通行业存在着如下问题。第一，行业缺少国家政策的扶持，监管与服务少；第二，医药流通业城乡发展布局不均衡；第三，违法违规经营、超范围经营现象普遍，流通业的秩序亟待规范；第四，中小企业的生存压力大。因此，河北省要着力解决上述问题，为医药流通行业的良好发展创造环境，进而为医药制造业的进一步发展提供保障。

5.政府角色分析

政府的首要任务是给医药制造业创造良好的环境，要制定相适应的产业政策。河北省"十四五"规划及医药产业发展"十四五"规划为医药制造业的发展提供了有力的支撑，规划依据国家的有关法律法规和产业政策，结合河北省的实际情况，加大了对医药制造业的扶持力度，切实落实已出台的相关优惠扶持政策；同时创新政府资金的支持方式，支持重大创新和产业项目建设。

政府同时可以为行业创造新的机会和压力，政府直接投入是行业及企业无法触及的范围，即外部成本，如发展基础设施、开拓资本渠道、培养信息整合能力等。河北省不仅在水、电、气供给上保证了重点医药企业的正常生产，还在土地资源上给予了很大的支持，发挥了专项资金的引导作用，带动资产投入，支持符合条件的企业在境内外上市融资。而且工业和信息化主管部门为解决医药行业在发展中遇到的问题，加强了行业运行的监测，实时追踪行业要素的供给、价格变化、供求波动等情况，这使企业能够正常运行，保证重大项目的顺利实施；同时加强了产业的调研，把握产业的发展趋势，制定并及时调整促进医药制造业又好又快发展的政策措施。

在形成产业集群方面，河北省根据"产业配套，链条延伸，特色突出"的思路，不仅加强了石家庄国家生物产业基地和医药产业国家新型工业化产业示范基地和安国现代中药与健康产业园区的建设，同时也加快了医药产业相对集中地区（如廊坊、承德、张家口、邯郸、衡水等地）园区的建设步伐，加强产业园区内环保、水电气等配套基础设施的建设，推动企业向园区聚集。

6.机会角色分析

机会是可遇不可求的，且机会可以影响四大要素发生变化。笔者综合分析国内外的医药市场，认为未来十年医药制造业会面临黄金发展机遇期。

（1）国内方面

一是国家政策导向助推医药制造业的增长、国家新医改方案的实施，对医药卫生事业增加投入，扩大国内医药市场，且据专业机构预测，"十四五"

期间全国医药市场总需求和产业发展总量的增幅均可达到三倍以上，这给医药制造企业的发展提供了良好的契机，而且随着生物制药产业列入十大战略性新兴产业之一，给生物医药的发展提供了前所未有的机遇。二是我国人口老龄化和疾病谱变化大力地拉动了药品需求。三是政府相关政策的扶持力度加大，国家及各级政府纷纷出台了医药产业的"十四五"规划，为医药产业的发展提供了有力的政策支持。

（2）国际方面

一是全球医药市场将会快速增长，在过去的5年中，全球药品市场保持了年均6.2%的较高增长率，预计在未来5年，以中国为代表的新兴国家医药市场增长率会远高于发达国家；二是专利到期药物的集中释放将会带来重大商机，据统计，在未来5年世界上将有1 288个专利药物到期，这会给全球非专利药物增加1 000亿美元的市场份额；三是医药产业国际化分工协作趋势越来越明显，在经济全球化的背景下，国际间的药品研发与生产协作会进一步加强，发达国家制药企业会选择研发外包（CRO）和生产外包（CMO）来降低成本、分散风险、提高效率，这将给发展中国家带来新的商机。

经济全球化是当今世界发展的必然趋势。这种趋势增加了人才流、物质流、资金流和信息流的流量，加快了资源的流动速度，有利于世界资源全球化配置。中国加入WTO，意味着自觉融入经济全球化的发展过程，而经济全球化有利于充分吸纳国际资本，吸收人才、科技、信息、管理、设备等各种资源，改造和提升河北省医药产业。

第五章　河北省知识产权发展现状分析

　　党的十八大明确提出了"坚定不移实施知识产权战略"。这是党中央在战略思想上对知识产权工作明确的方向，是党的十七大后再一次对知识产权工作的重要性和关键点进行的指示，深刻表明知识产权发展工作的战略性越来越强。河北省委、省政府历年来特别注重知识产权战略的规划发展，在《国家知识产权战略纲要》颁布后，结合河北省实际发展情况，发布了针对河北省知识产权发展的实施意见，指出河北省知识产权发展战略要坚持"有效运用、激励创造、科学管理、依法保护"的方针，推动知识产权产业化，促进创新成果产权化，加速构建创新河北、诚信河北。河北省有着深厚的工农业历史发展基础，随着改革开放的不断发展，现在逐步向科技自动化、农村城镇化、工业转型化的方向迈进。面对新形势下产业结构调整和国内外竞争日益紧张的过渡期，河北省拥有发展知识产权的先天优势和黄金时机。但在实际发展过程中，却有大量的有悖于知识产权战略有效实施的困难和问题，这些困难和问题的形成原因有其历史因素，也有社会发展和外界干扰的现实影响，并且其已越来越难以适应河北省省情的迫切需求，其弊端也日益显露，正逐渐成为知识产权战略发展的一个障碍。

　　本章通过对河北省知识产权发展战略现状的调研，从其目前的发展短板入手，剖析河北省知识产权发展战略的现状及存在的问题，结合河北省实际省情，重点分析河北省在知识产权战略发展方面的优势和潜力，为后文如何弥补不足和差距，提出针对性知识产权发展战略实施措施，奠定现实基础。

一、河北省知识产权发展现状

近年来，河北省委、省政府十分重视知识产权工作，以提高企业自主创新能力和产业核心竞争力为主线，不断完善知识产权制度，加快创建与经济发展相适应的知识产权管理工作体系及社会服务体系。国务院印发《国家知识产权战略纲要》后，河北省委、省政府高度重视，抓住有利契机，确定以加速构建现代化产业体系，升级转型经济发展结构，推进创新型河北建设为主要内容的战略目标，紧紧围绕这一目标，在全省范围内加大知识产权保护力度，稳健高效地推进河北省知识产权工作，成效显著。

（一）知识产权法律体系不断完善

2020 年，在立法、司法等部门的努力下，我国知识产权立法、司法工作有序开展，在支持疫情防控和复工复产的同时，也全面完善了知识产权惩罚性赔偿制度，为"十四五"期间知识产权事业的进一步发展打下了坚实基础。

在立法方面，知识产权法律、法规、部门规章、司法解释的体系得到不断完善。首先，经 2019 年 10 月 8 日国务院第 66 次常务会议通过，自 2020 年 1 月 1 日起施行《优化营商环境条例》。其中在知识产权方面，该条例第二章第十五条第一款明确规定：国家建立知识产权侵权惩罚性赔偿制度，推动建立知识产权快速协同保护机制，健全知识产权纠纷多元化解决机制和知识产权维权援助机制，加大对知识产权的保护力度。其次，为加强对知识产权的保护，提高侵权违法成本，2020 年知识产权惩罚性赔偿规定引入《民法典》。2020 年 10 月 17 日，中华人民共和国第十三届全国人民代表大会常务委员会第二十二次会议通过《关于修改〈中华人民共和国专利法〉的决定》。2020 年 11 月 11 日第十三届全国人民代表大会常务委员会第二十三次会议通过《关于修改〈中华人民共和国著作权法〉的决定》。再次，最高人民法院在 2020 年 12 月 29 日发布了《最高人民法院关于修改〈最高人民法院关于审理侵犯专利权纠纷案件应用法律若干问题的解释（二）〉等十八件知识产权类司法解释的决定》，并相继出台了一系列实体及程序性的司法解释，包括《最高人民法院关于审理涉电子商务平台知识产权民事案件的指导意见》（2020 年 9 月 10 日）、《最高人民法院关于涉网络知识产权侵权纠纷几个法律适用问题的批复》（2020 年 9 月 12 日）、《最高人民法院关于依法加大知识产权侵权行为惩治力度的意见》（2020 年 9 月 14 日）、《最高人民法院关于知识产权民事诉讼证据的若干规定》（2020 年 11 月 16 日），最高人民法院《关于修改〈民事案件案由规定〉的决定》（2020 年 12 月 29 日），等等。

2019 年河北省的知识产权事业稳步推进，省、市、县知识产权管理机构全部到位，统一市场监管下的知识产权工作格局基本建立，先后制定了《河北省奥林匹克标志保护规定》《河北省专利资助暂行办法》等一系列政策文件。全省法院充分发挥司法在知识产权保护中的主导作用，不断完善制度，破解审判难题。针对知识产权案件审理中涉及的技术性问题，积极落实省高院 2019 年出台的《关于引入技术调查官参与知识产权诉讼活动的实施意见》，最大限度依法减轻技术类案件权利人举证责任。省高院依托"两个一站式服务中心"，将知识产权纠纷纳入大调解格局，石家庄中院与河北省知识产权局、石家庄仲裁委员会等单位继续实施《关于建立知识产权纠纷多元化解机制合作备忘录》，加强协作，多元化解，知识产权大保护工作格局已经初步形成。

（二）专利申请数量和质量同步提升，结构更趋合理

专利申请数量大幅增长。2011 年专利申请量为 6 401 件，到 2019 年已经增长至 37 595 件，2019 年专利申请量、授权量分别达到 37 595 件和 31 116 件，均创历史新高。其中，全省专利申请量同比增长 43.05%，高于全国平均增幅 7 个百分点，是河北省近二十年来增幅之最。含金量较高的发明专利申请达到 4 651 件，同比增长 42.2%。目前，河北省已经逐步形成了省级、市级、县级等多层面的知识产权管理体系，一些企业通过加强自主知识产权，具备了较强的竞争优势。

（三）知识产权宣传培训成效明显

省、市、县知识产权管理部门通过新闻媒体开展丰富多样的知识产权宣传活动，同时，在公交站牌、露天广告牌等位置进行专利知识宣传，到企业、高校举办知识产权报告会，全社会的知识产权意识普遍提高。其中《河北省知识产权保护状况》白皮书发布、《河北日报》知识产权专版宣传、"燕赵行"采访报道、实施知识产权战略集中宣传月、大学生工业设计创新大

赛等活动均产生了强烈反响，营造了浓厚的知识产权氛围。在培训工作中，河北省以行业企业为重点，积极开展多层次分类培训，针对领导干部、企业高管、技术人员、中介机构等举办知识产权培训班。

（四）知识产权保护开创了新局面

按照国务院统一部署和省政府具体安排，河北省专项领导小组牵头组织 29 个省直有关部门，有效开展全省"双打"专项行动，深入开展"雷雨""天网"执法专项行动，以商品批发市场、专业市场、商场、超市、城乡接合部为重点区域，通过开展省、市、县三级执法联查，查处假冒专利商品，打击专利诈骗行为，严厉打击侵犯知识产权和制售假冒伪劣商品行为，全省知识产权保护水平进一步提升，对营造创新和发展的良好环境发挥了重要作用。一是体现了我国司法保护知识产权的主导作用日益凸显；二是体现了公众保护知识产权权益的意识逐渐增强；三是全省知识产权多年审判成果对案件数量起积极促进作用；四是全省各地政策支持导向作用效果显现；五是加大补强短板弱项力度，持续优化营商环境政策落地产生积极效果。

截至 2020 年 12 月，从全省知识产权一、二审案由来看，知识产权权属、侵权纠纷类案件数量为 3 108 件，占全年度案件数量的 88.17%；知识产权合同纠纷类案件数量为 227 件，占全年度案件数量的 6.41%；不正当竞争纠纷类案件数量为 63 件，占全年度案件数量的 1.79%；其他知识产权竞争纠纷案件数量为 128 件，占全年度案件数量的 3.63%。其中，涉商标案件共 1 782 件。其中，侵害商标权纠纷 1 609 件，占 90.29%；商标权权属纠纷 26 件，占 1.46%；其他商标权权属、侵权纠纷 147 件，占 8.25%。2019 年涉商标案件共 803 件，其中侵害商标权纠纷 703 件，商标权权属纠纷 12 件，其他商标权权属、侵权纠纷 88 件，占 10.96%。

2020 年全省商标类案件明显增加。河北省商标权类知识产权案件所涉行业，排名前五的分别是制造业 531 件，批发和零售业 166 件，租赁和商务服务业 99 件，科学研究和技术服务业 59 件，信息传输、软件和信息服务业 14 件。

专利权权属、侵权纠纷案件共计 519 件，较 2019 年的 466 件增加了 53 件。其中，侵害外观设计专利权纠纷案件数量为 261 件（2019 年为 143 件），占全部专利权权属、侵权纠纷案件的50.29%；侵害实用新型专利权纠纷案件数量为204件（2019年为279件），占全部专利权权属、侵权纠纷案件的39.31%；侵害发明专利权纠纷案件数量为46件（2019年为36件），占全部专利权权属、侵权纠纷案件的8.86%。与2019年相比，整体数量有所提升，提升主要的类型为实用新型专利。外观设计与发明专利数量较2019年还有所下滑（该结论与前面的案件数量不符），整体上反映出发明专利数量仍较少。河北省专利权类知识产权案件所涉行业，排名前五的分别是制造业（191件），批发和零售业（31件），科学研究和技术服务业（27件），信息传输、软件和信息服务业（16件），房地产业（14件）。

2020年度河北省一、二审法院共计审理著作权侵权案件788件，相较于2019年的1028件，整体数量有所下降，其中侵害作品信息网络传播权案件66件（2019年为328件），占全部案件数量的8.37%；侵害其他著作财产权纠纷案件214件（2019年为304件），占全部案件数量的27.16%；侵害作品放映权纠纷案件26件，占全部案件数量的3.3%；侵害著作权权属纠纷案件19件，占全部案件数量的2.41%；侵害作品发行权纠纷案件10件，占全部案件数量的1.27%；其他案由453件，占全部案件数量的57.49%。未见有游戏类、视频类、计算机软件著作权纠纷等疑难类案件。河北省著作权类知识产权案件所涉行业，排名前五的分别是批发和零售业（85件），文化、体育和娱乐业（76件），科学研究和技术服务业（50件），制造业（47件），信息传输、软件和信息服务业（43件）。

其他侵权案件还有美术作品类案件、微信公众号侵权案件、图片侵权案件、图书侵权案件等。

（五）知识产权优势培育工程深入实施，试点示范取得新进展

通过实施河北省专利战略引导计划、开展知识产权对标行动、开辟绿色服务通道、择优扶持重大专利项目、建立考核评价体系等，大力推进知识产权创造、运用、保护和管理能力的综合提升，取得显著成效。河北省市场监督管理局（知识产权局）与国家知识产权局人才办、中国知识产权研究会密切合作，组织30余名国家高级人才与全省优势行业的骨干企业对接，支持和帮助企业进行专利文献检索分析，开展专利战略研究；联合省发改委、工信厅等10部门组织开展专利奖评选，对38项重大专利项目给予表彰、鼓励，专利技术实施转化取得显著效果。据统计，获奖项目自实施以来共新增销售收入 261 亿元，新增利润 12.3 亿元。河北省知识产权局继续实施企业专利战略引导计划，引进国家 130 余名专利审查员，针对 20 家骨干企业开展关键技术领域专利战略研究制定工作，形成近万字的研究报告，为企业研发和创新发展提供了有力支撑。

（六）企业知识产权管理的机构、人员和制度逐步健全

一些大中型企业充分认识到了知识产权对企业发展的重要性，设立了专门的知识产权管理机构，负责商标、专利等各类知识产权事务的管理。同时，一些企业还结合自身特点和发展现状，配备了专门的知识产权管理人员，并且定期参加国家、省等有关部门举办的各种知识产权培训，提高专业人员素质。在国家知识产权局和河北省知识产权局有关专利试点企业评选办法下发后，一些大中型企业纷纷参加评选并通过验收，先后制定了多项知识产权管理制度。这其中，以华北制药集团、乐凯集团、风帆集团最为典型。

（七）企业高度重视自主知识产权的创造、管理及保护

科研合同的签订中，对可能形成的专利、专有技术等下达具体量化指标做出了明确规定，因此，一些大型企业专利拥有量和申请量大幅提升，专利申请数量和申请质量同步增长。如乐凯集团 2004 年的专利申请为 31 件，其中 27 件为发明专利，这标志着公司在拥有自主知识产权方面取得了重大突破；2008 年长城汽车股份有限公司专利授权量就达 37 件；石药集团的"丁苯酞软胶囊及其制备工艺"专利技术荣获第十三届中国专利金奖。

二、河北省知识产权发展问题分析

（一）河北省知识产权发展存在的差距

多年来，河北省知识产权事业取得了长足的进展，自我对比进步明显，但是，与其他省市相比，与对河北省经济发展的要求相比，河北省的知识发展整体水平并不高，与拥有的科技资源不相称，知识产权对地方经济的贡献率还不大，具体差距表现在以下几方面。

1.专利申请数量和质量较低，无法适应市场竞争要求

河北省虽然是经济大省，但是具有国际影响力的品牌不多，高新技术产业核心专利技术较少，也缺乏重大发明创造。

纵向比较来看，河北省年度专利申请总量与发达省份存在较大差距。2005—2019年河北省年度专利申请量为127 543件，而江苏省、广东省、浙江省、山东省、河南省则分别为1 183 674件、1 105 867件、796 790件、557 150件、183 899件；横向比较来看，从年均专利申请增长率上看，2005—2019年河北省年均专利申请增长率为18%，增长幅度明显低于全国平均水平。2019年河北省企业专利申请为38 964件，仅为江苏省企业专利申请量的4.6%、广东省的8.3%、山东省的21%、四川省的34.3%、湖北省的37.7%、辽宁省的50%、河南省的46.2%，企业的创新能力和知识产权制度的运用能力有待加强。

2.知识产权发展结构不均衡

虽然全省专利申请量呈现逐年上升趋势，但是在知识产权发展结构上存在诸多不足。

首先，三种专利申请增长趋势不一致。2005—2019年实用新型专利申请呈逐年稳步上扬趋势，共申请106 915件，而代表原始创新能力的发明专利和外观设计专利申请增长率不高，分别申请47 393件和43 017件，远远低于实用新型专利申请增长幅度，亟待加强发展。

其次，河北省四种职务专利申请结构不合理，其中工矿企业所占比重最高，占比为78%；大专院校其次，占比为11%；而科研单位和机关团体的比例只有7%和4%，由此可见申请主体极度不均衡，严重制约了河北省知识产权对经济发展的贡献程度，知识产权人才队伍建设迫切需要加强。

再次，知识产权产出分布不均，与统筹协调发展的要求不适应。石家庄、唐山、保定、廊坊四个地区专利申请量较高，分别为49 730件、26 214件、27 692件、20 246件，合计占全省申请总量的60%以上。全省工业企业中石药集团、华北制药、长城汽车、天威英利、河北钢铁、冀中能源等几家大型企业的专利申请量，占当年全省企业申请量的30%左右。全省拥有的植物新品种、驰名商标、计算机软件等也大都集中在几个大城市，这种情况的形成有其自身知识产权政策支持的原因，也有省会因素、毗邻京津地

域的优势；比较而言，衡水、承德、张家口专利申请量较低，知识资源优势还没有得到充分发挥，绝大多数企业还缺乏知识产权支撑，需要当地政府加大知识产权扶持力度，优先做好专利申请引导工作。

3.河北省企业创新主体地位还未能充分体现

从国家知识产权局对2019年发明专利的统计分析来看，2019年我国发明专利授权量达45.3万件。其中，国内发明专利授权36.1万件。在国内发明专利授权中，职务发明专利授权34.4万件，占95.4%。国内企业发明专利的申请与授权已连续多年呈快速增长势头。2019年我国国内发明专利授权中，企业所占比重达到54.7%，较上年提高2.8个百分点。从国家知识产权局的统计情况来看，在2019年的发明专利授权中，华为技术有限公司以4 510件排全国第一，中国石油化工股份有限公司以2 883件位居第二，OPPO广东移动通信有限公司以2 614件排名第三，而河北却无一家企业入围前十。从目前统计的数据来看，河北省一些专利产出比较好的企业与上述集团、公司之间存在相当大的差距，无论是数量、质量，还是实施，均与这些企业无法对阵。

4.专利技术转化难的问题依然存在，知识产权在创新活动中的引领和支持作用有待加强

一方面，河北省还没有像广东、江苏、浙江等沿海发达省份一样，顺畅转化渠道，建立起专利技术展示、交易中心或网上交易市场，特别是信息分析预测、战略研究服务的条件和手段，还远远落后于沿海发达省份。另一方面，暂时没有形成专利技术转化实施的计划渠道，缺少必要的政府资金支持。例如，江苏形成了十二项有利于技术实施的资金支持计划，每项计划都有配套资金支持；浙江每年用于专利技术实施的资金高达3 000万元；山东、上海等地每年都拿出几千万的实施资金。江苏、上海等地实施了重大项目或重大经济知识活动知识产权审核制度、专利工程师评审制度等，最大限度地激励和保障了创新及其事业的发展。另外，由于专利技术不能得到有效的实施，相关发明人得不到有效的激励回报，致使一些发明创造未能产生应有的市场价值，很大程度上影响了再创造的积极性。

5.体制机制建设问题依然存在

从体制机制建设上看，知识产权作为国家战略性资源，要想有效发挥

其作用，必须集中统一管理。目前，全球 70% 的国家对专利和商标等工业产权实行统一管理，24.5% 的国家对专利、商标和版权实行单一机构管理。相对国外而言，我国多个省份成立了以主管省长为组长的知识产权工作领导小组或知识产权战略实施领导小组，建立了统筹协调机制；上海、江苏、贵州建立了重大经济活动（项目）知识产权特别审查机制；北京建立了海外知识产权预警和应急援助机制；北京、江苏、广东建立了专利奖励制度；上海、北京、天津、四川、湖南、重庆等省市通过开展知识产权质押贷款、设立风险投资引导资金，建立了知识产权与金融结合的融资机制；贵州、成都等将知识产权指标列为市县政府的考核指标。而河北省在知识产权的协调管理、应急处理方面还存在很大差距，亟待解决。

（二）河北省知识产权发展的制约因素

多年以来，河北省知识产权管理工作体系和知识产权保护体系逐步建立，知识产权工作取得了明显成效。但是，以专利为核心的知识产权管理和保护工作还没有真正纳入各级政府的重要日程。目前，河北省各级政府、企业、大学和科研院所的知识产权工作还没有得到充分重视，没有真正提上重要日程，知识产权保护意识比较薄弱，知识产权管理系统、保护体系、服务体系以及政策激励机制还不健全，政策导向不够，专利管理和保护水平还较低，取得的具有关键技术和核心技术的自主知识产权较少，与日趋激烈的国际竞争需要不相适应，特别是与发达省份还有差距，笔者认为制约河北省知识产权发展的主要因素有以下几点。

1. 观念制约

全社会知识产权意识仍较薄弱，良好的知识产权社会环境有待进一步形成。由于受长期的计划经济体制、机制惯性的影响，一些企业知识产权意识薄弱，知识产权管理工作弱化。目前，仅有一些大中型企业真正认识到了保护知识产权的重要性，建立了专门的知识产权管理机构。绝大多数中小企业缺乏对知识产权的认识，无法将其与企业的有形资产共同关注。

许多地方党委和政府领导及部门管理人员对知识产权工作不了解，对知识产权在促进经济社会发展中的重大作用认识不到位，"重成果、轻专利""有创新、无产权"和"重眼前利益、轻长远发展"的现象还普遍存在。同时，对侵权行为的危害性，一些地方领导干部认识不够，存在严重的地方保护主义，这也影响了对知识产权的保护。

2.市场主体知识产权运用能力不强

专利是知识产权的核心，集中代表了知识产权的总体水平。而专利申请量是反映创新能力的"晴雨表"，是整个社会研发和创新活动的缩影，反映了科技创新的活跃程度。专利申请总量过少表明河北省创新活力不足、创新能力不强，这将直接制约河北省未来经济发展。

由于目前缺少专业的知识产权价值评估机构，导致一些企业对知识产权价值缺少全面认识，知识产权价值得不到充分体现；许多专利技术无法转化为现实生产力，产业化的专利技术的推广应用规模也不大；知识产权的经营战略和策略运用还不到位。一些企业没有专门的知识产权管理机构，而是由研发部门或管理部门兼任，工作人员对有关知识产权法律法规的知识了解较少，专业水平较低。如有的企业虽然在规章中对保密事项做出了规定，但在现实工作中并未与员工之间签订保密协议，从而导致商业秘密、专有技术被员工泄露或带走的事件经常发生，企业知识产权轻易流失。许多企业没有专门的商标档案制度，商标档案与其他档案合并管理。

3.多头分散管理，缺乏协调和预警机制

知识产权管理贯穿于知识产权的各个环节，涉及各行各业。在知识产权管理部门中，专利由国家知识产权局管理，商标由国家市场监督管理总局管理，版权由国家版权局管理，各职能部门分别管理包括进出口的知识产权、科技项目和成果、植物新品种、药品等许多行业和领域。正是由于分散的多头管理，缺乏有效的协调机制，在企业遇到困难时，信息不畅、沟通不及时等严重影响了问题的解决，往往会给企业造成重大的经济损失。

分散的管理体制也影响了知识产权资源的统筹与有效利用。重复设置知识产权协调机构，职责分工既有交叉又有空白，导致公共资源投向过于分散，无法合理统筹、形成合力。

4.经费投入明显不足

从经费投入上看，在知识产权投入方面，无论是在各级财政上还是在企业和科研单位上，用于推进知识产权工作的经费明显不足，许多知识产权工作因为经费不足而无法有效开展。知识产权与其他事业不同，它需要大量资金投入，周期较长，回报也不是立竿见影。正因为如此，许多企业没有足够的经费投入，也不愿投入，没有真正实现知识产权的资本化运作。

知识产权基层行政管理机构还不健全，管理人员少，执法手段弱，难以有效履行政府职能。各知识产权执法部门普遍缺乏执法办案所必需的取证设备、交通工具、通信手段，不能及时查封、扣押涉案材料，获得违法证据很难。

5. 运用专利制度开展自主创新能力低

有效利用专利文献，一方面可以对技术创新成果加以保护；另一方面通过查阅专利信息，了解各技术领域的最新技术发展方向和专利的法律状态，避免不必要的研究和开发投入，提高研发起点，避免引起不必要的法律争端和经济损失。但目前，河北省相关部门和企事业单位不善于运用专利文献开展技术创新，专利申请和保护没有被纳入技术创新的全过程，对《河北省专利保护条例》中有关申报应用的科研和新技术、新产品、高新技术产业化立项及政府科技进步奖项时应出具专利检索报告的规定没有得到充分贯彻，企事业单位在申报项目和研发过程中不重视知识产权法律状态检索，使许多研发项目进行低水平重复研究，造成人力、物力和财力等科技资源的巨大浪费。

6. 专业人才培养渠道不畅，各类知识产权管理和服务人才缺乏

目前，河北省知识产权相关部门和企事业单位懂技术、懂知识产权业务，能够从事知识产权管理和服务的人员极少，面对复杂的知识产权服务业务，河北省知识产权相关部门和企事业单位需要大批知识产权管理、代理、战略研究、评估、法律咨询、知识产权实务和诉讼人才。目前，河北省还没有相应的大学、学院设立该项专业，只是在各大学经济法课程中设置了知识产权法一项内容，对专利和知识产权人才的培养还处于管理部门的短期业务培训状态。因此，解决知识产权人才缺乏问题是河北省知识产权工作的一个重要课题。

（三）河北省发展知识产权战略的优势和意义

1. 河北省发展知识产权战略的优势

在看到河北省知识产权发展的差距和制约因素的同时，也应看到河北省加快知识产权战略发展的总体形势和优势条件。长期以来，河北省偏重型产业结构的特点一直未得到根本转变，加快河北省知识产权发展，必须

从河北省自身省情出发，实事求是，有的放矢，才能取得良好效果。

（1）世界范围内创新驱动作用明显，知识产权运用和保护国际化成为趋势

全球化时代，总的趋势就是随着全球范围内新一轮产业结构大调整，世界经济进入创新与新兴产业发展的加速成长期，创新驱动作用更加明显，知识产权运用和保护的国际化给我们带来巨大的压力和挑战。我国正处在全面建设社会主义现代化强国的关键时期，建设创新型国家，必然要求大力发展知识产权战略，主要体现在以下方面：一是加快经济发展方式转变和产业结构调整迫切需要知识产权工作发挥支撑转型、引领升级的重要作用；二是建设创新型国家迫切需要知识产权制度发挥激励创新、保障创新的重要作用；三是全面建成小康社会迫切需要知识产权发挥推动增长、改善民生的重要作用；四是推动文化大发展大繁荣迫切需要知识产权文化发挥重要的支撑作用。

在充分认识国际国内知识产权形势的同时，我们也必须结合河北省实际，认真分析知识产权工作在河北省经济社会发展大局中所处的地位和作用。首先，建设经济强省、和谐河北需要知识产权工作发挥更大作用。中国共产党河北省第八次代表大会提出了建设经济强省、和谐河北的战略目标，进一步明确"要实施科教兴省、人才强省战略，推动经济发展由过度依赖能源消耗向科技引领、创新驱动转变"。就知识产权工作而言，围绕实现这一总体战略目标，需要大力发挥知识产权在建设创新型河北进程的引导作用，要做到引领创新、支撑创新、保障创新、服务创新。其次，企业在市场竞争中的实际需要对知识产权工作提出了更高要求。在 2021 年的全省经济工作会议上，河北省委省政府再次提出，要一手抓优势产业，培育一批"行业巨人"，要一手抓强势企业，打造一批"航空母舰"。无论是培育优势企业，还是打造强势企业，都离不开科技创新，都需要在核心技术领域掌握自主知识产权。目前，河北省的一些重点企业、大型集团都十分重视知识产权工作，并主动运用知识产权这一战略性武器来赢得市场竞争，取得了可喜的成绩。总体而言，企业对知识产权内在需求不断增强，知识产权发展面临更高要求。

（2）河北省加快发展知识产权战略具有独特优势

从河北省的自身条件来讲，作为全国重要的资源大省、经济大省和环渤海开放省份，在加快发展知识产权战略方面，有着许多独特优势，蕴藏着巨大的发展潜力。

①经济发展优势

2020 年，河北省生产总值达到 36 206.9 亿元，比上年增长 3.9%。其中，第一产业增加值 3 880.1 亿元，增长 3.2%；第二产业增加值 13 597.2 亿元，增长 4.8%；第三产业增加值 18 729.6 亿元，增长 3.3%，产业比例由 2019 年的 10.1：38.3：51.6，调整为 10.7：37.6：51.7。战略性新兴产业迅速崛起，包括生物医药、电子信息、新能源、新材料等在内的新兴产业高速发展，高新技术产业增加值大幅增长，医药制造业增长 14.1%。河北省经济实力大幅提升，已经具备了知识产权快速发展的物质条件。

②地理区位优势

河北省拥有独特的自然地理条件，处于京津冀城市圈，拥有环渤海的天然地理位置，11 个区市兼有平原、丘陵、湖泊、海洋、盆地、高原、山地，且全部与外省市相邻。这些对河北省发展城镇化、合理布局生产力、充分利用各外部要素起着至关重要的作用。经国务院批准，上升为国家战略的河北沿海地区发展规划正在大力全面实施，沿海地区经济得到快速发展，2019 年，仅秦、唐、沧沿海地区的生产总值就占到了全省的 46.9%。对外开放步伐明显加快，实际利用外资和外贸出口年均分别增长 25% 和 21.8%。河北省对外交往和经济联系日益广泛，具备吸纳优秀发展经验，参与区域产业分工和协作的自然条件。

③资源优势

河北省拥有一批大型企业集团，其中河钢集团有限公司、冀中能源集团有限责任公司、开滦（集团）有限责任公司跻身世界 500 强行列。企业的科技创新能力不断提高，获得国家和省重大科技项目 500 多个，获得国家科技奖励 60 多项。在大力发展新兴产业的同时，一批污染严重的落后产能被逐步淘汰。2015 年至 2019 年，单位生产总值能耗下降 22%，与 2017 年相比，各种污染物的排放量均减少 4% 以上，节能减排成效明显，超额完成国家规定的任务。这些企业的快速发展为推动河北省知识产权战略的发展提供了内在动力。

2.河北省发展知识产权战略的意义

加快推进河北省知识产权战略发展将对河北省经济发展产生积极影响。按照河北省"十四五"规划，全省每万人口发明专利拥有量年均增长24%，高新技术产业增加值占生产总值的比重达到25%，产业技术创新能力明显增强，具有自主知识产权的技术和产品比重大幅增加。当前，河北省知识产权发展面临着重大战略机遇，如果"十四五"规划目标顺利实现，河北省知识产权事业将很可能从根本上彻底改变目前的经济格局，河北省经济实力、整体质量将实现跨越式发展。

（1）将进一步增强河北省经济实力

首先，将大大缩小与先进省市的差距。过去几年河北省与广东、江苏、山东等省市在农业、重工业制造等第一、二产业上的差距并不大，发展的主要差距在于科技引领的新一代知识产业。加快知识产权战略发展可以发挥河北省的优势和潜力，尽快缩小与广东、江苏、山东等省市的差距。其次，产业结构将进一步优化，实现"十四五"规划目标，将初步改变河北省知识产权发展滞后状态，使经济结构更趋协调，也将改变河北省目前基本依靠第一、二产业创造发展优势的状况，转变为依靠知识科技和现代制造业共同引领经济发展，形成第二、三产业共同推动经济增长的新局面。最后，发展知识产权战略将带动经济总量快速增长。

（2）推动经济增长方式的转变和经济运行质量的提高

从目前经济结构来看，河北省知识产权相对贡献率远远低于全省经济发展水平，"十三五"期间，河北省制造业信息化工作取得了显著成效，通过实施"十三五"制造业信息化科技工程，有效示范、带动和促进了河北省信息技术与传统工业的融合。河北钢铁、唐山三友、冀东水泥等33家企业入围中国企业信息化500强，河北省制造业企业的设计、制造周期平均缩短了30%，新产品贡献率提高到50%以上。

（3）推动资源节约型和环境友好型社会建设

多年以来，河北省偏重型产业结构的特点一直未得到根本转变。河北省发展迅速的行业多为冶金、医药、化工等，这些行业对资源的依赖性较高，无形中加大了能源的需求压力。同时，由于一些资源出现短缺现象，相关的工业品成本必然随之提高，导致企业效益大幅下降。如此下去，全省的经济发展将付出资源和环境的双重代价。大力发展知识产权战略可以有效改变这种被动局面，减轻资源和环境的压力。

发展知识产权战略是建设创新型河北、提高河北省综合实力的必然选择。虽然河北省在经济发展过程中取得了一定的成绩，但这些成绩多是依靠传统的发展模式和经济增长方式取得的，在知识产权时代，这一模式显然已经难以继续。同时，受环境、资源、人才等各方面因素的制约，河北省的发展面临前所未有的阻力。目前，河北省经济已经进入到必须依靠自主创新才能加快发展的新阶段，加快转变经济发展方式已经成为当务之急，首要任务就是要在科技创新的大前提下进行内生增长、创新驱动、科学发展。这就要求各有关部门要加大科研投入，构建完善的配套制度和激励机制，以创新带动发展。

第六章　河北省医药产业技术创新途径

河北省医药产业虽然在技术上有了一定的积累，但是由于河北省的医药产业多年来一直依靠规模优势，药品的生产主要以仿制为主，所以现在仍存在产品的技术含量低、附加值低、品种少、剂型老、缺乏国际竞争力等问题。同时，知识经济时代的来临又给河北省医药产业的发展带来了难得的机遇。如何依靠技术创新促进河北省医药产业的发展，进而融入国际竞争中去，是我们迫切需要解决的问题。所以，只有合理、有效地利用各种资源，通过医药产业创新系统推动医药产业的技术创新，进而将原有的规模优势转化为先进的技术优势，河北省医药产业才有可能面对日趋激烈的全球化竞争，也才能获得可持续发展，从而进一步提高河北省医药产业在全国乃至在世界医药产业中的地位。

本章首先探讨生物医药技术创新的基本特征和趋势；其次剖析河北省医药产业技术创新的问题，并针对存在的问题提出提高河北省医药产业技术创新能力的建设性意见与对策；最后，以秦皇岛市康泰医学系统有限公司和华药集团为例，分析河北省创新型医药企业的发展模式。

一、生物医药技术创新的基本特征和趋势

（一）医药技术创新特征

1.医药技术创新的高成本性

纸张和油墨的开销不能决定一部小说的成本，手术的费用与手术刀、止血钳的价格没有太大关系，同样，药品的成本也不能以制造这种药的原料的费用来衡量，医药技术创新是一项成本极高的活动。

新药从确定靶标、建立模型、广泛筛选、构效评价、药理测试、毒理测试、

动物实验、稳定性试验到临床 I 期试验、新药申请、注册上市等一系列过程，每一个环节都需要投入大量的资金。从 20 世纪 70 年代至今的几十年中，成功研发一个新药的成本呈现出明显增加的趋势。有关资料表明，1975 年研发一个新药大约需要 1.38 亿美元，1987 年增加到 3.18 亿美元，而到 21 世纪初，这一数字迅速地攀升到 8.02 亿美元。2016 年，美国 Tufts 药物开发研究中心（CSDD）对生物药的开发成本进行了测算，计入研发失败的药物成本以及推出新药上市的时间价值，开发一个药物平均耗资 12 亿美元。美国国会预算办公室称，生物医药产业是美国研发最密集的产业之一，医药企业的平均研发投入是其他企业平均投入的 5 倍以上。2019 年，美国生物医药产业的研发投入为 653 亿美元，美国药品研究和制造商协会（PhRMA）成员的研发投入为 458 亿美元，分别比五年前增长了 23.8% 和 37.2%。

医药技术创新的高成本性还表现在医药技术创新的高风险上。在新药研发的各个阶段都面临着化合物被淘汰或项目失败的风险，即使药物最终通过新药申请顺利上市，那也只是另一种风险的开始，十个新药中仅有三个的销售收益能够弥补或者超过平均研发成本。

2. 医药技术创新的成果评价反馈滞后

技术创新是从创新构想的产生，经过研究、开发、制造，到市场销售整个过程一系列活动的总和。技术创新领域的研究者一般认为，技术创新的主要推动力来自两个方面：一方面是科技技术的发展，另一方面是社会和市场的需求。20 世纪 60 年代中期，人们通过对大量技术创新的实证分析和研究发现，有 60% 到 80% 的创新是市场需求和生产需要所激发的。1982 年，麻省理工学院教授唐·马奎斯（Don Marquis）的研究再次证明了这一结论。他分析了美国 500 多个成功的技术创新项目，发现市场需求和生产需要对技术创新的推动力远比技术发展的推动力大得多。可见，成功的技术创新需要研究开发活动与市场接受和消费者认可紧密联系。如今，在技术创新过程中，随时了解客户的需求特性及变化，及时进行阶段性评估和信息反馈成为降低技术创新风险的有力手段。这种实时的客户参与技术创新评价和反馈，在诸多产业的技术创新活动中作用明显，客户的许多创意、也许并不完美的新设计、使用过程中的小改小革以及使用领域的延伸为企业开发新产品、改进老产品提供了无穷无尽的智慧源泉。例如，美国杜邦公司发明尼龙后，起初是用于制作降落伞，但其"生命力"微弱，在顾客的启发下，尼龙的使用领域大大扩展，从军用扩展到人们生活的许多方面。然而，在生物医药产业的技术创新活动中，我们却几乎无法看到客户直接参与技术创新成果评价和信息反馈的现象。医药技术创新的成果需要作用于人体，它将影响人们的生命与健康，并且这种影响是不可逆转的。没有经过毒理、药理和稳定性测试的化学物质不能提供给患者试服，没有经过动物实验的药物有效成分不能作用于人体，这就使得患者不可能对医药技术创新的阶段性成果进行评价和信息反馈。在整个医药创新的过程中，只有在临床研究的第 I 到 III 期，消费者会在严格的筛选和各种规定的制约下参与研发活动，三期总共参加的人数也不过三四千人，并且参与过程历时较长、安全保障措施的代价高昂。这一方面使反馈信息的统计意义较弱且时间滞后，另一方面又导致了医药技术创新成本的增加。

3. 医药技术创新中政府作用和地位显著

研发投入是反映技术创新能力的最重要指标之一，也是开展研发活动的重要基础条件。生物医药产业的新药研发中，政府是基础研究、重大关键技术、共性技术等研发活动的主要资助者，对医药技术创新起到了巨大的推动作用。美国药品研究和制造商协会的医药创新项目 Innovation 对以该成员为代表的产业力量和以国立卫生研究院为代表的政府力量在医药技术创新中的投入进行了分析，发现政府在医药技术创新中的投入占总社会投入的三分之一左右，这一比重远远高于其他产业。同时，政府资金投入的重点主要集中在疾病机理的基础研究领域，这一领域是生物医药产业研发新药的基础，是"金字塔"的底部。而私人部门的研发投入虽然高于政府投入，但是主要集中在临床研究阶段，基础研究投入较少，投入态势呈倒金字塔型。除美国外，世界各国政府对医药技术创新的资金投入都十分巨大，成为新药研发的普遍现象。英国政府从 2018 年到 2020 年向英国医学研究理事会拨款 20 亿英镑用于资助临床医学和公共卫生领域的研究，占科学基金总预算的 20%，年增长率是英国七个研究理事会中增长最快的一个；法国 2020 年财政支出中，生物医药与卫生健康领域的投入在国家科技投入中的比例最高，达到 10.52 亿欧元；从 2017 年到 2021 年，日本政府的科技预算经费逐年减少，然而，用于生命科学和医药领域的预算经费却呈现逐年增加的趋势，2021 年达到了 1 193 亿日元，主要用于癌症、靶向蛋白质、新发和再发传染病等的研究。

医药技术创新中政府的显著地位还体现在其对研发过程严格的行政管制。电子信息、新材料、新能源、海洋、航空航天、节能环保等产业同生物医药产业一样，都是技术密集型产业，对技术创新的依赖性极高、研发投入的资金巨大。然而，这些产业中无论哪种技术创新活动都不会涉及非常严格的政府行政管制，企业大都可以在一些产业、技术标准的框架内自由地开展新产品研发，自己评定产品的优劣。例如，新型微处理器主频的高低和缓存容量的大小、新型耐高温材料性能的好坏等都不需要政府的评定，即使是开发新型的民用客机等关乎人身安全的技术创新，政府对其也缺乏非常严厉的行政管制。然而，生物医药产业却截然不同，药品不仅关系到个体生命，其市场表现对于整个社会的稳定、人民的健康又具有非常重要的意义，政府极大程度上的干预成为必然。在生物医药领域，政府对技术创新制定了严密、苛刻的管理措施，如对新药临床前研究、临床研究、变更批准事项等各种申请都需要进行严格的审核批准，明确地规定诸如药理、毒理、稳定性等方面的各项标准，这在其他产业中是十分罕见的。

4.生物医药技术创新的路径依赖与标准控制较弱

"温特尔"（Wintel）是根据 Windows 和 Intel 生造的词，指的是微软的视窗操作系统和英特尔的处理器之间的联盟。温特尔的实质是产业围绕着一个产品标准 Windows+Intel 进行生产组织，标准的控制者通过"游戏规则"的制定和贯彻左右着整个产业的发展，其他新产品的生产都要符合这种游戏的规则。IBM 出售其个人电脑业务从某种方面提醒我们，哪怕是首创了产业内最重要的商用产品，如果不遵循一定的路径和产业中的主流标准，那么在产业中的地位也只能是昙花一现。今天，温特尔主义在全球大行其道，许多产品的生产往往都在核心技术的选择上具有相似性，除了个人电脑以外，移动电话也是如此。尽管不同移动电话的功能可能不尽相同，但是在其实现基本的语音或数据传输上却必然都涉及相同的芯片功能和技术指标参数。然而，与其他产业技术创新中的标准控制不同，医药技术创新中不存在温特尔现象。目前，全球的疾病治疗领域主要集中在抗肿瘤、调脂、呼吸系统、抗糖尿病和抗溃疡等 20 个类别左右。虽然每一类药品都是针对特定的治疗领域的，但是在研发具有同种治疗作用的药物时，由于不同化学物质作用机理不同，所以，新药研发的实现路径往往有多种。例如，奥美拉唑、兰索拉唑、泮托拉唑等均可通过抑制 H^+/K^+ - ATP 酶的活性阻断由任何刺激引起的胃酸分泌。奥美拉唑是一种单烷氧基吡啶化合物，与 H^+/K^+ - ATP 酶有 2 个结合部位；兰索拉唑因在吡啶环 4 位侧链导入氟，有三氟乙氧基取代基，可作用于 H^+/K^+ - ATP 酶的 3 个部位；泮托拉唑为合成的二烷氧基吡啶化合物，在吡啶环 4 位上去甲基并与硫酸盐结合，与 H^+/K^+ - ATP 酶第 5、6 节段的半胱氨酸作用。奥美拉唑 1987 年在瑞典上市，兰索拉唑 1992 年在法国首先上市，而后德国研制的泮托拉唑在南非上市，如今，它们都是市场上常见的治疗胃溃疡的药物。市场上针对某一疾病的不同药品，尽管在治疗领域上是相同的，但药物的作用机理、疗效等是存在差别的，药物研发的路径也是多样的。

5. 医药技术创新是综合的复杂系统工程

医药技术创新针对的是疾病，而疾病是一种生命现象，它具有新陈代谢、生长、遗传和变异的特征，都能适应一定的环境，也能影响环境，其存在和进化是极其智能的。以人们熟悉的流行性感冒为例，流感病毒的病原体分为甲、乙、丙三型，甲型流感病毒的抗原性极易发生变异，曾经多次引起世界性大流行。掌握疾病这种智能性的复杂生命现象的变化规律是医药技术创新的基础和出发点，药品要使疾病适应人类的体内与体外环境，得到良好的抑制，而另一方面又要应对疾病由于变异或对环境的适应而带来的新问题。为了创造性地解决不断出现的各种危机，人们必须依赖化学、分子生物学、物理化学、微生物学、生理学、病毒学、遗传学、物理学等多个学科领域的技术和知识积累掌握疾病这种生命现象的规律，从而提出有效的应对办法。同时，由于药品具有极强的社会属性，关系到人类的延续与社会的和谐，因此，方方面面的社会力量介入到药品研发活动中。政府行政管制、国家医疗保障体系、社会伦理和环境保护的问题等因素都对药品研发产生影响，医药技术创新活动是产业内外众多部门参与的综合系统工程。

（二）当代生物医药技术创新的趋势

1.医药技术创新的热点集中在生物技术领域

当前对生物医药产业的技术创新起到重大影响的战略技术主要有结构生物学技术、药物基因组技术、代谢组学技术、纳米技术、生物信息学技术、成像技术、新型给药系统技术和高通量筛选技术等。虽然这些技术有些还处于大规模基础研究和开发研究的早期阶段，但是已经成为各国、各大公司的战略竞争热点。未来制药业的战略产品主要集中在单克隆抗体、重组蛋白、疫苗、基因治疗、治疗性核酸药物、生物诊断等生物药方面，由于巨大的市场需求，产品热点主要是治疗贫血、类风湿性关节炎、肿瘤、糖尿病、血液病和溃疡等疾病的创新药物。

2.发达国家主导全球医药技术创新

欧美等少数发达国家的生物医药产业在 19 世纪末就有了较大的发展，经历了一个多世纪后，拥有了成熟的产业和强大的技术创新能力，在药物研发所需要的知识、人才、资金以及创新要素的组合方面均占据了世界领先地位。全球大部分新分子结构实体由美国、欧洲和日本等国家和地区开发，发展中国家的数量极少。

3.医药技术创新的战略性凸显

由于医药技术创新的重要社会价值及其对生物医药产业的极大支撑作用，各国政府越来越重视医药技术创新能力的提高，不断从国家战略层面提出创新的计划和策略。

美国把医药技术创新作为提升国家生物医药产业竞争力的源泉，积极鼓励和支持药品研发，政府专门成立生物技术委员会，跟踪生物及医药技术的发展，研究相关财政预算和管理法规。为了提高新药研发效率，FDA于 2004 年启动了医药新产品关键路径计划，并提出关键路径列表，明确六个关键的发展机会，包括开发更好的评价工具、充分利用生物信息学、规模化生产、关注高危人群等主要内容。美国还对影响国民健康的重大疾病制定专门的新药研发指南，发布了《糖尿病治疗药物与生物制剂开发指南》《异源胰岛细胞产品开发指南》等，给予治疗糖尿病、癌症等疾病的新药研发指导。欧洲创新药物计划是在新药开发难度加大、现有药品专利保护即将到期的形势下由欧洲制药行业与协会联盟联合欧盟委员会于 2003 年提出的。创新药物计划的目标是将基因组学、生物信息学等应用到医药技术创新领域，提高新药研发效率，在提高创新能力的同时，使欧洲成为世界生物医药产业的领导者，并最终使病人和社会受益。

发展中国家虽然在新药研发能力上与发达国家差距较大，但其对医药技术创新的重视程度丝毫不逊于欧美强国。印度2015年发布的《印度未来十年生物科技战略发展计划》，制定了包括预防和治疗性医学生物技术、再生医学和基因组学医学、诊断生物技术、临床生物技术等在内的各领域的战略路线图。中国的医药技术创新规划表现出国家战略与产业发展计划、具体创新项目相呼应的特点，如《国家中长期科学和技术发展规划纲要（2006—2020年）》提出支持创新药物发展、《医药行业"十一五"发展指导意见》提出了医药技术创新的具体目标、2008年重大新药创制国家科技重大专项明确了具体的支持领域和课题。

笔者梳理了2006—2021年我国国家层面和省市级别的生物医药产业政策，从中可以看出我国对医药产业技术创新的重视程度与支持力度。

（1）生物医药产业纳入国家发展战略层次

2006年印发的《国家中长期科学和技术发展规划纲要（2006—2020年）》将加强生物技术应用、产品研发和重大疾病防治列入科技工作的五项战略重点和八大发展目标之中。

2008年，国家开启重大新药创制国家科技重大专项，针对满足居民用药需求和发展医药产业的目标，提出研制创新药物、改造药物大品种、完善技术平台、构建国家药物创新体系。

2009年，国务院办公厅印发了《促进生物产业加快发展的若干政策》（国办发〔2009〕45号），将生物医药作为重点发展领域，要求加速产业规模化、集聚化和国际化发展。这一文件成为各省市制定各自产业政策的主要参照。

2010年，《国务院关于加快培育和发展战略性新兴产业的决定》（国发〔2010〕32号）正式发布。这一文件对生物产业提出的发展目标是"到2020年成为国民经济的先导产业"。同年，《2010—2015年生物医药产业振兴规划》确定了基因药物等作为"十二五"期间生物医药产业发展的重点方向。

2011年，科技部印发了《"十二五"生物技术发展规划》，再次提出生物医药产业是国家重点发展领域。生物医药正式迈步到国家发展战略的层面。

2015年，国务院印发《中国制造2025》，也包含对生物医药领域创新发展的重点关注，这一计划将生物医药作为重点突破的发展领域。

2016年，国务院印发的《"十三五"国家战略性新兴产业发展规划》提出建设健康中国，生物医药作为战略前沿重点突破领域，其重要性可想而知。

2016年，国家发展和改革委员会印发的《"十三五"生物产业发展规划》重申了生物医药产业的战略地位，提出了构建生物医药新体系的观点。

（2）省市级别的生物医药产业政策

在国家层面的政策指导下，兼顾各地区发展现状的差异性，各省市制定了本级的产业政策。

北京市在2010年实施北京生物医药产业跨越发展工程（G20工程），旨在通过政府引导、市场选择、聚焦企业、规模发展等手段，推动产业的战略转变和跨越式发展，使其成为战略性新兴支柱产业。

2014年，上海市发布了《上海市生物医药产业发展行动计划（2014—2017年）》和《关于促进上海生物医药产业发展的若干政策制定（2014版）》，提出了增强产业创新能力，营造产业创新发展的政策环境，推动产业规模化、集群化、国际化的发展思路和重点发展医药商业和研发服务外包业的发展途径。

2008年，天津市发布了《京津冀生物医药产业化示范区优惠政策》，提出在滨海新区建立产业化示范区，通过人才引进、金融支持、项目支持等手段，推进示范区的研发转化和产业发展。

2010年，江苏省制定了《江苏省生物技术和新医药产业发展规划纲要（2009—2012年）》，明确了江苏省生物技术和医药产业发展的主要目标，并提出了壮大自主研发、优化产业布局、发展医药外包和药品物流等重点任务。

山东省2009年发布的《山东省医药工业调整振兴指导意见（2009—2011年）》、2010年发布的《关于促进新医药产业加快发展的若干政策》以及2016年发布的《关于进一步促进生物医药产业发展的意见》等一系列文件,对生物医药产业提供了发展专项基金、税收优惠、土地优惠、创新成果奖励等措施。

其他省市也制定了各自相关的产业政策,主要的发展思路和途径大都类似,暂不一一说明。

4. 跨国企业在医药技术创新中的地位突出

企业是技术创新的主体。第二次世界大战后的许多生物医药企业,逐步从大规模的生产型转变成以技术创新为基础的研发型企业,在经过了多次重组和并购后,如今,这些企业规模巨大、实力雄厚,以新药研发为企业的核心战略,通过全球化经营,形成巨额研发投入—创新药品—巨额利润—巨额研发投入的良性循环,在全球医药技术创新中的地位十分突出。

一方面,跨国医药企业投入巨资进行新药研发,成为推动生物医药产业向前发展的引擎。默克、辉瑞、百时美施贵宝、礼来等全球最著名的跨国医药企业每年都将其销售收入的16%到18%,甚至更高比例的资金直接投入到新药的研发中去。

另一方面,跨国医药企业创新产出居于高端地位,主导着全球医药技术创新的方向。全球生物医药领域里程碑式的技术创新突破几乎都是由跨国医药企业所创造:百时美施贵宝公司研发的用于治疗高血压和充血性心力衰竭的药物卡托普利是全球第一个血管紧张素转换酶抑制剂(ACEI类药物),卡托普利的产生带来了ACEI类药物的迅猛发展;默克推出全球首个他汀类药物洛伐他汀后,参与高脂血症市场中竞争的他汀类药物越来越多;罗氏制药的阿瓦斯汀是世界上首个以切断肿瘤细胞的血液供应而发挥作用的癌症治疗药物;默克公司研发的宫颈癌疫苗加德西是人类历史上第一种防治癌症的疫苗。

5. 网络化合作成为医药技术创新的发展趋势

从当前生物医药产业的发展形势来看,产业正面临前所未有的压力。新药研究开发的成本不断增加,而获批上市的新药数量却逐年递减,研发效率下降。医疗保健成本控制趋势更加明显,政府降价的压力持续增加。大量重磅炸弹药物的专利保护到期,仿制药市场对专利药市场的发展造成较大影响,药品安全性问题频频出现。为了降低研发成本、提高研发效率,从而保证企业利润,很多医药企业加快调整研发体系,改变创新模式,通过建立研发合作网络强化自己的市场地位。全球领先的生物医药公司大都已经或者正在进行研发结构重整，更加倚重于公司外部的战略合作伙伴、学术机构和外部专家网络，实施更加集中、简化的全球合作研发。礼来公司为了适应生物医药产业日益变化的外界环境，开展了一系列变革，其中重要的一项内容就是从自主研发转向合作研发。据统计，当前合同研究组织（CRO）承担了美国市场将近三分之一的新药研发的组织工作，在所有的临床Ⅱ期和临床Ⅲ期试验中，有CRO参与的占三分之二，全球合同研究市场规模以每年20%左右的速度增长。合同研究组织依靠自身的网络和专业化服务，为制药企业节省了大量的新药研发成本，缩短了研发周期，大幅提升了医药技术创新的效率。

二、提高河北省医药产业技术创新能力的对策

（一）河北省医药产业技术创新现状

1.创新技术基础

创新技术基础，正如其字面意义，是进行技术创新的基础，在这方面的投入显示了行业进行技术创新的基本功，也反映了行业对技术创新的重视程度。

（1）有研发机构的企业数

从整体趋势上看，有研发机构的企业从2007年的19个增加到了2021年的65个。相比2021年全国27个省（除台湾地区之外的其他27个省，下同）医药制造业有研发机构的企业数平均为96个，河北省医药制造业有研发机构的企业数略低。

（2）研发机构人员数

2007年河北省医药制造业研发机构人员数为2 326人，接下来的几年里人员数一直稳定上升，到2021年达到了3 762人。2021年全国医药制造业研发机构人员数平均为2 591人，河北省医药制造业研发机构人员数明显高于全国平均水平。

（3）研发机构经费支出

2007年河北省医药制造业研发机构经费支出为23 105万元，接下来的

几年里研发机构经费支出一直稳定上升，到 2021 年达到了 75 845 万元。2021 年全国医药制造业研发机构经费支出平均为 55 825 万元，河北省医药制造业研发机构经费支出明显高于全国平均水平。

（4）研发机构仪器设备支出

2007 年河北省医药制造业研发机构仪器设备支出为 14 530 万元，接下来的几年里研发机构仪器设备支出一直稳定上升，到 2021 年达到了 93 825 万元。2021 年全国医药制造业研发机构仪器设备支出平均为 66 836 万元，河北省医药制造业研发机构仪器设备支出明显高于全国平均水平。

2. 创新投入力度

创新投入力度主要从 R&D 人员数、R&D 经费内部支出、R&D 仪器设备支出、新产品开发经费四个方面进行分析。

（1）R&D 人员数

2007 年河北省医药制造业 R&D 人员数为 4 867 人，2008 年 R&D 人员数突增到 5 532 人，接下来的几年里 R&D 人员数有所下降，但 2021 年 R&D 人员数又一次突增到 7 591 人。2021 年全国医药制造业 R&D 人员数平均为 5 741 人，河北省医药制造业 R&D 人员数明显高于全国平均水平。

（2）R&D 经费内部支出

2007 年河北省医药制造业 R&D 经费内部支出为 25 509 万元，接下来的几年里 R&D 经费内部支出一直稳定上升，到 2021 年达到了 84 877 万元。2021 年全国医药制造业 R&D 经费内部支出平均为 63 327 万元，河北省医药制造业 R&D 经费内部支出明显高于全国平均水平。

（3）R&D 仪器设备支出

2007 年河北省医药制造业 R&D 仪器设备支出为 10 064 万元，接下来的几年里 R&D 仪器设备支出一直稳定上升，到 2021 年达到了 16 138 万元。2021 年全国医药制造业 R&D 仪器设备支出平均为 9 609 万元，河北省医药制造业 R&D 仪器设备支出明显高于全国平均水平。

（4）新产品开发经费

2007 年河北省医药制造业新产品开发经费为 28 431 万元，2008 年新产品开发经费略有降低，接下来的几年里呈现猛增趋势，到 2021 年河北省医药制造业新产品开发经费增至 74 197 万元，全国医药制造业新产品开发经费平均为 70 547 万元，河北省医药制造业新产品开发经费略高于全国平均水平。

3. 技术扩散能力

技术扩散能力要素从技术引进经费支出、技术消化吸收经费支出、购买国内技术经费支出、技术改造经费支出四个方面进行分析。

（1）技术引进经费支出

2007 年河北省医药制造业技术引进经费支出为 617 万元，2008 年有所降低，接下来的几年里技术引进经费支出一直稳定上升，到 2021 年达到了 6 122 万元。2021 年全国医药制造业技术引进经费支出平均为 9 547 万元，河北省医药制造业技术引进经费支出明显低于全国平均水平。

（2）技术消化吸收经费支出

2007 年河北省医药制造业技术消化吸收经费支出为 694 万元，接下来的两年里技术消化吸收经费支出一直稳定上升，2009 年达到了 1 713 万元，虽然 2010 年降至了 1 265 万元，但 2021 年达到了 9 785 万元，创下了新高。2021 年全国医药制造业技术消化吸收经费支出平均为 8 663 万元，河北省医药制造业技术消化吸收经费支出略高于全国平均水平。

（3）购买国内技术经费支出

2007 年河北省医药制造业购买国内技术经费支出为 1 454 万元，接下来的两年里购买国内技术经费支出一直稳定上升，2009 年达到了 3 834 万元，虽然 2010 年降至了 1 787 万元，但 2021 年又达到了 7 834 万元。2021 年全国医药制造业购买国内技术经费支出平均为 5 701 万元，河北省医药制造业购买国内技术经费支出高于全国平均水平。

（4）技术改造经费支出

2007 年河北省医药制造业技术改造经费支出为 19 285 万元，2008 年增加到 27 449 万元，2009 年又回落到 16 333 万元，2020 年增加至 41 866 万元，2021 年达到 61 114 万元。2021 年全国医药制造业技术改造经费支出平均为 85 896 万元，河北省医药制造业技术改造经费支出略低于全国平均水平。

4. 创新产出

创新支出包括新产品产值、新产品出口收入、专利申请数以及拥有发明专利数四个要素。

（1）新产品产值

2007 年河北省医药制造业新产品开发经费为 321 515 万元，2008 年新产品产值略有降低，随后几年呈现稳定增长趋势，到 2021 年河北省医药制造业新产品产值增至 1 412 197 万元。全国医药制造业新产品产值平均为 1 837 777 万元，河北省医药制造业新产品产值低于全国平均水平。

（2）新产品出口收入

2007 年河北省医药制造业新产品出口收入为 31 763 万元，随后几年呈现稳定增长趋势，到 2021 年河北省医药制造业新产品出口收入增至 368 454 万元，全国医药制造业新产品出口收入平均为 457 427 万元，河北省医药制造业新产品出口收入明显低于全国平均水平。

（3）专利申请数

2007 年河北省医药制造业专利申请数为 106 个，接下来的两年里专利申请数一直稳定上升，2009 年达到 229 个，2021 年达到 569 个，创下了新高。2021 年全国医药制造业专利申请数平均为 702 个，河北省医药制造业专利申请数低于全国平均水平。

（4）拥有发明专利数

2007 年河北省医药制造业拥有发明专利数为 103 个，接下来的两年里拥有发明专利数一直稳定上升，2009 年达到 360 个，2021 年达到 795 个，创下了新高。2021 年全国医药制造业拥有发明专利数平均为 591 个，河北省医药制造业拥有发明专利数高于全国平均水平。

（二）河北省医药产业技术创新存在的问题

通过分析河北省医药制造业技术创新现状在创新技术基础、创新投入力度、技术扩散能力、创新产出四个方面的表现，笔者认为河北省医药制造业技术创新存在两个主要问题。

1. 创新能力整体水平不高

河北省医药制造业技术创新在创新产出方面基本都低于全国平均水平，只有在拥有发明专利数方面暂时高于全国平均水平，但是基于专利申请数低于全国平均水平，这项指标能否继续高于全国平均水平还是个未知数。河北省医药制造业技术创新的创新产出方面，只是跟全国平均水平比较都已经处于劣势状态，更无法与山东、江苏、浙江等制药强省相比较。在其他三个方面，河北省医药制造业技术创新能力的表现相比全国平均水平基本都能处于一定的优势，但这也只是在与全国平均水平的比较。

2.投入与产出不成比例

从投入的三个方面（即创新技术基础、创新投入力度、技术扩散能力）看，河北省医药制造业技术创新能力在与全国平均水平相比较的过程中，均处于优势，但从产出方面（即创新产出）看，河北省医药制造业技术创新能力在四项指标中有三项指标低于全国平均水平。河北省医药制造业技术创新能力方面存在投入冗余的情况。

河北省医药制造业除了投入存在冗余问题外，投入结构上也不太合理。在投入方面主要存在以下问题。第一，在技术引进方面投入多，自主研发投入方面少。这种不重视提高自身的技术创新能力，而寄希望于技术的引进来提高整体技术水平方式，显然不利于医药制造技术创新能力的提高，通过对河北省医药制造业技术创新能力的纵向分析，也证明了这种方式的不合理。第二，技术引进经费投入多，消化吸收经费支出少。这种只注重引进而不注重吸收的方式，只会造成只有模仿而没有形成自身的技术创新能力。消化吸收经费支出少会造成引进的技术没有消化吸收，从而造成了投入的浪费。

（三）提高河北省医药制造业技术创新能力的对策

生物医药产业已被列为我国重点培育的战略性新兴产业，在科技日益发达的今天，将对国家经济结构、国家技术实力、国家整体竞争力产生重要的影响，河北省生物医药产业对于河北省经济的带动作用，对于发挥河北省本土资源优势，优化河北省经济结构也具有重要意义，而作为高技术密集型产业，想要获得最终等级的跃升必须有强大的技术创新能力做踏板，笔者就如何提升河北省生物医药产业的技术创新水平，实现整个河北省生物医药产业的创新发展提出了一些建议，具体如下。

1.改革政府管理方式

生物医药产业技术创新实力提升的过程，除了需要企业之间的竞争合作、能力互补，高等院校和科研机构的智力支持，资源整合之外，还有一个必不可少的条件就是政府部门的扶持和管理。政府相关部门在维护和完善生物医药产业集群，协调产业集群内部系统运作和资源调配方面具有重要作用。除此之外，生物医药产业还是一个准入门槛较高的产业，具有较多的行业标准，更是涉及了众多的政策法规，尤其是其产品与民众的健康水平息息相关，由此决定了政府必须加强对生物医药产业的管理，完善产业政策，健全行业法规，对产业的准入条件、产品上市条件、产业运作条件进行明确的规定和说明，尤其是对产业技术标准方面的管理十分重要，不仅要对标准体系进行维护和汇总，还需要对专利制度进行修缮和补充，更要设立相应的专项基金，用于技术研发资助，鼓励标准的形成，从而推动整个产业的有序化发展。要提高生物医药产业技术创新水平，首先要打破原有部门壁垒与条块分割的管理模式，彻底解决产业融合度不足的根源性问题，建立大生物医药产业的观念，从组织体制的建立、指标体系的确立、产业体系的建立、具体项目的实施到产业优惠政策的确定，整体构建协调发展的管理机制。

（1）组织体制的建立

要建立协调统一的生物医药管理体制，彻底解决以往政府管理职能分散、多头管理的局面。积极拓宽职能，把生物医药产业管理加入省医药产业发展推进组的管理职能范围内，成立省生物医药产业发展推进组。在省生物医药产业发展推进组的协调管理下，实行政府统筹管理，统筹出政策，做到统一规划、统一准入、统一监管，实现有序、高效推进生物医药资源整合和优化配置。

（2）构造产业发展统计指标体系

河北省政府要构建起科学统一、权威规范、全面有效的全省生物医药产业统计指标体系，各主管部门应当结合工作实际，有计划、有步骤地组织试行。构建起科学可行、有效的生物医药产业统计指标数据库，对各地方搜集到的相关的数据信息进行整理、储存和分析，为日后的技术创新积累经验，提供指南。除此之外，还要与中介平台的数据网络实现云共享，保证数据信息的对称性，提供便捷的服务、查询功能，支持多元数据分析，为相关部门的数据搜集和分析决策提供依据。

（3）产业体系的规划

按照生物医药产业的技术联系和经济联系，科学构造河北省生物医药产业的产业链、产业集聚和产业支撑系统，实现高度融合。充分利用河北省丰富的医药资源和生态资源，以河北省雄厚的医药工业为基础，保障产业之间的平衡发展，从根本上推动全省生物医药产业的发展。

（4）加强项目组织

发展生物医药产业要加大力度进行招商引资、财政投入和基础性龙头性工程项目的建设。要建立全行业的系统规划，搭建行业的基础构架，充分发挥河北省医药资源优势，开发多样化的生物医药产业重点服务项目。

2.改革政府投融资体制

河北省应该充分利用好资本市场来推动生物医药产业的发展。首先，必须注重融资平台的投资建设，拓宽各生物医药企业的融资渠道，降低政府干预力度，营造更为轻松活跃的投资、融资市场氛围，鼓励社会各方对生物医药产业投资，作为生物医药企业的技术研发资金，尤其是鼓励风险投资机制的形成，弥补河北省在这一制度方面的短板。其次，在对投融资体制改革的过程中，政府可以以第三方的角色加入投资行列，作为股权投资方之一参与产业和市场的运作。最后还要鼓励相关金融机构和专业化团队的形成，主要负责投资基金的管理工作。

（1）设立股权投资基金

设立股权投资基金的母基金。在政府的支持下，整合各项资源，集中作为股权投资基金的母基金。在此基础上，以母基金为根基，整合社会各类投资，建立新的子基金，各子基金内部独立运行决策，为投资者提供更多的选择，带动整个社会的投资规模，发挥指导和杠杆作用。

根据河北省生物医药产业优势发展方向和总体规划，合理布局母基金，引导股权投资基金的产业投向。例如，可以根据河北省生物医药产业发展战略规划，实现开放式融资，让建设在海外市场的经济实体进行股权投资，从而引导子基金的流向，让专项基金能够为生物医药产业的建设提供更大的助力。

（2）建立规范化运营机制

第一，建立公司法人治理结构。企业是生物医药产业发展的核心力量，企业只有拥有健全的管理机制和组织结构，才能保证内部系统的高效运作，才能真正意义上提升技术创新水平。目前河北省生物医药企业的规模都偏于中小型，在管理结构上还不完善，很多企业的部门职能都划分不清，严重影响了产业的良性发展和企业间的合作交流与技术扩散，为此必须规范生物医药企业的管理结构。让生物医药企业进行国有化改制，建立科学的法人治理结构，划分董事会、监事会等重要部门职能，理清不同职位的不同职责，保证企业的高效运行。

第二，建立平台资金运行机制。由专业的融资平台对生物医药产业的风险投资和筹融资进行统一调配和管理，提高管理效率的同时，也在一定程度上避免了权责不清的问题。由生物医药产业投融资平台企业对相关项目进行投资，以增加生物医药产业投融资平台企业现金流。

第三，建立风险分担与偿债保障机制。信用担保是推动生物医药产业发展、增加就业、扩大企业规模必不可少的机制，但我国长期以来的产业风气和企业管理者素质偏低导致信用担保制度存在很大风险。河北省生物医药企业多数为中小规模的企业，这类企业一方面管理者的管理水平和素质并不高，另一方面对信用担保、社会融资概念性较差，因此，导致信用担保机构承担了过多的风险，结果造成双方都不便捷。因此，必须建立完善风险分担和偿债保障机制，形成银行贷款"借、用、管、还"一体化长效风险分担与偿债保障机制。偿债主体是项目企业，先由项目企业编制债务偿还计划，有计划地进行还本付息。

第四，建立资本退出机制。一切产业都具有生命周期，经历了旺盛的快速增长时期，最终也会进入到衰退期，而风投企业进行风险投资最终是为了获得利润，为了保障利润的获取，减少风险投资的损失，投融资企业应该选择适当的时机实施资本退出，同时其所拥有的产权、股权等资产进行变现流动，以实现国有资产保值增值的目的。因此，必须完善资本退出的渠道，保证资本退出效率，建立健全投资融资运行体系，实现系统的良性循环。

（3）不断拓宽投融资渠道

第一，信贷融资。利用银团贷款、结构性融资、第三方担保、股权质押、资产支持债券、并购贷款、应收账款质押等各类信贷产品，通过设立相关的政策，鼓励相关金融机构放宽信贷标准，降低信贷门槛，尽量保证中小规模的生物医药企业能够满足信贷要求。

第二，债券融资。鼓励各投融资企业发行融资债券，以辅助生物医药企业短期的融资需求,同时规范债券融资行业规则,在利息收取等方面,保证行业的良好风气,从而拓宽生物医药企业的融资渠道,降低融资成本。

第三,政府支持。河北省政府以第三方投资者的身份对投融资平台进行资金注入,周期定为每年,从而参与生物医药产业投资融资系统的运作,在必要的时候进行相应的调控,既保证了系统运作的灵活性,鼓励社会投融资的积极性,也在一定程度上拓宽了生物医药产业的投融资渠道。

(4)合理分配技术引进经费支出与消化吸收经费支出

河北省医药制造业的技术引进应从以下两方面努力。

第一,在引进技术过程中,引进越先进的技术,未必能获得成功或受到欢迎,对技术的引进和吸收应考虑这项技术产品是否有市场的持续需求,应以市场的有效需求为依据,慎重地进行选择,科学决策。

第二,在引进技术过程中,并不是投入大量资金就能成功,应充分考虑到河北省医药制造业的消化吸收能力。

3.加大对自主创新能力的投入

河北省医药制造业技术创新能力的高低,归根结底是由其自主创新能力决定的。对自主创新能力方面的投入主要体现在对仪器设备方面的投入、技术改造方面的投入和加大对人才培养与开发的力度。这三个方面不是孤立的,而是相互联系的。先进的仪器设备对专业人才本身就具有很大的吸引力,利于人才的引进,同时仪器设备齐全还能够减少技术改造方面的花费。人才对技术改造的作用也是相当明显的,强大的智力资源不仅有利于技术改造,对于技术完全的变革也是非常有用的。

(1)对仪器设备方面的投入

仪器设备方面的投入是基础,所谓"工欲善其事,必先利其器",加大对仪器设备方面的投入,对其他方面投入也有协同作用,比如对人才的引进方面。

(2)技术改造方面的投入

技术改造有利于河北省医药制造业将外来技术转化为自我技术,是一种提高自身技术创新能力的有效捷径。

(3)加大对人才培养与开发的力度

河北省凭借其地理优势,依托北京、天津所拥有的大批优秀中药研究人才和研究管理机构，根据自身情况引进高级人才，并发挥河北医科大学、承德医学院、河北农业大学等河北省内高等院校的优势，培养河北省急需的各类中药专业人才。在高校中，除了要培养更多合格的本科生之外，还要增加培养硕士和博士研究生的比重，建立起完善的中药新药研究开发科技人才的培养系统。与此同时，应提倡在岗职工、药农的终身教育。在培养的同时，应建立新型的人才激励机制，鼓励中医药领域的技术创新，重奖有突出贡献的专业人员，采取各种有效措施防止中医药领域人才的流失。

①创新型人才的培养

第一，以社会需求为导向，人文教育与专业教育相结合，致力于人才的全面培养。近年来，为了适应医药企业对于人才的需求，高等教育机构应首当其冲实现学科建设和专业建设的有机统一。其目的在于与医药企业对人才需求的要求相接轨，培养出符合社会经济发展需要的，具有一定创新能力和经济适应能力的高素质人才。所以，要以实施创新教育为主线，以人才培养目标为中心，以满足社会经济发展的需求为导向，以人文教育和专业教育相结合为途径，积极推进创新型人才培养方式的转变。对于医药行业的创新而言，需要具有广阔的知识作为基础，又由于医药行业的特殊性，使得人文教育在该学科中有至关重要的作用。人文教育是一种对人性的教育，其核心是涵养人文精神，是对提升人性境界、塑造理想的人格和实现社会价值的教育。这种精神的养成可以通过多种途径，比如广博的文化知识的滋养、校园文化氛围、优秀的文化传统以及深刻的人生体验等。人文教育归根结底是使人们重视生命的意义，多给社会一份关爱。因此，必须在培养医药人才的课程体系设置上，强调人文教育的重要性，在专业教育过程中，不断地渗入人文精神，使之与专业知识相互交叉、相互融合，构建一个完整的人才培养专业链。同时，立足于河北省医药产业发展的现状以及对人才需求状况，培养出具有精深专业技能和广博知识的创新型人才。

第二，高校要建立多层次、多渠道的平台体系，培养学生的创新能力。医药创新人才的培养是一个复杂的系统工程，是需要在校期间全程展开的。创新能力的培养需要有一个循序渐进的过程，是通过在校期间的每一个过程来培养的。通常，根据高校的课程体系安排，可以把本科的学习安排分为三个阶段，即公共基础知识阶段、专业基础知识阶段、专业知识阶段。

根据不同阶段学生的知识结构和能力特点，可以建立三级不同时期、不同层次的创新平台。

同时，要大力引进省外、国外的资金、师资、教材和教学方式，联合省外、国外联合办学，扩大人才培养渠道。逐步打破各类学校、各科系、各专业的人才封闭状况，根据学科建设的需要，允许高校教师兼职任教，包括聘用企业的高技术研究人员、高级工程师到高等学校任教，培养跨学科、跨专业的复合型人才，工作经验符合教师条件的优秀技术人才可以到学校担任教师。

②医药营销人才的培养

医药营销主要是指在营销理论的指导下，结合医药行业的特点，来从事营销活动的一种行为，这个专业具有很强的专业性和实践性，它对人才需求的要求比较高，需要德、智、体全面发展，并且掌握一定的医学、药学知识和经济法律、市场营销的基本知识和能力，从事医疗器械和药品营销的高技能专门人才。这类人才还需要熟悉我国医药市场运作的特点以及国家有关的医药政策，具备一定的社会活动能力、市场调查研究能力、决策能力、应变能力。

毕业生应具有创新精神、实践能力和创业能力；具有健康的体魄和良好的心理素质，熟悉我国医药市场运作的特点及有关方针政策和法规；具有一定的社会活动能力、市场调查研究能力、决策能力、应变能力，能初步胜任医疗器械及药品流通企业的购、销工作。对于这类人才的培养，可以从下面几个方面进行。

第一，课程体系建设。课程体系必须建立在培养目标的基础上。医药营销专业的课程体系结构一方面要区别于经济类院校的市场营销专业的课程设置；另一方面，也不能因为注重医药专业而开设众多的医药学课程。因此，笔者认为医药营销专业的课程体系建设可以从五个方面着手。

公共基础知识模块——包括公共英语、计算机基础、人文社科、数学课程等，同时，应强化外语和计算机知识与能力的训练，可以硬性地规定英语和计算机必须要通过的级别，从而适应现代医药营销的发展。

专业基础知识模块——主要是与医药有关的各种药学和医学的相关课程。在这类课程的设置上，采取"压缩式"教学，这类知识主要是以大面积覆盖为主，强调提纲挈领地讲解，尽量在短时间内完成教学大纲的要求，教学内容不盲目扩充，教学深度不盲目加深。对课程加以浓缩，以实用性为主。课程主要包括基础医学、临床医学概论、药理学等为代表的主干课程。

专业知识模块——专业课知识模块的构建主要是以普通营销专业课程体系为核心的，如市场营销学、药事管理学、医药市场营销策划、国际贸易实务等。

选修课模块——主要以扩展学生的知识领域，提高其实践操作能力为主的课程，如沟通技巧、销售技能、广告策划等。

工程实践教学模块——这个模块的目的是强化学生的实践操作能力，主要由三个小模块构成，即模拟训练模块、工程实践模块、毕业设计模块。模拟训练模块是在专业课理论学习的基础上，利用校内所配备的各种实验设备、仿真模拟软件对现实的市场情况加以模拟和演练，增强学生的动脑、动手能力。工程实践模块是指按照课程体系的进度，在大二和大三学习阶段，进入各工程实践基地去现场实习或观察，有机会可以进行顶岗实习，增强学生的感性认识，从而消除学习的被动性和盲目性，开阔了眼界，增长了见识。毕业设计模块是在学校的最后一个受训机会，主要是毕业论文的撰写工作，在撰写论文之前要至少有一个月的时间去相关医药企业的营销部门进行毕业实习，从而增强将所学的理论知识与实践相结合的能力，为毕业后快速适应环境打下良好的基础。

第二，教学内容和教学方法建设。医药营销专业除了要建立具有医药和营销课程内容的课程体系外，还应在教学内容和教学方法建设上有所创新。在人文教育方面，医学伦理学、医学史、医学法学、行为医学以及医学社会学作为医学人文教育的核心课程。可以利用课外活动开展职业道德教育，这些活动包括讨论会、社会活动、角色扮演等，也可以采用"医疗扶贫"来加强医药学生的道德实践，从而培养和提高医药营销人才的职业道德，为社会、大众奉献爱心。

在医药类和营销类课程的教学上要注重两者理论上的联系，联系医药卫生机构和企业的实际情况进行案例分析，着重医药营销规律的把握和医药营销策略的挖掘。同时，采用灵活多样的教学方法，可以根据课程内容的设置，引导学生进行市场调查，然后对调查结果进行归纳总结，写出调查报告，进行交流，这样不仅能开拓学生的视野，充分调动学生的主观能动性，而且还可以培养学生的社交能力和团队精神。积极运用网络教学资源和多媒体教学手段。在课堂上，加强师生的互动，训练学生快速反应的能力，开阔学生的眼界和思维方式，提高个人的沟通能力。同时，在医药营销专业学生的考核方面，也要加大实践能力所占的比重，不要一味地强调理论考试成绩，要培养全方位发展的人才。

第三，就业服务指导。就业服务指导不是只有在大学四年级的时候才有的，而是从大学一年级开始就逐步实施的，要针对不同的阶段进行就业指导工作。针对大学一年级的学生，侧重点在于让其对大学四年有一个自己的规划，培养学生自我分析的能力，在自我分析的基础上，制订自己大学四年的规划，从而为职业生涯规划打下一个良好的基础。针对大学二、三年级的学生，主要是在学业方面给予一定的指导，更注重心理健康的辅导，可以通过开设一些心理课程，来培养学生一个良好的心理素质，为以后步入社会奠定扎实的基础。针对大学四年级的学生，就业服务指导主要侧重于就业、创业、继续深造的指导。可以开设求职技巧和职业生涯规划课程来提高求职的成功率，帮助学生树立正确的择业观、就业观和创业观；同时要加强学校和外界的信息联系，及时更新校内的就业信息网，以便向学生及时地提供各单位的招聘用人信息；还要加强校企合作，与企业共同培养医药营销人才，使学生在毕业设计阶段就可以进入到企业当中，让用人单位更加了解学生情况，毕业后直接进入该企业工作，进一步拓展学生的就业渠道。

③医药管理人才的培养

当前，管理被称为生产力的第四要素，而管理的核心内容就是对人的管理。随着医药行业的发展，对其管理人才提出了更高的要求。首先是人才需求的层次提高了，表面上看是学历的提高，但实质上是对综合素质的要求提高了，包括外语能力、计算机能力、实践操作能力、沟通能力、法律知识、人文素质的要求。其次是多样化的专业方向，既需要行业的背景知识，又需要很高的专业化水平，因此，其培养模式也要随之改变。

第一，知识结构的调整与整合。医药管理人才的知识结构是由医药专业和管理专业两部分知识的构成。行业管理人才不仅需要具备一般的管理知识，同时还需要跟医药专业相关的知识，能够把二者进行较好的融合与衔接，以便于在四年的课程中完成这两方面的教与学。与此同时，从素质教育的出发点，还需要奠定人文社科基础。

第二，讲授知识的方法改革。21世纪是知识爆炸的时代，因此高校的任务主要不再是讲授知识的内容，而是培养会学习的人，使得人才具有充分的自我学习、发展的能力。医药管理人才的知识构成是典型的综合性知识体系，是多种学科交叉的复合型结构。如果按照我们以往四年或五年的教学体系，很难在这么短的时间内，把这么多种学科的知识都传授给学生，并且要求他们都掌握，这是不可能的。所以，在教学过程中，教学工作的重点不再是知识的传授，而是学习方法的培养。

第三，在职人员的再培训。对医药管理人才的高要求指出，他们必须具备一定的实践基础或经验，同时还要有一定的理论基础。也就是说，在职人员具备了实践基础，但是缺乏必要的理论作支撑，因此要对在职人员进行再培训。这种培训能够更好地实现理论和实践的相互衔接，这种培训方法既可以更好、更快地取得效果，又是快速提高医药企业管理人员素质的一条快捷之路。同时也有利于校企之间的合作，使学校对于医药管理人才的培养能更好地适应社会需求，从而满足企业的要求。

第四，医药管理人才培养重点的改变。随着医药行业的快速发展，对医药管理人才的要求也越来越高。因此，对医药管理人才培养方向也发生了一定的改变，重点向着高层次（硕士及硕士学历以上）发展。这一方向的改变顺应了社会的发展潮流，也有利于医药行业培养高素质人才的目标，对于提高整个医药行业的管理水平有很大的促进作用。

4.加快推进"走出去"

世界上生物医药产业最发达的国家和地区是美国和欧洲，国内的生物医药产业在整体水平上还处于起步阶段，而生物医药产业带来的巨额利润，也基本都由美国和欧洲等地瓜分。我国是世界上最大的生物医药消费市场，拥有最多的生物医药消费需求，在这样的情况下，想要在世界生物医药市场的竞争中取得一席之地，就必须在立足于本国生物医药市场的同时，加强国际生物医药产业的交流与合作，提高自身的技术水平，从而打开国际生物医药贸易市场，促进生物医药产品的出口。

（1）加快推进产品"走出去"

河北省应依托于强大中药产业发展基础和雄厚的医药资源，积极推进中药行业与国际接轨，建立完善的中药标准化体系的同时，加强中药的国际贸易管理，鼓励中医针灸、推拿等医疗服务产品"走出去"，鼓励以人参为代表的道地药材"走出去"，面向省外和东北亚销售中药产品和提供服务，加强对出口中药的质量检测，提升中药质量标准，重视中药产品的包装和广告，从而提升中药产品的国际形象和附加价值，以获得更大的利润，全面提升河北省中药产业的整体实力。

（2）全力打造"冀药"品牌

品牌是一种名称、术语、标记、符号或图案，或是它们的相互结合，用以识别某个销售者或某群销售的产品或服务，并使之与竞争对手的产品和服务相区别。品牌是用来塑造产品个性和特征的，不仅存在于产品事物本身，还存在于产品的生产、销售、宣传、推广等过程中，以及该企业的经营、营销理念和企业文化。河北省应整合现有人才、信息、资源、技术、产品优势，打造整体品牌"冀药"，不断丰富"冀药"品牌的内涵，提高辐射强度，通过产业整体和企业宣传的有机结合，创新营销战略，走规模化的品牌营销之路。借助深厚的中药文化积淀，注重文化品牌效应，加快中药产业化发展的步伐，打造一流的中药文化产业基地。深度挖掘整合河北省丰富的中医药文化资源，建设集中医药博览、中药文化鉴赏、药用动植物观光、休疗保健于一体的"中药文化之省"，将极大地推动河北省中药产业的发展。

①办好一年一度的国际药材节

通过创新办会理念和模式，大力发展会展博览、文化研讨、学术交流，以及贸易合作等形式来丰富大会内涵，打响"冀药"品牌，使其成为我国中药行业的品牌盛会。

②加快中药文化景区建设

传承历史文脉，彰显中药文化特色，依托全国最大的纪念历史医圣的古建筑群——药王庙，启动总投资6亿元的中药文化景区建设，建设以中药文化博物馆、中医文化特色街区为主的全国最大中药文化景区，推动"冀药"发展。

③大力发展新兴的保健旅游业

充分利用河北省中药材市场、种植基地、人文景观、地域风情，把旅游资源有机地融入商贸活动中，借助旅游文化促进"冀药"品牌发展。加大对"北京—安国"医药保健旅游专线的推介力度，实现旅游、文化、商贸一体化发展，形成瞻药王、观药景、看中医、食药膳、洗药浴、购药物的特色旅游产业，把河北省安国市建设成为特色鲜明的中药文化旅游胜地。

（3）鼓励企业营销网络"走出去"

河北省应充分利用华药、石药、神威、以岭、四药等龙头企业强大的遍及全国的医药销售网络优势，大力推进龙头医药企业向外向型经济发展，鼓励企业以海外营销网络作为全新的突破口，建立以国际市场需求为导向的国际营销体系，积极在海外成立公司、设立驻外机构，将营销网络拓展到海外市场，构建全方位多区域的营销网络，使企业在海外的业务做大做强。

通过实施"走出去"战略，打响河北省生物医药产业相关产品和企业在国际市场的知名度，更好地利用国际创新资源，实现和国外发达企业的技术交流与合作，尤其是以日、韩为代表的亚洲内部市场，鼓励和支持省内先进企业依托现有优势走向国外，掌握技术标准，培育自主品牌，完善经营管理，突破贸易壁垒建立营销渠道，开辟国际新市场，逐步提升自身的技术创新水平和国际化水准。

5.构建生物医药产业产学研新模式

生物医药产业是一个涉及技术研发、产品生产、药品销售等众多产业链环节的复杂产业体系，不仅要求大量的研发资金支持，更需要绝对的技术研发实力，因此仅仅依靠生物医药企业是难以支撑整个产业的发展的，最好的发展模式就是集合多方的优势能力，协作创新，也就是产学研创新模式。由企业提供研发资金和解决技术成果的转化和产业化发展，由高校和科研机构提供技术研发的科研实力，由相关中介平台进行企业与高校之间的信息、技术的沟通与交流，关键性问题的协调，最终实现技术创新。因此，河北省要进一步加强产学研合作创新机制，创新产学研合作商业模式，通过不同经济组织的优势互补来实现将科技成果转化为现实生产力的目的，可以最高效地实现生物医药产业集群的整体规模实力的扩大。

（1）完善产学研合作机制

鼓励河北省内的高校与科研机构和生物医药企业之间的合作交流，依托相关的中介服务平台实现信息资源的共享，彼此之间结成产学研联盟，通过互利合作，整合技术创新资源，实现优势互补，由企业和政府相关部门对高等院校的实验室进行投资建设，对实验用仪器进行购买，高校和科研院所则依托本身的人才优势和科研基础进行生物技术的创新研发。中间机构负责技术成果的专业和服务，加快研究成果向企业的回流速率，改善企业的生产体系和技术体系，加速新技术的融入，推进新技术的产业化进展，更新科技成果价值观念，增强校、企对科研成果的关注。加强企业与高校之间的人才交流，促进双方经验的积累，为长久的产学研合作体制的运行奠定基础。

（2）开展股权与分红激励改革

针对河北省生物医药产业人才流失现象严重，管理型人才缺乏的主要问题，需要建立健全人才激励制度，提升专项科研成果奖励效率，提升职称价值含量，促进科研人才科研成果的就地转化，逐步建立健全科技成果入股的股权机制，以股权和分红刺激人才的归属感和技术创新的积极性，还可以对在科研领域有杰出贡献的技术人才或团队予以股权或分红的奖励，提升技术成果的转化效率，尽可能激发专业化人才的创造性。

（3）推进高校创业评价制度改革

在高校的考核评价中增加生物医药产业技术创新相关指标比重，在生物医药相关专业的教师晋升职称评定的标准中增加有关生物技术专利、技术成果产业化效果等因素，强化高校人才的生物技术创新意识，既提升了生物医药人才的专业化素质，也可以激发人才的技术创新积极性，更为生物医药产业长远的发展和人才的储备奠定了基础。

6.加强生物医药产业集聚效应

河北省应该在现有生物医药产业技术实力的基础上，扩大生物医药产业集群的规模，进一步建设生物医药产业集聚区，通过招商引资，吸引大批具有较强技术实力、较大生产规模、可以承担国内外技术交流的生物医药企业前来入驻投资，借鉴之前产业集聚区建设的经验和教训，完善产业园区内的管理机制，提升产业集聚区的整体实力；依托现有的生物医药产业基地，优化以石家庄生物医药产业基地为代表的生物医药产业基地的管理水平和产业模式，综合发挥这些产业基地和产业园区在促进生物医药产业发展方面的技术支撑、巩固、强化的作用，并以产业园区和产业基地为核心，构建一个产业特色明显、专业分工合理、基础设施完善、信息资源共享、协作配套完善的产业集群，以此带动整个产业的基础实力，发挥集群效应，加快以市场为导向，以产品为核心的产业集群化建设；加强园区内部与外部环境的协调发展，同类企业之间的协同发展，优势企业的共生发展；在产业集群内部，注重产业链的维护和完善，鼓励企业沿产业链向上下游延伸，加强产业链上企业的合作，促进上下游企业以及同类企业的协作配套，以联合创新、竞合创新的方式带动整个产业链技术创新能力的提升。

（1）加强集群内部成员交流与合作

产业集群创新网络各主体之间的交流与合作是石家庄市生物医药产业集群创新活动开展的重要环节。因此，为了增强产业集群内部创新网络协同发展能力，应采取以下措施。

一是集群应注重对员工素质的培养与教育，并采取适当鼓励措施激励员工学习，从而提高创新网络整体的学习能力，有助于知识的流动，加快科技创新成果的转化。二是企业应加强与高校、科研机构等进行正式的合作与分工，同时注重创新网络成员之间的非正式沟通，成员之间的非正式沟通不仅促进知识溢出，更有助于集群内成员之间的协同发展。三是政府简化石家庄市生物医药产业集群创新网络内主体创新的审批制度，加大对中介机构的管理力度，规范金融机构的信贷政策等，为区域内产业集群创新营造适宜的环境。

（2）加强产业技术创新联盟的建设

一是结合京津冀区域协同发展，构建京津冀地区生物医药产业创新联盟，借助京津丰富的优势资源，驱动石家庄市生物医药产业集群升级。二是建立专门的联盟沟通管理机构，使联盟成员充分了解区域内生物医药产业集群的组织文化、组织规模以及创新潜力，为深入开展合作创新奠定基础。三是加强联盟内部专业人员之间的合作，促进与外部创新网络技术人员正式与非正式的沟通，通过成员之间的协同发展，提高联盟各个成员的研发与创新能力。

三、河北省创新型医药企业发展模式经典案例分析

创新型企业的核心是技术持续创新，而技术创新是一个多方面的、连续的、动态的过程，所以选择什么类型的技术创新模式，是企业创新发展的根本问题。如何选择创新模式，需要根据不同企业内外部环境及企业特点综合分析。河北省创新型试点企业在发展过程中，始终坚持自主创新为核心，依据自身特点和环境，选择原始创新、互动创新、引进消化吸收再创新等不同的创新路径，形成了技术与非技术创新相结合的创新发展模式。

下面对康泰医学系统（秦皇岛）股份有限公司和华北制药集团有限责任公司进行分析，通过创新途径和内容以及企业竞争力分析其创新发展模式，为其他创新型医药企业的建立和发展提供借鉴。

（一）康泰医学系统（秦皇岛）股份有限公司

1. 企业概况

康泰医学系统（秦皇岛）股份有限公司（以下简称康泰公司）是河北省最大的专业从事电子医疗器械开发、生产和销售的国家级高新技术企业，主营产品有数字式脉搏血氧仪、心电图仪、多参数监护仪、动态脑电图机；2009 年被认定为"河北省工程技术研究中心""医疗检测仪器工程技术研究中心"，2011 年公司重大技改项目——脉搏血氧仪技改项目、面向全球的"个人健康信息管理系统（PHMS）"都已达到预期的效果。技术改造的成果，促进了公司的跨越式发展，为创建国家级医疗监测设备工程技术中心、北京研究所、沈阳研究所及海外研发中心打好坚实的基础。康泰公司提出"治未病"的理念，将公司多年研发成果"动态心电图""动态血压""呼吸睡眠""多参数监护"等技术应用于家庭保健，用户只需一键操作，就可通过互联网将结果提供给医疗专家，为各类疾病预防、诊断提供科学依据。康泰公司秉承"以人为本、不断创新"的经营理念，积极开拓创新，加快科技成果研发和产业化进程。

2. 创新内容

康泰公司坚持"互动创新和自主创新相结合实现全面创新"的战略理念，采取产学合作、产研合作、产产合作等方式实现互动创新，与自主创新结合共同实现全面创新，如与名牌大学、研究院（所）、同行联合开发核心技术、

配套技术，构建一个多方面的创新技术平台，提升产品的技术和同步性；在公司内部，不断壮大研发团队，加大研发投入和技术创新，将最先进的技术应用于公司的产品，以自主专利产品和品牌引领企业发展。

2010年康泰公司就已拥有一个被河北省认定的省级企业技术中心、一个省级工程技术中心和两个自建研发机构。康泰公司进一步完善研发机构，完善员工创新激励制度和促进技术创新的运行机制，全面提高研发人员的创新意识，为创建国家级医疗监测设备工程技术中心、北京研究所、沈阳研究所及海外研发中心打好基础。2021年康泰公司专利授权量为35个，提高现有专利的实施效益，进一步增加公司拥有自主知识产权的高新技术产品的比重。康泰公司还加强了海外商标的申请保护，注重品牌价值，防止无形资产流失，打造拥有自主知识产权的技术、产品、品牌的创新型企业。

3. 创新发展模式

康泰公司依托于国家和政府的支持，通过以人为本的战略方针，建立了属于自己的完整的产品研发平台，并且在自主创新的基础上加强产学合作、产研合作、产产合作等方式的互动创新，促进技术能力的提升，使企业在技术上具有相对的竞争优势。康泰公司的发展战略是最终实现全面创新，其中包括理念、科技、经营管理、体制机制、企业文化等方面的创新。康泰公司还注重互动创新，与名牌大学、研究院（所）、同行联合开发核心技术、配套技术，构建一个多方面的创新技术平台，提升产品的技术和同步性。

（二）华北制药集团有限责任公司

1. 企业概况

华北制药集团有限责任公司（以下简称华药集团）是中国最大的制药企业之一，也是河北省的龙头骨干企业，公司的前身——华北制药厂是"一五"期间重要的建设项目，建成后我国开始大规模地生产抗生素，改写了我国链霉素、青霉素依靠进口的历史，大大地改善了缺医少药的状况。建厂以来，华药集团的经营状况良好，企业规模不断扩大，经营范围一再拓展。

1992年10月28日华药集团成立了华北制药股份有限公司。华药集团由国有全民所有制企业变为股份制企业，其经营范围也拓宽到医药化工与

177

其他工业品的技、工、贸，兼营交通运输、房地产等第三产业，并先后成立了物资供应公司、设备制造安装公司以及房地产公司。2012年10月，冀中能源集团认购华北制药股份有限公司非公开发行35 000万股，之后冀中能源合计持有华北制药股份有限公司股份达46.19%，与之前相比增加了18.31%，因此成了华北制药的控股股东。

2020年6月28日，世界品牌实验室（World Brand Lab）在北京公布了2020年《中国500最具价值品牌》（第十届）排行榜，华药集团的"华北"以品牌价值75.68亿元居第247位，较上一年下降了32位。

2. 华药集团的产品及经营状况分析

（1）华药集团产品情况

华药集团的主要产品有抗感染原料药（中间体）及制剂、维生素等近600余种，其中硫酸链霉素、青霉素、维生素C、维生素B12、阿莫西林以及头孢拉定等产品的产销量处于世界领先水平；青霉素系列产品与头孢系列产品种类齐全，形成了完整的产品链，产品链由发酵青霉素原料到半合成原料药再到制剂药。该集团还是我国唯一能够生产全品种维生素B12的企业。

华药集团2020年生产抗生素中间体12 868吨，占全省的80.5%，原料药10 242吨，维生素20 542吨，胶囊粒441 026万粒，粉针剂156 269万支，片剂188 656万片，销量分别为5 437吨、9 451吨、20 119吨、435 914万粒、159 332万支、207 235万片；集团的胶囊剂、粉针剂、片剂等口服制剂产销量与2011年同期相比均有所提高，产量同比增长了77%、39%、39%，销量同比的增幅是74%、60%、54%。

2021年华药集团产品结构调整初见成效。新头孢项目有18条生产线均实现了满负荷生产，制剂产品的市场份额得到了前所未有的提升，原料药迈进全国头孢菌素类出口前三名；新制剂项目有11个药品成功上线生产，加快了产品的导入工作；整合青类制剂的产业链，统筹利用要素资源，使得生产形成规模化、专业化，利润与去年同期相比增加了23%；制剂药与原料药收入比提高到了4∶6。

（2）华药集团的经营状况

2021年，华药集团的资产总额在全国医药工业企业中排名第3位，其主营业务收入排名第 4 位，而利润总额只排在第 216 位，其利润总额为 2 508.2 万元，仅为山东省威高集团的 1.19%（2021 年威高集团的资产总额和主营业务收入均在全国排名第 7 位，而其利润总额高居榜首）。这主要是由于两个企业的产品结构有很大的差异——威高集团的主打产品是以发展高科技含量、高附加值的新型医疗器械。

3. 华药集团竞争力分析

（1）华药集团的产品竞争力分析

2007 年以来，华药集团四类产品的成本均呈现上扬态势，其中青霉素类产品上升趋势尤为明显，青霉素类产品成本在 2019 年和 2021 年出现明显上涨，增长率分别为 157.78% 和 47.34%，这直接导致了青霉素类产品的营业利润率的明显下滑；头孢产品的成本同样也在逐年增加，尤其是 2019年增长最快，增长率为 81.02%，这主要是由于华药集团构建了从原料药到制剂药的头孢类产品产业链，使得其产品产量大量提升，原料药业务挺近全国头孢菌素类产品出口企业前三强。

近年来，华药集团青霉素类、头孢产品、维生素类和其他类产品率呈不同程度的下降趋势，其中维生素类波动最为显著。维生素类营业利润率在 2009 年达到最高位（59.97%），然后一直呈现下降趋势，2012 年更是下降到 -1.75%，这是因为成本上涨，使得维生素类产品产能过剩，供需不平衡，市场的无序竞争严重，最终导致其价格呈现较大幅度的下降。青霉素类产品下降幅度最大的是 2011 年，主要是由于成本上升，产品价格下降导致的。近年来受国家对药品政策性限价、降价等的影响，药价也有所下降，这也导致了企业营业利润率的下滑。

（2）华药集团的研发竞争力分析

医药制造业是高新技术产业，研发对其有着举足轻重的作用。华药集团是首批国家认定企业技术中心、微生物药物国家工程研究中心（是我国微生物领域唯一的国家工程研究中心），是国家"863"计划成果产业化和中国青年科技创新行动示范基地，而且是抗体药物研制国家重点实验室。华药集团现共有研发以及技术人员 3 000 多人，国家级、省级优秀专家以及有突出贡献的青年专家 30 多名，同时集团有中国医药行业最大的药用微生物菌种资源库、微生物新药筛选菌种库和代谢产物库。

笔者选取辉瑞公司和浙江医药两个公司做比对，分析华药集团的研发情况。

辉瑞公司始建于 19 世纪 40 年代末，总部在美国纽约，迄今有 180 多年的历史，是全球最大的以研发为主的生物制药公司。该公司致力于运用先进的科学技术改善生命的每个阶段的健康和福祉，产品涉及化学药物、生物制剂、疫苗、保健药物等领域，同时公司的研发和生产水平也处于世界前列。

浙江医药是由浙江医药有限公司、浙江新昌制药股份有限公司、浙江仙居药业集团股份有限公司合并而成。公司以原料药为主、制剂药为辅，集研产销一体，目前产品主要有维生素类、激素类、抗生素类、抗肿瘤类和植物提取类等，同时是全国最大的维生素 E 的生产基地，产量已居全球第三。2021 年浙江医药股份有限公司的资产总额排名第 17 位，主营业务收入排名第 22 位，而其利润总额排名第 18 位。

华药集团的研发人员占比很低，2007 年研发人员所占比例为 1.13%，至 2021 年其所占比例增加至 4.39%，而辉瑞制药在华研发人员平均占比约为 10%，比华药集团高五个百分点，因此可以看出华药集团的研发人员投入水平还是比较低下，应该注意引进人才，增加研发人员的投入。

2019 年以来，辉瑞集团和浙江医药的研发投入占营业收入比重均高于华药集团。2020 年以，来辉瑞制药研发投入占营业收入均为华药集团的 30 倍左右，两个公司的研发投入相差巨大，原因在于辉瑞制药是以研发为基础的生物制药公司，研发是其公司发展的命脉，而华药集团生产的产品中大宗原料药占主要地位。浙江医药近年来研发投入占比呈上升趋势，至 2021 年浙江医药研发支出占比是华药集团的 9.2 倍之多，而华药集团和辉瑞制药均呈现下降的趋势，华药集团的研发投入下降幅度又大于辉瑞集团——2021 年的研发投入与 2020 相比下降了 13.29%，辉瑞制药的研发投入相对下降了 12.56%。

总的来看，华药集团的研发投入水平不高，与国际公司辉瑞集团相比更是有着天壤之别，与规模小很多的浙江医药相比，也有很大的差距。因此，华药集团要想在当前激烈的市场竞争中获得优势，欲提高其利润额，就要着眼于提高创新水平和研发质量，完善技术创新体系，即加大研发人员及费用的投入。

（3）华药集团的营销竞争力分析

下面以扬子江药业集团与华药集团的营销竞争力对比为例。

扬子江药业集团始创于 1971 年，1988 年其产值就在江苏医药行业率先突破亿元大关，1993 年以后，扬子江药业的销售每年以 40% 以上的速度攀升，1997—2005 年连续 8 年在全国医药企业排前五位，2004 年销售收入首次破 80 亿元，更是夺得制药企业销售收入和利润等指标桂冠，2009 年和 2010 年扬子江药业凭其主营业务收入连续两年高居医药企业百强榜榜首，2012 年扬子江药业的利润总额还是稳居第二位。扬子江药业的发展速度被称为"扬子江速度"。扬子江药业之所以会发展得如此之快，其关键在于它的销售模式——被业界称之为的"扬子江模式"——可以用 16 个字来形容："风险共担、利益共享、责任到人、执行到位"。具体来说，扬子江药业的产品是自己的员工来销售，并与每个销售员工签订底价销售合同，销售员工的工资是以返利的方式发放，为每个销售员工分配具体的销售终端（医院）；与此同时，成立医药公司，直接控制物流和资金流；此外，与各级政府有着良好的互动，来开展整体的市场推广活动，三位一体地推动公司的销售。而华药集团的营销之前存在着产销不平衡、内部竞争严重、事业部之间的关联交易较大等问题，为了解决这些问题，华药集团已经在努力创新营销模式，改革集团的组织结构，将销售人员个人收入与业绩相联系，进行差异化考核，充分调动营销人员的工作积极性，这与扬子江药业的营销模式有异曲同工之处。2012 年华药集团与武汉九州通医药集团合作，成立了合资公司，这样华药集团不仅可以享受九州通的物流建设经验和运营管控体系，还可以利用供应商网络，拓宽自身药品的营销渠道。同时，华药集团为及时应对医药市场的瞬息变化，正努力探索研、产、销的对接渠道。

（4）华药集团的环保竞争力分析

为适应现代化城市建设的发展要求，逐步调整优化市区的产业结构和布局，2007 年石家庄市政府鼓励二产企业，特别是污染严重、亏损严重以及经营困难的工业企业退市进郊。企业的外迁，不仅仅考虑到企业发展和城市规划方面的双赢，更重要的是减少了城市的污染。而华药集团作为医药制造业的龙头企业，而且是污染严重的工业企业，退市进郊已成必然。

虽然在华药集团搬家后，抗生素类药物仍是其主导产品，但其转变了生产方向，由原来的高污染、高耗能的抗生素类原料药转向了高附加值的制剂类抗生素产品。

排污费是单位和个体工商户应当按规定缴纳的直接向环境排放污染物的费用，这个指标可以从侧面衡量企业的环保力度。2009年以来，华药集团的排污费是呈下降趋势的，即华药集团近年来在节能减排工作中取得了一定的成果：一方面是通过产品结构的优化调整，降低高耗能、高排放的产品比重，通过对现有工艺及产品进行优化，引用成熟的技术将产品进一步深加工，做精做细，达到节能减排的效果；另一方面是在新建项目中，通过增加投资使企业在技术进步、设备更新中实现节能减排。

四、河北省医药产业成果转化知识产权保护的对策

（一）河北省生物医药企业成果转化的知识产权保护及科技创新问题分析

1. 知识产权保护法律体系不健全，科技创新法律环境需改善

近年来，我国相继颁布了《国家知识产权战略纲要》《促进科技成果转化法》以及《专利法》《商标法》等法律法规，但有关保护专利、促进成果转化的法律措施仍很不完备。

第一，登记、药品审批等方面的法律规定还存在真空地带。例如我国实行药品批准文号制度，《药品注册管理办法》中虽然明确要求生物医药企业在新药申报过程中需要提交不侵犯他人专利的声明，但是并不承担对声明真伪分析的职责，即使是正在审批的注册药品存在侵权风险的投诉，审批程序仍继续进行。这种法律上的真空地带，给侵权提供了可能。

第二，生物医药知识产权保护方面的侵权假冒案件不断增多。河北省2020年侵权纠纷假冒案件达3 108件，涉及生物医药企业科技成果转化知识产权上的专利保护、商标保护、行政保护以及司法保护等方面。生物医药企业成果专利维权力度不够，知识产权保护不够，影响了企业自主创新的积极性。

2.知识产权的专利授权率不高，科技创新能力有待提高

专利作为知识产权的重要范畴，专利授权数量是生物医药企业的专利技术创新能力的重要体现。我国生物医药发明专利的授权率不高，1993—2016年，我国生物医药发明专利的申请量为9 936项，专利授权数量3 185项，授权率仅为32.6%。[①]河北省还没有像广东、江苏、浙江等沿海发达省份一样，顺畅转化渠道，建立起专利技术展示、交易中心或网上交易市场，特别是信息分析预测、战略研究服务的条件和手段，还远远落后于沿海发达省市。

生物医药企业专利授权不高，一方面反映了医药企业产学研转化衔接与信息平台不畅，成果转化机制有效性不强。河北省80%的生物医药企业找不到合适的创新产品，很多科研院校等单位技术成果却找不到市场，或者是没有更多的资金和实验设备、场所进行后续试验。另一方面说明了生物医药企业是高技术、高投入、高风险、高收益的知识密集型高科技产业，对创新能力的要求更高，生物医药企业知识产权专门管理机构和管理人员比较缺乏。

3.科技成果转化投融资不足，科技创新后续潜力不足

医药科技成果转化需要高额资金投入，与发达国家相比，影响中国医药企业创新活力的原因主要是中小企业的创新资金不足，缺少技术人才，缺乏自主知识产权保护意识等。创新活力的提高需要研究与开发资金投入、科技活动经费、专利申请及成果转化等方面为其助力。国外大型医药公司每年用于新药研发投入占销售额的15%~20%，我国的投入通常仅占1%，有些企业甚至不到1%。[②]医药企业后续创新活力不强，只能选择仿制，对原有制备工艺、检测方法等进行技术改进，拥有自主知识产权的新药仅占批准总数的2.6%，仿制品种超97%，核心技术产品凤毛麟角。要增强企业核心竞争力，就要加大投入研发资金，提升创造技术、招募创新人员、完善自主知识产权，以适应当前市场，实现可持续发展。

① 潘红玉，等.专利视角的我国生物医药产业的技术创新 [J].科学决策，2017（04）：5.

② 隋娜娜，等.46家医药高新技术企业医药知识产权保护情况调查研究[J].中国药业，2014(16)：14.

（二）河北省生物医药企业成果转化知识产权保护的对策分析

1. 建立完善的医药专利法律保护体系，优化医药科技创新法律环境

加强生物医药产品的专利保护，是促进成果转化及企业发展的关键。首先，要加快生物医药知识产权法律法规建设。针对生物医药高投入、高风险等特点，应制定"高技术风险投资法""风险基金法"等相关单行法律，推动《专利法》及《商标法》的修订。政府要制定中医药知识产权保护标准，实行专利组合保护，切实保护传统医药的核心成果，使传统医药资源优势转化为产业优势。政府应制定完善药品申报、登记、管理等方面法律，加强医药发明专利保护、新药监测保护、中药品种保护、商标保护、包装设计专利保护和有关版权保护等，形成完备的保障生物医药科技成果转化的知识产权保障体系。其次，政府要加强知识产权侵权假冒打击力度，重点打击侵犯医药专利权、注册商标专用权、包装设计专利等仿冒侵权违法行为，推进侵权纠纷案件信息公示工作，推进知识产权民事、刑事、行政案件的"三合一"审理机制，有效维护发明人和企业利益，严惩剽窃他人知识产权成果的恶劣行为，对被侵害的发明者及受害企业进行补偿。最后，政府应开展知识产权综合管理改革试点，推行专利、商标、版权"三合一"模式，将区域管理和执法相结合，发挥知识产权制度支撑创新驱动发展保障的作用。

2. 构建市场导向的科技成果转化机制，培养医药类知识产权专业人才

一要建立专门的生物医药科技成果转化机构与运行机制。生物医药成果研发的周期长、风险高、见效慢等特点，使其区别于其他高新技术成果的转化，因此，建立专门的生物医药科技成果转化机构，可以更好地为生物医药企业进行技术创新、成果转化提供支持。要发挥河北省转化医学研究院的作用，制定专门的生物医药科技成果转化政策，加大资金投入与管理、成果转化培训、技术支持以及人才的引进与培养，为河北省内的生物医药高新技术企业以及中小型企业提供专门化服务。二要加强知识产权人才队伍建设。生物医药成果的知识产权保护具有一定的特殊性，因此需要既懂得医药专业技术，又掌握知识产权保护相关理论的复合型专业人才。我国目前知识产权人才培养和管理机制仍不完善，人才数量与企业发展对人才的需求不相适应，因此，要重点培养知识产权专业人才，在医药企业科技

成果转化中提供技术评估、成果分析、市场调查、法律咨询等服务，以促进企业的创新发展。

3.发展知识产权质押融资工作，拓宽科技创新资金来源

近年来，随着国家知识产权战略的推进实施，知识产权质押融资呈现较为迅猛的发展势头，一定程度上缓解了中小企业的资金需求困难。河北省高度重视专利权质押融资工作，先后出台《河北省商标专用权贷款质押工作指导意见》和《关于进一步推进商标专用权质押贷款工作的意见》等政策，积极促进金融资源和知识产权资源的有效对接，强化金融对科技创新的支撑，加大对医药企业信贷支持，为医药企业科技创新和经济发展提供有力保障。专利权质押能有效解决医药企业资金融资问题，促进拥有知识产权的企业迅速发展。另外，河北省非常重视投融资平台的建设。其一，一些健康企业成立了小额贷款公司，强化财务公司业务，做好各种融资工作。其二，积极谋划成立全省性的健康产业投资基金。其三，推进"政银担"贷款项目。2016年省级预算安排的部分蔬菜和中药材产业发展补助资金，报经省政府批准设立蔬菜、中药材产业发展信贷担保风险补偿金，印发《河北省蔬菜和中药材产业发展信贷担保项目实施方案》《河北省蔬菜和中药材产业"政银担"贷款项目实施细则（试行）》，明确了项目资金扶持范围和主体、支持内容、贷款期限及额度、贷款利率和担保费率、实施程序等。至2021年年底共收到蔬菜和中药材项目89笔，涉及23个县（区），申请金额1.67亿元，已完成审批项目26个，意向担保金额4 175万元。

总之，生物医药企业作为高新技术企业，其成果研发及转化需要加强重视，运用法律切实保护企业的权利，促进企业科技创新发展。通过知识产权专利保护，能够使科技企业在成果研发、转化及生产销售等环节得到法律的有力保护，企业成果研发及生产的成本价值得到相应的回报，刺激生物医药企业对科技成果研发及转化的积极性，提高企业的科技创新能力，促进生物医药企业的长效发展。

第七章　全球化背景下河北省医药产业

知识产权保护策略

在经济全球化和国际知识产权保护强化的背景下，知识产权作为国际科技、经贸合作与竞争的主要"交通规则"和"游戏筹码"，已成为各国获得竞争优势的关键。在竞争日益激烈的国际生物医药市场中，既要充分认识我国生物医药产业面临的问题，又要充分认识发展生物医药产业的机遇，还要认识到我国生物医药产业知识产权保护存在的问题。

作为经济大省的河北省，近年来大力推动生物医药产业从药用中间体、原料药向制剂、复配制剂、现代中药制剂等完整的产品链和价值链的创新生物医药产业集群转变，呈现出高速增长的态势。河北省知识产权工作也紧紧围绕发展知识产权战略这一中心，进一步建立和完善知识产权相应管理机制和政策法规，加大知识产权保护力度，通过建设人才队伍、促进转化运用、积极引导扶持等，积极培育知识产权竞争优势，推动知识产权商品化、产业化，促进全省科技创新和经济发展。可以说，在全球化背景下，河北省医药产业知识产权保护工作取得了一定的成绩，但也存在不少问题。针对这些问题，提出相应的解决办法与举措，是发展河北省医药产业，提高国际竞争力的必然要求，为河北省医药产业知识产权保护提供建设性意见与理论参考，也是本书研究的宗旨所在。

因此，本章从完善知识产权战略管理顶层设计、完善知识产权风险法律制度、重视知识产权人才培养、加大京津冀医药产业协同创新力度、实现医药企业国际化发展和提高医药产业知识产权贸易摩擦的涉外解决能力六个方面探讨河北省医药产业知识产权保护的策略。

一、完善知识产权战略管理顶层设计

知识产权战略就是以知识产权制度为基础，健全和完善知识产权管理体系，激励知识产权创新、知识产权保护和知识产权的转化与应用，提高知识创新能力和国际竞争力，推动经济持续发展的一系列行动方案及相关政策措施。从实施主体看，包括国家、行业和企业三个层面。其中，国家知识产权战略既以产业和企业战略为基础，又对产业和行业战略起指导作用。企业是知识产权战略的实施主体，企业战略以国家战略和市场需求为支撑。产业知识产权战略是企业为共同的利益而形成的战略，是国家战略和企业战略之间的桥梁和过渡。国家战略不能代替企业战略，具体发展哪些战略应由企业根据市场来决策。一些关系国家安全和产业整体竞争优势的共性知识产权开发应纳入国家战略，给予重点支持。

因此，完善知识产权战略管理顶层设计，要从国家、产业和企业三个层面协同实现。首先，要充分发挥政府在战略实施过程中的宏观主导作用。从制度环境、政策扶持、市场培育、创新体系、人才培养等方面全面打造我国的知识产权战略，为企业和行业发展创造良好的外部环境。其次，要重视对行业协会和企业知识产权工作的指导，使行业协会成为连接政府和企业的桥梁，协调和平衡好政府决策与企业发展之间的关系。具体来说，河北省医药产业的知识产权战略可以从以下几个方面实施。

（一）完善知识产权法律体系和政策扶持制度

1. 完善知识产权法律体系，优化战略实施的法制环境

知识产权战略涉及国家、产业、企业发展和社会活动等诸多领域，同时知识产权战略的成功实施需要借助法律、财税、金融、贸易、教育及政治等多种措施，因此有必要创建知识产权的基本法，明确各部门的职责，协调各方面关系，为知识产权战略的成功实施提供法律保障。目前而言，比较紧迫的是需要充分利用知识产权制度的法律限制，为我国知识产权战略的顺利实施提供法律保障。限制知识产权权利滥用与保护知识产权一样，都是知识产权制度不可分割的组成部分。首先，根据 TRIPS 协定规定，各成员国可以在 TRIPS 协定框架下，在知识产权权利的范围、软件和动植物新品种保护、软件开发中反向工程的适用标准等方面考虑本国创新者、外

国投资者与消费者利益平衡，建立和实施有利于市场动态竞争的法律制度。因此，我们要充分利用国际知识产权保护协议给我们的预留空间，最大限度地保护本国企业和创新者的利益。此外，加入 WTO 以后我们不能再依靠行政命令的办法管理市场，要学会运用市场经济的办法管理市场。其次，建立完善的反垄断法律制度，更好地发挥知识产权制度的积极作用。加紧制定统一的限制滥用知识产权的反垄断法规，重点限制技术许可中滥用知识产权的非法垄断行为，防止发达国家利用知识产权垄断我国市场，促进公平竞争。最后，要充分利用知识产权法律制度中禁止权利滥用等规定，打破发达国家针对我国的"技术专利化""专利标准化"等知识产权壁垒。

在知识产权保护立法上，一方面应该根据生物医药产业的发展态势，咨询有关专家，做出相应的调整，确保立法上不出现滞后性；另一方面，相关立法应该更好地保护生物医药产业知识产权，既要加大对侵权行为的处罚力度，更要在专利申请上给予便利，如 2017 年印发的《专利优先审查管理办法》就明确规定了对生物医药等国家重点发展产业可以进行优先审查。

2. 制定相关政策，为知识产权战略实施提供政策扶持

首先，政府要完善知识创新的经费保障机制，加强对知识创新经费的投入和管理。为解决知识产权保护经费不足的问题，政府应严格按照《科技进步法》的要求，建立和完善多层次多渠道科技投入机制，逐步使我国R&D 投入占财政收入的比例达到一个适当的水平。应在国家财政中设立保护知识产权的专项资金，加大对知识产权公共信息网络建设和服务的投入，逐步建立起我国的专利信息检索和服务体系。同时，政府有关部门要通过政策引导，硬化企业创新投入指标。除此之外，政府还应改革现行财政和税收政策，采用财政支持、税收优惠、贷款等方式，鼓励知识产权的商品化和产业化。当然，建立对知识创新经费投入、使用的审核和管理及监督制度也十分重要。

其次，要加强知识产权的国际合作，鼓励引进国外先进技术。技术交流与合作有利于技术创新。发达国家的跨国公司垄断着很多先进的技术，主导着国际间技术的转移与流动，因此，加强与跨国公司的技术交流与合作对我国吸收引进国外先进技术是必不可少的。有研究表明，跨国公司大

多倾向于在科研政策宽松、服务设施完善、创新技术产品市场销售潜力巨大的东道国进行技术开发，特别是东道国的科研环境和配套设施是跨国公司关注的焦点。因此，政府应努力优化环境，吸引跨国公司在我国建立研发机构。跨国公司在我国进行研究开发，知识产权固然属于跨国公司所有，但研究与开发具有明显的溢出效应，这对于目前自主研发能力还不高的我国来说也是有益的。另外，我国也可以借鉴跨国公司的经验，在国外设立研发机构，以跟踪国外技术发展的前沿，搜集国外科技发展的信息，为我国的自主技术创新服务。同时，国际知识产权的交流与合作有助于本国企业和投资者确定可以获得知识产权有效保护的国家和市场，以便更顺利地进行产品销售和知识产权转移。国际合作还有助于更充分地利用知识产权开发的战略资源、知识产权申请和检索、知识产权培训、知识产权商业化、标准化组织等。

最后，政府要完善科技成果评价体系，鼓励技术创新。我国以前的科技管理体制是只重成果而不重知识产权，从而导致了成果多而专利少的现状。要对科研机构进行改革，强化竞争机制和激励机制，在政绩考核、职务职称晋升、项目立项、成果鉴定、科研评奖等方面加入知识产权指标的考核，促进科研成果向知识产权的转化；同时在财政、税收等方面辅以配套措施，对获取知识产权的活动，比如专利的国际申请等，给予优惠和奖励，降低企事业单位和个人获取知识产权的成本，从而激励更多的知识产权创造活动。

（二）坚持科学引导，建立和完善知识产权管理机制

创新活动是一项涉及全社会的浩大工程，地方政府在其中的主要职责应逐渐由亲力亲为的具体组织创新过渡到通过建立激励和保障机制来调动全社会的力量共同推进创新。作为创新动力，科学合理的激励和保障机制在创新中起着至关重要的作用。在这一前提下，国家出台了一系列鼓励创新政策，涉及税收、费用、科研成果权利归属及利益分享等方面。这些政策的落实，可以大幅提升河北省自主创新能力。同时，结合河北省实际出台一些相关政策，应建立和完善以下四项机制。

1.建立和完善以形成自主知识产权为主要标志的科技投入评价机制

作为创新型国家的元素之一，研发投入规模与水平在创新活动中是基

本的物质条件。2018 年我国研发投入占 GDP 的比重为 1.23%，2019 年达到 1.3%，2021 年上升到 1.42%。这一投入量低于可统计国家平均 1.6% 的总体水平，与创新型国家 2.2% 的投入水平差距更大。研发投入严重不足，企业的科技创新活动受到直接影响，很多企业只能依照别人的科技成果进行"制造"，缺少自主知识产权。

河北省应当依托知识产权战略，积极引导企业加大研发投入，同时将其向多元化、市场化发展；要把发展高新技术产业放在产业政策和发展规划的首位，在政策上给予大力扶持，提升高新技术知识产权申请、利用等制度的地位，在高新技术企业认定、投资担保、申请财政资金等方面，将自主知识产权的数量及其经济效益、社会效益作为重要衡量指标，从而促使企业加大科研投入，提高创新能力。

2. 建立专利转化奖励和绩效评价机制

专利奖励制度是激励科技创新的有效手段，通过对相关人员和企业进行资助和奖励，大力扶持创新活动，可以有效整合创新资源，积极引导和广泛吸引国内外研发人员和机构来河北省创业兴业，开展科技创新，可全面增强河北省的科技创新能力。要抓紧制定河北省专利奖评选办法，以省政府名义颁发专利奖，对取得重大经济和社会效益的专利项目和发明人给予奖励。

根据知识产权战略实施情况，应建立科学合理的绩效评价指标体系，将知识产权发展作为科学发展考核评价体系的重要内容之一，与党政领导干部的绩效考核、选拔、任用、奖惩等密切挂钩，必要时启动问责机制。

3. 建立知识产权战略实施部门联席会议制度

按照河北省贯彻《国家知识产权战略纲要》的实施意见，对河北省知识产权工作的总体规划和战略部署应加强统筹协调，建立知识产权战略实施部门联席会议制度，充分发挥社会各方面的力量，在知识产权创造、运用、保护和创新人才成长等方面，积极营造良好的创新环境、市场环境、法治环境和社会环境，着力提升全省知识产权公共服务能力和综合竞争能力。

完善战略实施协同机制，统筹协调全省实施知识产权战略工作。应制定和修订《关于加强科技创新中知识产权管理的若干意见》等相关配套政策，完善以形成知识产权为主要标志的科技投入评价机制，建立重大经济活动知识产权审议机制和重点领域专利预警应急机制。对重大项目以及涉及自主知识产权的重大活动进行审议，防范知识产权风险，提高创新效率。

4.切实加强科技创新活动中的知识产权管理

《关于加强国家科技计划知识产权管理工作的规定》在全国范围内强化了知识产权管理在科技创新活动中的重要作用。为落实这一政策，河北省建立了科技计划知识产权管理制度，由于运用该制度的能力较弱，一些配套措施如责任落实、管理手段等还不完善。要深入实施知识产权优势培育工程，加快建立高效、严密的知识产权优势培育工作体系，吸纳更多企事业单位和县（市、区）进入培育工程，不断扩大培育工程的覆盖面；要把好"入口"，并对过程进行监督，及时调整方向。在立项评审、项目验收、创新成果保护等方面，充分运用知识产权制度，加强知识产权管理，大力提升河北省科技计划创新能力；在对政府出资的研发项目立项评审时，要对专利文献进行检索，把自主知识产权作为衡量立项与否的重要指标。

（三）大力推进专利产业化工程

专利产业化是一项影响深远的系统化工程和创新性工程，是促进知识资源向科技生产力转化的首要环节。目前，我国的专利产业化尚未进入成熟期，无法依靠企业等创新主体的自身力量实现良性循环，迫切需要政府从政策上进行扶持。从先进发达国家知识产权战略发展进程中可以发现，政府在推进专利产业化的实施过程中起到至关重要的作用。

新时代如何按照科学发展观的要求，有效推进专利产业化，为河北省进入创新型省份行列提供强有力的支撑，促进经济又好又快发展是需要我们深入思考的一个重要课题。笔者认为，河北省推进专利产业化重点要做好以下几方面的工作。

1.科学规划和布局

以贯彻实施国家知识产权战略为契机，抓紧研究制定推进专利产业化专项规划，选择推进方向，确定推进重点，明确推进目标，划分推进阶段，科学规划，合理布局，使专利产业化工作纳入良性发展的轨道。

2.大力提升企业运用专利制度参与市场竞争的能力

目前随着全球一体化、国际化的不断深入，科技创新速度日趋加快、市场竞争化日益激烈，能否在充分的市场竞争中，有效运用专利制度，最大限度地发挥企业核心竞争力，成为企业迈向成功的重要参考标准。发达国家和跨国公司早就认识到知识产权的重要性，十分重视和关注专利化产品的外延运用，并由此获得了在市场竞争和产品较量中的优势垄断地位。近些年来，我国企业也已开始觉醒并奋起直追，取得了可喜成绩，一大批优质企业通过自我创新、自力更生，逐渐在国际舞台上扮演重要角色。

河北省企业在专利化工程发展中也必须注重提升自身创造更新力，掌握并运用专利化带来的技术方法，提高市场竞争中的地位和优势；及时制定企业专利产业化战略，并将其列为企业发展战略的重要组成部分；鼓励企业通过建立专利联盟，凝聚创新人气，汇集创新人才，整合创新资源，完善创新制度，树立创新形象。

3. 推进知识产权优势企业（县）培育工程

应结合全国企事业单位和城市知识产权试点示范创建工作，全面推进河北省300家知识产权优势企业培育工程和30个知识产权优势县培育工程，进一步加快石家庄、唐山两市国家知识产权试点城市和石家庄开发区国家知识产权试点园区建设步伐，全面强化知识产权意识，全方位推进专利产业化工作。

4. 进一步加大对内对外开放力度

应积极推进与国内外科研院校、学术机构的深入交流合作，通过政府招商引资、财政税收等政策性支持，通过技术合作、合资合作或企业重组等政策，引导国内外有实力、有价值，产业前景光明、科技研发水平高的企业和机构进驻河北，为其提供专业化、高效化、公平公正的创业展示平台，塑造国内先进的创业发展的软环境，最大限度地为河北省知识产权战略发展提供内生动力和有利条件。

5. 加强专利产业化工作的组织领导

应成立专门的专利产业化工作机构或部门，全面负责专利产业化工作，出台相关配套政策，完善工作机制，协调政府与企业积极配合，共同推进专利产业化进程，如可以借鉴深圳市的先进经验，将专利产业化指标作为评价区域经济发展水平的重要指标，促进专利产业化工作的持续深入发展。

（四）培育成熟的市场体系，维护公正有序的市场环境

在市场培育方面，因为知识产权制度是市场经济的产物，知识产权的运行应遵循市场经济的规律，依靠市场发挥知识产权的作用。知识产权市场的主体是知识产权的拥有者和使用者，知识产权市场的客体是知识产权和知识产品。知识产权的运行机制就是市场运行的机制，既包括一般的市场运行机制，即供求机制、风险机制、竞争机制，还包括知识产权市场特有的转化机制和产权约束机制。政府应通过行政权力建立和维护公正的市场秩序。

1. 要建立知识产权市场化交易的机制

一方面，要建立完善的市场经济体制，使企业成为自负盈亏、自主经营的市场主体，使对知识产权的保护成为企业组织的内在需求。通过转让、许可、交叉许可等方式引进国外先进的知识产权，或通过利用过期的知识产权资料等信息，进行消化吸收、二次创新，以提高知识产权的吸收和整合能力。因此，我们仍然要不遗余力地推进市场化进程，使企业真正成为创造和保护知识产权的主体。

2. 要建立知识产权商品化评估机制，充分激活知识产权，以许可、转化等方式推向市场

要按照科技部、财政部2002年5月联合发布的《关于国家科研计划项目研究成果知识产权管理的若干规定》，正确处理好企事业单位与科技人员在职务发明利益上的关系，同时修改《公司法》等有关法规和工商注册登记方式，鼓励企事业单位和科技人员将知识产权折价入股，参与公司经营和收益分配，使知识产权权利人真正有利可图，使知识产权真正有市场价值，从而建立起一种促进知识产权应用的激励机制。

3. 要通过行政执法来维护公正的市场秩序，严厉打击假冒伪劣、非法仿制和一切违反知识产权法律法规的行为

诚实信用是市场经济的基础，信用环境是知识产权市场可持续发展的必要条件。政府应通过多种途径、采取多种措施，逐步建立起信用制度，以维护公正的社会秩序。

4. 提高生物医药专利市场化效率，形成完善的知识经济市场

知识产品的商品化以及由此形成的知识经济市场，是知识产权法建立与运行的原动力。知识产权的商品化是进行技术创新的根本动力。因此，形成完善的知识经济市场势在必行，而提高专利的市场化转化是其中的重

要一环。知识产权的有效使用率和对经济增长的贡献程度，也成为衡量知识创新效果的最大因素。目前，知识产权的交易行为主要表现是授权使用、法定许可使用和合理使用，但是知识产权的市场化转化效率并不高。这一现象并不是生物医药产业特有的现象，在其他的高新技术产业领域，甚至传统产业领域，都存在这一现象。完善知识经济市场，首先对专利的来源就要做一定的选择，保证专利具有广阔的市场前景，是专利市场化的根本保证。其次，通过搭建知识产权交易平台、加大宣传力度、定期与对口行业企业座谈交流等方式缩短专利出售的时间，提高专利转化为生产力的效率，减少知识产权交易过程中的信息不对称现象。

（五）加大知识产权保护力度，构建文化服务公共平台

良好的市场保护环境是促进科技创新、构建现代产业体系的有力保障。完善法律，提高知识产权体系的运作效率和知识产权保护水平。

要在发挥司法保护主渠道作用的同时，逐步完善地方知识产权法规，不断健全省、市、县三级知识产权执法工作体系，改善执法条件，充实执法人员，建立形成区域互动、部门联动的执法工作机制，有计划、有重点地开展保护知识产权专项行动，严厉打击侵犯知识产权违法犯罪行为，进一步规范市场竞争秩序，优化知识产权保护环境。在上级主管部门的协调沟通下，应建立区域互动、部门联动的执法工作机制，加强省、市、县三级立体专利执法管理体系建设，完善执法政策支持，为执法条件和执法队伍提供后续保障，有针对性、有计划性地对侵犯知识产权行为进行打击和处置；对专利侵犯违法案件频率高、影响范围广的重点行业、重点区域进行集中整治、跟踪管理，建立长期监督备案制度，形成长效机制，建立司法保护与行政管理的衔接机制；加强政府部门间沟通协调，建立全省知识产权执法信息综合协作平台，完善违法违规知识产权重大案件通报会商机制；加强行政管理与公安、纪检、司法的案件移送制度，形成联合协调执法和快速解决纠纷的处理机制。

知识产权文化是一种先进的社会创新文化，加强知识产权文化建设，提高全社会对知识产权保护的意识，是新时代对社会主义核心价值观的有益补充和丰富，体现了对以改革创新为核心的时代精神的尊重和发扬，是实现知识产权发展的有效途径。对河北这样一个在产业发展中需要树立良

194

好形象的省份，建设知识产权文化有利于形成广泛的创新群体和良好的社会氛围，使科研人员具有更加旺盛的创新热情、更加科学的创新方法、更加熟练的专利制度运用能力，有利于让创新的源泉充分涌流，让创新的热情竞相迸发。应建立政府主导、媒体支撑、社会公众广泛参与的知识产权宣传体系，如在"4·26"知识产权宣传周和中国专利周期间，开展一系列宣传活动。应大力开展知识产权继续教育，将知识产权基本知识作为普法教育的重要内容纳入省普法规划，进入高等学校学生素质教育体系和中小学教育课程体系，列为各级党政干部、公务员和企事业单位管理人员、专业技术人员等教育、培训课程。应加快建设以河北国家地方专利信息网点为中心，以国家知识产权试点城市、示范创建城市、试点园区和优势培育县（市、区）为依托，以加工整合国内外专利文献资源为主要内容的政府专利决策管理信息平台，提升政府部门行政执法、预测预警、科学决策、宏观管理和综合服务能力。

应加紧建设以河北省龙头企业为依托，以河北省主导产业专利文献信息为主要内容的企业专利信息服务平台，培育战略支撑产业，提升核心竞争力。加快"中国（河北）专利技术展示交易平台"建设，引进省内外先进专利技术，加快高校、科研单位和非职务发明的知识产权流动和技术转移，促进专利技术的实施和产业化。应加强河北省知识产权保护中心相关服务职能，积极创造条件，建立完善工作机制，积极主动为广大专利权人提供方便、快捷、高效的法律援助。

（六）建立知识产权与金融资本结合的共赢机制

专利权质押贷款是近年来伴随着我国经济发展应运而生的一种新型信贷业务，是指专利权人将其依法享有的专利权出质，从银行取得贷款，并按期偿还本息的一种贷款方式。专利质押融资是知识经济时代的新产物，是金融业与文化产业相结合的新起点，是文化产业风险管理的新形式。专利抵押融资能够推进知识产权相关法律的进一步完善，主要用于解决科技型中小企业的融资问题，目前已在北京、上海、浙江、天津等省市启动开展。专利权质押贷款是一种新型的贷款模式，它以专利权这一无形资产为担保，将科技创新成果与金融活动相结合，解决了科技型中小企业融资难的问题，是实现专利产业化的有效途径。近年来，从国家层面上推出了一系列促进中小企业创新的扶持政策。

从全国范围来讲，北京、上海、天津、重庆、浙江、四川、福建等省（市）以及宁波、厦门、武汉、无锡、长沙、郑州等市相继出台了一系列鼓励专利权质押贷款的政策和措施，为开展专利权质押贷款融资工作提供了政策上的保障和资金上的支持。这些省市的做法、经验和实践表明，开展专利权质押贷款工作，可以带动省内科技知识产权战略及知识产权战略的发展，拓展评估、担保和风险投资机构的业务范围，进一步提升全省创新基础水平和配套能力；可以促进官产学研银结合，有效引导全社会创新行为和投资行为，优化创新机制，形成创新合力，增强产业竞争力；可以加快推进实施知识产权战略，提高创新质量和创新效率，可以有效缓解中小企业融资难问题，扩大社会就业，促进自主创新成果转化，也为河北省提供了可以学习和借鉴的经验。

目前，河北省开展专利权质押贷款工作的经济环境已基本形成，有利条件表现在：河北省培育经济发展创新驱动、内生增长的目标要求，迫切需要开展专利权质押贷款激活中小企业的创新动力；河北省科技型中小企业发展已具一定规模和数量，对专利权质押贷款具有强烈的需求愿望；全省专利资源已具相当规模，急需转化为现实生产力；部分金融机构在金融创新和盈利模式上也迫切寻找新的突破口，在探索贷款模式和资金风险上有意向成长型中小企业倾斜。河北省创业风险投资机构、担保机构、评估机构及保险机构发展已有一定基础，对开展专利权质押贷款工作持积极态度，笔者认为，下一步推进专利权质押贷款工作的主要措施如下。

一是要加强部门配合，建立联动机制。应加强科技、知识产权、金融等部门的配合协作，形成联动，积极搭建融资桥梁，大力培育一批专利评估机构，为专利权质押贷款工作的开展奠定基础。

二是要加强宣传培训，营造社会氛围。一方面通过新闻网络、大众媒体向社会公众普及专利质押工作的基本知识，提高对专利质押工作的认知度，营造和提高专利质押融资的现实社会有利环境；另一方面要有选择性、有针对性地对政府部门、金融机构、科研院所和企事业单位进行专利质押融资专项培训，通过举办辅导班、培训班的方式，通过讲座、论坛使其提高对专利质押融资贷款的认知程度，培养和造就相关工作的专业化队伍。

三是要制定优惠政策，加大扶持力度。根据国家有关规定并参照兄弟省市的相关做法，河北省也应研究设立专门资金，在贷款贴息、评估费、担保手续费等方面对专利权质押贷款的借款人和中介服务机构给予资助或补贴，降低企业融资成本。

四是要选择优势企业，积极组织推介。根据科技型中小企业的发展情况和专利权质押融资的实际需求，各级专利管理部门要充分发挥专业优势，增强服务意识，筛选一批有核心技术和自主知识产权的成长型优势企业，积极向银行推介，为银企牵线搭桥，切实推进河北省专利权质押贷款工作顺利开展。

二、完善知识产权风险法律制度

（一）全球制度经济学探索与我国知识产权风险制度

制度经济学把经济制度作为研究对象，主张产权界定清晰，企业责任明确，制度对于经济行为和经济发展有影响，经济发展影响制度演变，制度对一个国家经济的增长和社会发展有着决定性的作用。

尽管经济全球化给世界经济带来了巨大的活力，使得资源在更加广阔的全球市场得到更有效的配置，但是从全球化产生的过程来看，自发的市场机制主导了全球化的诞生，市场竞争的本质决定了经济行为的不确定性和风险。受全球化的影响，一个国家的政策会对他国产生影响，可能是正向的也可能是负向的。如果两个国家相互考虑对方的发展需要，提供对方所需，两国就会同时获利，否则两国就会相互受损。

以全球知识产权保护为例。如果任由市场竞争主导经济行为，那么发达国家利用其占据优势的强大经济实力迫使发展中国家放弃本国的利益，发展中国家的经济安全就会受到威胁，强者获益，弱者受损。如果发达国家继续出台以损害发展中国家利益来获得自身发展的政策，必将造成发展中国家利益受损，反过来也危害到自己的发展。全球化的交易费用除了企业、市场的运作成本，还有国家间关系的费用，包括为获得对方及环境的信息所支付的费用、进行缔约谈判并维护契约的费用以及监督各缔约方实施协议、对违约方进行惩罚的费用，等等。比如知识产权协议规则的缔约需要两个国家共同谈判完成，如果任何一方因为利益受损而迟迟不能缔约，这将延迟另一国家利益的获得时机，不符合长远发展的需要。由于全球知识产权保护会产生不确定性、风险、外部性和交易费用，就需要一种新的知识产权制度安排来降低这种不确定性和风险，将外部性内在化，减少交易费用。这就是世界知识产权新秩序，有着旧知识产权秩序所不具备的公正、公平和利益平衡的特点。

我国的知识产权风险制度与世界知识产权风险制度相互衔接、互相影响。旧的国际知识产权规则缺乏公平公正，利益失衡，会影响包括中国在内的发展中国家的知识产权风险制度，制约其制度的完善，造成市场不公平竞争，使得发展中国家的利益受损。2010 年 10 月召开的 G20 国际央行行长和财长会议提议严厉打击任何形式的贸易保护主义，实际上是否决了以知识产权作为壁垒的贸易保护行为，还原一个洁净的市场竞争环境。制度的完善需要落实的机制。世界知识产权组织和 WTO 组织应本着利益均衡、共同发展的原则，完善当前的知识产权旧制度，建立新的世界知识产权制度。各成员国应积极参与制度完善过程，且将成果运用于本国的知识产权制度和实践中。

（二）世界知识产权新秩序下的中国知识产权风险防治措施

第一，深入实践国家知识产权战略。必须坚持科学发展观，解决制约知识产权事业科学发展的突出问题，结合知识产权事业的发展实际，深化改革，把握重点，全面推进国家知识产权战略的实施。

第二，完善知识产权保护制度。将传统知识、生物多样性、中医药等等纳入我国的知识产权保护法律体系中去，并确保得到有效的保护。确立好传统知识的含义和范围，并且要建立发展的知识产权保护模式。要不断修订国内相关的知识产权法律法规，与国际接轨。

第三，完善市场机制。将知识产权这种稀缺资源融入市场竞争环境下，建立起公平的知识产权交易市场。

第四，提高公民整体素质。公民素质决定了知识产权保护的意识水平。要加强宣传，提高知识产权保护意识，培养专业法律人才，农村普法教育工作要加强。

第五，提高执法司法水平。立足审判职能，发挥司法保护知识产权的主导作用。加大司法惩处力度，有效遏制侵权行为。加强审判监督，维护司法统一。加强审判机构和审判队伍建设，切实提高审判能力。

第六，积极参与国际性新规则的制定。积极参与知识产权国际事务，主动加入国际规则制定的队伍，发挥在国际事务中的影响和作用。

第七，加强知识产权文化的国际交流。邀请发达国家律师事务所富有经验的律师对企业或者政府机构进行培训，通过他们了解到所在国的知识产权保护制度。

第八，学习国际先进的方法和理念，加强国家合作。借鉴国外的成功的知识产权法律制度建设经验，与发达国家加强"南北对话"，与发展中国家加强"南南合作"。

（三）加大知识产权侵权假冒打击力度

应重点打击侵犯医药专利权、注册商标专用权、包装设计专利权，侵害商业秘密等仿冒侵权违法行为，完善打击侵权假冒商品的举报投诉机制，建立完善专利、版权线上执法办案系统，充分发挥知识产权法庭作用，有效维护发明人和企业利益，对剽窃他人知识产权成果实行严惩，对被侵害的发明者受害企业进行补偿。应加强生物医药知识产权领域反垄断执法，在充分保护药品创新的同时，防止知识产权滥用，促进仿制药上市。应建立完善药品领域专利预警机制，降低仿制药企业专利侵权风险。应推进知识产权综合管理改革试点，发挥知识产权法庭作用，推行专利、商标、版权"三合一"，实现区域知识产权管理和执法体制由分散、单一向综合、整体转变，充分有效地发挥知识产权制度支撑创新驱动发展的基础保障作用。

（四）发挥行业协会协调沟通作用，构建知识产权预警机制

知识产权有其独特的管理规律，是个涉及众多领域和部门的行业。因此，政府应促进民间知识产权组织的建设，建立完善的知识产权预警机制。民间知识产权组织一般包括知识产权协会、知识产权开发基金会、专利发明协会、软件保护联盟、艺术家联盟等，它们代表着广大知识产权权利人和企业的利益，可以更准确、直接地了解知识产权权利人和企业在知识产权创造和运用中的实际需要，从而提高知识产权战略的针对性和有效性，并为知识产权战略的实施建立良好的社会基础。为了对重大知识产权事件及时做出反应，提高知识产权保护和管理工作的效率，除了发挥民间组织

行业协会的桥梁沟通作用以外，还有必要开设知识产权直通热线，设立预警联络点并成立由产业界和知识产权专家组成的各种专家顾问委员会，使企业遇到的知识产权问题能在第一时间得到专家的指导。

三、重视知识产权人才培养

（一）加强知识产权人才队伍和交流机制建设

知识产权人才是知识产权事业成功的基本保障。按照国际惯例，企业应按技术人员 4% 的比例配备知识产权人员。据统计，在欧美国家先进科技发达企业中从事知识产权工作的员工占比为 6%，而在我国 200 多万名技术人员中，知识产权从业人员只占到了 0.5% 左右。打造知识产权战略人才库，才是河北省知识产权战略实施的根本所在。

应根据知识产权事业发展需要和社会需求，加大知识产权人才队伍建设，尤其是执法队伍建设；有计划地开展知识产权业务培训，使知识产权人员素质不断提高，公共服务能力不断增强，真正为科技创新贡献力量。

应结合河北省技术创新和发展高新技术产业的需要，积极开展政府部门及知识产权管理机关人员的境外培训和交流，提高政府部门知识产权意识；倡导、引导和督促企业重视和抓好知识产权工作，积极引导企业组织开展和参加国际交流与合作。

1. 加强知识产权管理人才的国际化培训

应增进与日本、韩国等周边国家的交流与合作关系，加强知识产权管理人才的国际化培训。进一步加强与周边邻国的交流与合作，继续引进日韩知识产权智力资源为河北省开展知识产权培训，争取在人员培训、引进专利技术方面取得更大进展。同时，选派知识产权业务及管理人员赴日本、韩国、欧洲、澳大利亚等国家或地区进行境外培训，为河北省培养精通外语和知识产权国际规则的复合型知识产权管理人才。

要继续实施"1120"知识产权人才培养计划，即着力培养 1000 名能够系统掌握相关知识产权理论，具有较强知识产权管理能力，基本满足企事业单位知识产权工作需要的实用人才；培养 100 名具有专利代理、诉讼资格，熟悉知识产权法律，掌握专利文献开发利用技能的专业人才；培养 20 名了解国际国内知识产权研究方向和成果，掌握知识产权国际规则，对知识产权战略具有发展性研究的高层人才。支持有条件的高等院校建立知识产权人才培养基地，在具备条件的高等院校建设专利远程教育站点，扩大远程教育覆盖面。

2.继续加强与世界知识产权先进国家和组织机构的联系

应进一步强化开放意识，充分发挥河北省知识产权局统筹协调涉外知识产权事宜的政府职能，加强知识产权领域的国际交流合作，逐步建立起河北省知识产权对外交流与合作渠道；积极开展知识产权对外合作，组织企业参加国际专利展览会等，吸引国外优秀专利项目和知识产权人才；通过组团出访、邀请来访、参加国际研讨会、电话、信函等形式，保持和加强与世界知识产权组织、欧洲专利局、澳大利亚知识产权局、非洲知识产权局的联系，并通过互访加强交流与合作，不断拓宽知识产权国际交流与合作。

3.增加国内外知识产权的合作与交流

应增强社团型知识产权队伍建设。鼓励社团多吸收知识产权专业人才，引导社团贡献重大专利技术，在政策研究、技术开发等方面为政府和企业服务；维护会员合法权益，及时向政府有关部门反映会员的意见与要求；充分利用高校、科研院所、企业等社会各方面力量，开展多种形式的知识产权研究与交流；探索与国内外专业机构合作举办知识产权高级论坛，加强国内外知识产权的合作与交流，吸引国内外知识领域的著名学者、专家访问，带来最新的研究成果和学术信息。

（二）坚持人才引进与自主培养并重

1.坚持加强产业高端人才引进

鉴于生物医药产业的高技术性、高风险性，高层次人才的引进是加强人才队伍建设的重要方式，由于河北省经济实力的差距，现有的人才政策对高层次人才的吸引力度较弱，除了要坚持人才、团队、项目、企业"一体化"的引进模式，以事业、环境引进高层次人才外，更要建立河北籍生物医药产业高层次人才库，积极邀请与鼓励本籍产业高层次人才投入到家乡创新创业中，以感情引人才，努力做到"近水楼台先得月"。

2.启动河北省生物医药产业专业技术人才培养工程

引进高端人才固然重要，但是大批专业技术人才是支撑生物医药可持续健康发展的坚强保障。针对河北省生物医药企业技术人才普遍短缺的问题，应启动河北省生物医药产业专业技术人才培养工程。一是加强省内生物医药产学研的紧密结合，鼓励企业多回头看看身边的合作伙伴，推进企业与省内高校、研究机构的合作。合作即培养，通过产学研结合联合攻关，共建专业技术人才培训班和实训基地，不仅是培养产业后备人才的必经之路，而且对现有的高层次人才更是锻炼提升和培养。二是加强高校生物医药学科建设。纵观欧美生物医药产业聚集区，全部是依托高校发展起来的，高校的人才、成果与生物医药产业、企业发展息息相关，更是后备人才培养的摇篮。河北高校中只有河北农业大学与河北师范大学拥有生物学一级学科博士学位授权点，学科基础与实力整体较为薄弱，科研、师资力量不足，省内一本高校每年生物医药相关专业本科生招生人数在1 600名左右，培养人才不论是规模还是层次上都难于满足河北省生物医药产业的需求，因此，引导各类资源倾斜，持续加强高校生物医药相关学科、专业建设，最终才能实现学科内涵建设重大突破，达到国内一流水平。应创新人才培养模式，改进课程建设，引企入教，将企业人才需求与课程教授直接挂钩，实现校企对人才的联合培养，促进高校在生物医药产业人才培养、科学研究上发挥积极作用，为河北省医药产业发展提供最坚实的人才支撑。

（三）充分激发企业人才开发的主体意识

据不完全统计，河北省生物医药产业中企业研发投入逐年上升，2020年企业研发经费支出同比增长了8.1%，研发投入与主营业务收入比值达到了4.92%，涌现出了一批研发投入大、研发强度高的企业，但是企业直接对人才开发的投入力度普遍较小，与研发投入形成了鲜明的对比。例如，石药集团2020年研发投入12.76亿元，同比增长23.6%，目前在研新产品约200个，但是人才开发投入仅410万元。鉴于在人才开发中河北生物医药企业人才开发的主体作用还没有得到充分发挥，政府方面要加强引导和促进。一方面，要加强宣传和培训。树立先进典型，并加大对人才开发典型企业的宣传，发挥典型示范和引领作用。如石家庄以岭药业股份有限公司，2021年直接人才引进与培训的投入达到了3 100万元，研发投入与人才投入并重，形成投入、人才、技术协同发力的良好创新局面。应定期开展对产业中企业领导层的人才发展培训，增强其对人才强企以及人才开发投入重要性的认知，引导企业领导人树立正确的人才开发理念，提升企业主动投入意识，建立以企业为主体的人才开发投入体系，提升企业成为引才聚才的活跃主体。另一方面，发挥政策的促进作用。通过允许企业将为人才配套的科研启动资金、安家费等人才开发投入列入企业成本核算，企业参加政府组织"引才"活动所需经费由政府按一定比例负担，对企业开展人才培训给予一定标准补助等方式，降低企业人才开发投入成本，提高企业培养开发人才的积极性。[①] 或将人才增量、人才存量等人才开发指标作为企业申报享受科技创新政策奖励优惠或科技项目基金的必要条件，倒逼企业加大人才投入。

（四）加强人才平台载体建设

人才需要平台载体的承接吸收，而载体的完善和成熟更需要人才的支撑。良好的人才载体是吸引人才、集聚人才、留住人才、培育人才和挖掘人才的有效平台，加快人才载体建设，提升人才聚集支持能力，尤其是对高层次人才的吸引和聚集能力，对于加强人才队伍建设具有重要意义。

1. 以体制机制创新为核心，推进产业园区建设

生物医药产业高技术、高投入、高风险、多学科交叉的特点决定了其聚集化发展的特性，产业园区也因此成为生物医药产业人才的主要载体与聚集地。通过总结推广石家庄高新技术开发区与北京－沧州渤海新区生物医药产业园建设的先进经验，指导其他产业园区强化顶层设计能力，针对其发展特点完善管理体制和运行机制，在人才、项目、企业引进与服务政策上进行创新突破，完善园区配套设施，提升园区配套服务能力；通过吸引省外、国外优势企业入驻，培育一批市场前景好、技术含量高的生物医药项目落地，通过合理规划，实现园区上下游配套、公用系统共享和资源综合利用。应将招商引资与招才引智紧密结合，加强园区人才工作，提升人才服务水平，开通人才服务"绿色通道"，为人才提供更好的服务保障，充分激发人才活力，增强现有产业园区对人才的吸引能力与承载能力，打

---

① 王山慧.宁波企业人才开发投入现状及对策建议[J].宁波经济（三江论坛），2017（08）：19-21.

造河北省生物医药产业人才创新创业聚集高地。

2.国家重点实验室为引领，打造生物医药产业创新体系

应加强现有国家重点实验室与国内外一流科研机构、企业的合作，集聚顶尖创新资源，开展前沿技术攻关和产业化；支持鼓励有条件的企事业单位积极争取国家级创新平台建设，大力部署建设省级技术创新平台，提升河北省生物医药产业技术研发平台整体水平，逐步构建辐射全省、技术链和产业链密切衔接的产业创新体系，完成对产业高层次科技人才的吸引与聚集。

四、加大京津冀医药产业协同创新力度

京津冀地区是我国生物医药产业重要的创新中心和生产基地，京津冀三地在产业发展上虽然整体水平有所不同，但在发展特色上各有所长，有着比较强的合作基础和互补性。在国家大力推进京津冀协同发展以及加快健康中国建设的背景下，探索国内外产业协同创新的发展模式，分析比较京津冀生物医药产业各自的发展优势，明确三地的发展重点，加强创新和产业资源的规划整合，对于推进产业发展，加强京津冀协同有着十分重要的指导意义。

（一）京津冀生物医药产业优势特色比较

1.创新资源与实力对比

北京市作为我国高等教育和科研资源的集聚中心，创新资源异常丰富，在京津冀地区有明显优势。统计数据显示，2020年北京共有研发人员33.4万人，分别是天津和河北的2.3和2.4倍；研发经费内部支出达到1 185亿元，是天津的2.8倍、河北的4.2倍；全年在研的研发项目数近11.9万项，是天津的3.4倍、河北的4.6倍。2020年北京受理专利申请12.3万件，是天津的2倍以上，达到河北的4.5倍；国内有效专利数21.9万件，是天津的3.2倍、河北的4倍。2020年北京发表SCI收录的科技论文2.95万篇，EI收录的科技论文2.25万篇，均占全国的五分之一左右，分别是天津的6.5倍和6.4倍、河北的16倍和14倍。北京的科技创新能力和科研实力上不仅全面超越津冀，而且在全国都处于领先地位。

2.创新机构对比

（1）北京高等学校研发活动异常活跃

截至2020年，北京共有高校89所，高校研发人员7.26万人，是津冀的3倍以上；当年高校从事研发工作的经费内部支出达到136.6亿元，是天津的2.7倍、河北的13倍以上；研发项目数达到7.6万项，超过津冀的4倍；发表科技论文11.3万篇，是天津的4.2倍、河北的3.7倍；申请专利及持有有效发明专利各2.6万项，是天津的6倍、河北的21倍。

（2）津冀研发机构与北京差距明显

在研发机构的创新活动方面，津冀与北京的差距更加明显。截至2020年，北京共有研发机构380家，远超过津冀的58家和76家；研发机构从事研发人员达到10.8万人，是津冀的10倍以上；当年研发经费内部支出602.4亿元，是天津的14倍、河北的23倍；研发机构在研项目数2.6万项，是天津的20倍、河北的34倍；发表科技论文5.2万篇，是天津的17倍、河北的24倍；申请专利1.1万项，是天津的15倍、河北的27.6倍；持有有效发明专利1.9万项，是天津的23.7倍、河北的41.6倍。

（3）河北省创新机构研发投入有限

津冀两地相比，天津在高校和研发机构从事创新活动的活跃程度和成果产出方面总体略优于河北。河北比较突出的问题在于高校和机构对于科技创新的投入不足。河北拥有118家高校，甚至超过北京，但高校研发投入不到北京的十三分之一、天津的五分之一。河北的研发机构数量也超过了天津，但研发机构的研发投入也只有天津的60%左右。有限的科研投入影响了河北创新能力的提高，河北在创新效率以及成果产出数量上和京津有较大差距。

3.医药产业

（1）河北医药产业基础扎实

生物医药产业是河北省的传统产业之一。2020年河北省医药工业主营业务收入达到845.4亿元，超过了北京的776.5亿元和天津的658.2亿元。其中，医药制造业在河北生物医药产业中占据主要地位，河北省共有医药制造企业184家，超过北京的176家，是天津的2倍以上；从业人员达到8万余人，超过北京的一半，达到天津的2倍。河北省从事生物医药（尤其是医药制造业）的产业资源非常丰富。另外，特别值得注意的是，河北省医药工业在出口交货值这一项数据上大幅超过京津地区，达到 75 亿元，说明河北省的医药工业中外向型的出口企业占据了相当大的比重，出口加工制造是产业重要的业务来源之一。

（2）医药子领域京津冀各有所长

京津冀三地在医药工业各个子领域中都有各自擅长的优势领域。河北省在化学原料药方面具有明显优势，企业数量达到 53 家，实现主营业务收入 298 亿元，远超京津两地。天津的优势则突出体现在中成药领域，虽然企业数量不如京冀，但是实现主营业务收入 334.4 亿元，是河北的 2 倍、北京的近 4 倍，实现利润 27 亿元，说明天津中成药企业的规模和质量整体优势明显。北京市则在化药制剂、医疗仪器、生物制品、中药饮片方面比较突出，相对津冀在企业数量、产业规模以及实现利润上都占据上风。

（3）天津市生物医药创新能力突出

虽然从高技术产业整体比较上，天津的创新研发投入和实力都和北京有着一定差距，但是对比医药制造业领域的创新数据，天津生物医药产业不仅不落下风，而且表现出一定的优势。2020 年，天津医药制造业研发活动经费支出 14.3 亿元，超过了北京的 9.9 亿元和河北的 11 亿元；在医药制造业相关专利数量上，天津的专利申请数达到 1 552 项，是北京的 4 倍以上、河北的 6 倍以上；持有有效发明专利 1 916 项，是北京的 2.7 倍、河北的 3.1 倍；天津医药制造企业办研发机构的人员在京津冀中最多，经费支出也不输于北京企业。此外，虽然天津医药制造业新品开发项目数和经费支出不如北京和河北，但是在新产品销售收入方面以 140 亿元领跑京津冀，说明天津研发的生物医药新产品质量更高，市场效益更加显著。

（4）河北省医药制造业投入较大

虽然河北省高技术产业的整体研发力量不如京津，但在医药制造方面其投入不小。2020 年河北省医药制造业研发活动经费支出超过了北京，达到 11 亿元；新产品开发项目 967 项，新品开发支出 9.8 亿元，超过了天津，接近北京；企业办研发机构数量、人员数量以及经费投入方面也都和京津一样，没有特别明显的劣势，说明河北省对于医药制造业的发展非常重视，不惜投入，为实现京津冀协同发展打下了良好的基础。

（5）河北省医药制造承接能力强

与高技术产业的整体情况相似，河北省在医药制造业的重点也放在技术消化吸收及技术改造方面。2020年技术消化吸收经费支出4 849万元，远超京津两地；技术改造经费支出达到2.8亿元，是天津的近3倍、北京的5倍以上。河北省医药制造业在购买国内技术经费支出也达到了5 902万元，在京津冀地区领先，说明其也将承接国内创新成果的转化作为提升医药制造业的一项重要工作。

通过以上对比可以看出，北京发展生物医药产业的主要优势在于其创新资源丰富，整体创新能力强，高校和研发机构创新活动活跃，创新成果丰富；天津发展生物医药产业的主要优势在于高技术产业技术基础深厚，产业开放性强，生物医药产业整体层次较高，创新能力突出；河北省发展生物医药产业的主要优势在于医药制造产业资源丰富，近年来研发投入较大，进行技术吸收改造及承接成果转化能力较强。三地开展生物医药领域的协同创新具备充分的合作基础和有利条件。

（二）京津冀医药上市公司综合能力得分及排名

笔者以京津冀三地上市医药企业作为研究样本，截至2021年8月，其中，北京医药上市公司有14个，天津医药上市公司有8个，河北医药上市公司仅为3个。笔者选择京津冀医药上市公司2020年的财务数据和非财务数据进行分析，得出排名结果如下。

同仁堂的企业规模得分排名第一，营运能力得分排名第二，企业规模和营运能力均位于前列，盈利能力得分排名第十，偿债能力得分排名第十三，位于中等水平，而成长能力得分排名第十七，技术创新能力排名第十九，位于中等偏下水平。由此可以看出，同仁堂的资产增长率较低，在较大企业规模的基数下，影响了企业资金的周转速度，难以实现持续较快的增长，并且研发人员和研发费用比重较低，企业内部整体员工素质不是很高。因此，该企业有待提高研发人员和研发费用，增强企业员工素质，改善企业的管理机构，提高资金的利用率，注重企业的成长能力和技术创新能力，进而提升自己的发展能力。

天士力的企业规模得分排名第三，营运能力得分排名第九，盈利能力得分排名第十四，成长能力得分排名第八，偿债能力得分排名第十，技术创新能力得分排名第十七。从企业规模上看，天士力企业与同仁堂企业的企业规模相当，但天士力企业的营运能力却大大低于同仁堂，说明该企业的资金利用率较低，资金运用不合理。相反，在相同的企业规模下，天士力的成长能力得分远高于同仁堂，说明该企业更加注重企业资产的增长率。

乐普医疗在成长能力、偿债能力、技术创新能力的得分均位于前列，但该企业的规模、经营效率、资金利用率和资产的流动性则处于比较靠后的位置，这样的情况会影响到企业发展的稳定性，为企业以后的发展留下隐患。

中源协和的营利能力和成长能力得分均排名第一，企业规模则位于中等偏下水平，说明该企业应适当扩大企业规模，提高产品的市场占有率。

中国医药集团的综合得分排名第五，企业规模排名第二，但该企业的盈利能力得分、成长能力得分、技术创新能力得分分别排名第二十、二十、二十三，远落后于同等水平的其他企业，是优势和劣势都比较明显的一个企业，说明中国医药集团各方面的发展不协调，应该在企业规模较大的优势下，发展企业的其他方面。

利德曼企业的综合得分排名第六，只有营运能力和盈利能力落后于综合得分的水平，其他方面的排名均与综合得分排名不相上下。反映企业管理人员经营管理配置企业内部资源，充分发挥企业资源效率的能力较低，没有合理利用资金，从而导致该企业的盈利能力也较低。

国药股份的综合得分排名第七，该企业的盈利能力得分排名第一，但技术创新能力排名位于 25 个医药上市企业的最后一名。可以看出，国药股份的经营效率较高，运转资产的能力强，盈利水平高。但是国药股份的技术创新能力还有待提高，这主要是因为企业员工的素质较低，教育程度较低，没有更多地投入技术人员和研发经费，因此，国药股份要想提高自身的竞争力，需要增加技术人员和研发经费，并通过培训等方式提高企业员工水平。

九强生物的综合得分位于一个中等偏上的水平，技术创新能力得分排名第一，盈利能力得分排名第三，但偿债能力、企业规模、营运能力均位于下等水平，反映出该企业的关注点主要放在了提高员工素质和研发新产品上面，企业发展在各个方面不均衡，企业资产利用率低，资金周转不及时、不合理，企业支付现金和偿还债务的能力低，这些都影响了企业的健康发展。

　　嘉事堂的成长能力得分排名第二，营运能力得分排名第三，技术创新能力得分排名第二十四，盈利能力得分排名第二十一。可以看出，企业扩展经营的能力较强，资金周转率和利用率较高，多用于生产者扩展经营的方面。但企业盈利能力较低，技术创新能力较低，这种发展模式不利于企业的长久发展，企业应引进技术人才，在盈利水平和技术创新水平上加大力度。

　　华药集团的企业规模得分位于上游位置，营运能力得分在中等偏上的水平，盈利能力、成长能力和偿债能力的得分则处在靠后的水平。由这些数据可以看出，华药集团的资产总额较大，资产周转速度比较快。但是该企业不注重企业的长期发展，企业资金没有用于扩展生产经营，导致产品整体盈利水平较低，这使得华北制药企业支付现金和偿还债务的能力较低，这些都不利于企业的长期发展，企业应该注重资金的合理安排和使用。

　　中新药业的营运能力和偿债能力得分排在靠前的位置，企业规模排在中等偏上的位置，盈利能力和成长能力得分排在中等偏下的位置，技术创新能力得分排在靠后的位置。综合来看，中新药业各方面的发展比较协调，整体位于一个中等的水平，只是要进入优势企业行列还应注意技术创新能力的提高、增加研发人员和研发费用、培养企业员工素质等。

　　华润双鹤的综合排名位于中等位置，企业规模得分靠前，营运能力和盈利能力得分排在中等位置，成长能力和偿债能力得分排在中等偏下的位置，技术创新能力得分排在靠后的位置。由此可以得出，提高企业规模可以使企业拥有较充足的资产，从而提高自有资产的周转率和企业的营运能力及盈利能力，但企业资金用于扩展经营方面和用于偿还短期债务方面，影响了企业的成长能力和偿债能力。并且该企业在新产品的研发方面也不够重视，企业当中缺少创新人才，企业要想长期均衡地发展，需要将注意力更多地放在产品的技术创新方面，更多地引进高素质技术人才。

　　双鹭药业的盈利能力和技术创新能力得分排在靠前的位置，营运能力和偿债能力排在靠后的位置，由此看出该企业比较注重盈利水平和新产品的研发，而在企业资金周转率和自有资产偿债能力方面还有待进一步提高，以提高企业的综合得分排名。

　　红日药业的盈利能力和成长能力排在靠前的位置，企业规模、偿债能力和技术创新能力得分排在中等的位置，营运能力得分排在靠后的位置。因此，红日药业要想提高企业的综合得分排名，就要提高企业管理者的管理水平。

常山药业的企业规模和营运能力得分排在靠后的位置，说明常山药业由于企业规模较小的原因，影响了企业其他方面的发展，因此，常山药业有待于积累企业资金并且进一步提高企业管理者的水平，进一步扩大企业的生产规模。

以岭药业的综合得分排名第十六，企业规模能力得分排在第九的位置，营运能力、盈利能力得分排名均在第七的位置，成长能力得分排名第十九，偿债能力得分排名第十五，技术创新能力得分排名第十六。由上述数据分析得到，以岭药业各方面的发展比较协调，但是总体得分以及各方面的得分均处于中等偏下的水平，说明以岭药业的总体能力有待于加强。企业应该加强资金的积累，扩大产品的生产规模，加大投入创新型人才和资金的投入，提高创新能力，逐渐形成自己的特色。

北陆药业的盈利能力、成长能力和偿债能力得分排在靠前的位置，但是企业规模、营运能力和技术创新能力得分排在靠后的位置，属于优势和劣势比较明显的企业，说明北陆药业的生产规模、企业经营者的管理水平和新产品的研发没有跟上来，从而影响了企业的整体排名。

博晖创新的综合得分排名第十八，技术创新能力得分排名第二，企业规模得分排名第二十五，营运能力得分排名第二十四。由此可以看出，博晖创新的资产、收入、利润等的总体规模方面的优势小，导致企业的资产流动性不高，资产利用率较低。但是，博晖创新的技术创新能力得分高，说明该企业的研发部门的产品研发能力强，但是由于没有把专利转化为生产能力，所以企业增长能力不行，资产利用率不高，这不利于企业积累资金，扩大规模。天坛生物企业也存在同样的问题。

舒泰神的综合得分排名虽然在靠后的位置，但盈利能力得分排名第四，位于靠前的位置，说明舒泰神的营销能力强，产品市场占有率高，提高了企业的总利润。舒泰神的营销手段可供其他企业参考。

九安医疗和力生制药的综合得分排名靠后，但营运能力排在靠前的位置，说明由于企业管理人员经营管理企业资源和发挥企业资源的效率较高，使得该企业的资金利用率也处于较高的水平。

万东医疗的综合得分排名第二十二，成长能力得分排名第七，偿债能力得分排名第九，技术创新能力得分排名第六，企业规模得分排名第二十二，营运能力得分排名第二十五，盈利能力得分排名第二十五。从以上排名可以看出，万东医疗的资产增长率比较高，抗风险能力比较强，也很注重新产品的研发。但是因为企业的规模小，影响了企业营运能力和盈利能力的发展，导致营运能力和盈利能力排在靠后的位置。因此，在今后的发展中，该企业应该注重资金的积累，扩大企业规模。

瑞普生物和天药股份的各种能力虽然都处于偏下的水平，但是该企业没有出现发展不均衡的情况，说明该企业在各个方面的能力均有待于进一步提高。

（三）加大京津冀医药产业协同创新力度的对策

1.从国家层面建立宏观战略规划

由于北京、天津和河北分别处于不同的行政区，这决定了只有在国家宏观层面上建立凌驾于三个行政区之上的权威部门，才能有效地监督和促进京津冀的协同发展。该权威部门中核心领导机构的设置，要分别从北京、天津和河北选取产生，明确在京津冀协同发展中应该承担的责任和义务。只有在国家宏观层面上建立一个这样的权威部门，才能使京津冀三地协同得到实质性的发展，有效防止各地区为了自身短暂的利益，而忽视整个京津冀区域的大利益，才能使京津冀三地协同健康有效地发展，提高产业的整体竞争力。

2.建立大型医药产业园区，推动京津冀三地医药制造业发展利益共享

由于京津冀地区没有大型医药产业园区，导致医药产业招商引资的吸引力不足，并且京津冀三地区之间也没有利益合作机制，这就造成了三地自身的发展无法带动其他地区医药产业的发展，相反还有可能因为三个地区优势相似，从而使京津冀三地医药制造业也没有办法协同发展。因此，建立京津冀地区大型医药产业园区，使三个地区之间具有共同的利益，便能够在京津冀地区实现利益共享和合作机制，提高医药产业招商引资的吸引力和医药制造业的竞争力，促进京津冀医药制造业的协同发展。

3.逐步完善基础条件建设

京津冀三地区域经济一体化是一项非常大的工程，并且在其实施工程中也没有固定的模式可以套用，所以实现京津冀一体化的愿望不是一蹴而就的，要边摸索边进行，在这个过程中，逐步完善相应的基础条件建设。例如，可以继续在交通领域加强基础条件的建设，进一步拓宽北京、天津以及河北省之间的道路、铁路，进一步优化京津冀地区各个港口的服务功能，争取早日实现交通建设一体化，为医药产业一体化提供基础。

4.注重地区比较优势，重点承接与培育地区优势

北京和天津在新产品的研发方面具有优势：北京对于新产品的研发投入主要侧重于技术经费引用，而天津对于新产品的投入主要侧重于R&D经费内部支出，因此北京和天津应将重点放在新产品的研发上，但也要注意产品的生产效益和生产规模，以免内部出现不均衡发展。河北省医药制造业在产品生产效益和产品生产规模上具有优势，因此河北地区应将重点放在产品的生产和销售方面，但也要注意新产品的投入与研发，使自身医药制造业的发展更均衡。从地区之间的协同度来看，河北与天津、北京与天津、天津与河北的协同度均低于地区内部的协同度。因此，三地应该加强区域合作，注重发展地区的比较优势。北京和天津在产品研发方面具有优势，应主要侧重于新产品的研发工作，河北起辅助作用；河北应主要侧重于增加产品的主营业务收入，考虑如何提高产品的市场占有率。

5.三地医药龙头企业优势互补，提高竞争力

北京、天津、河北三地的医药龙头企业应该根据自身的特点，有方向、有重点地发展。九强生物、双鹭药业等位于北京的医药企业，其技术创新能力名列前茅，在京津冀一体化的背景下，可以将发展的重点放在研发新产品上，关于产品的生产及销售方面则可以与嘉事堂等企业合作，做到有的放矢，企业之间协同发展，避免恶性竞争，合理安排资源，共同提高医药制造业的竞争力。

6. 以生物医药产业京津冀协同发展推动人才聚集

（1）充分发挥京津冀生物医药产业合作优势，形成产业发展合力

京津冀地区是我国生物医药产业重要的创新中心和生产基地。[①]京津冀三地生物医药产业各具特色，相互补充，是京津冀协同发展最具有合作基础、合作前景与合作动力的产业，合作空间广阔。北京是国内先进生物医药技术和高端研发人才最为集中的区域，聚集了一大批国内顶级的生物医药研究机构、实验平台以及领军人才，在生物医药研发方面具有突出优势。随着北京生物医药产业跨越发展工程（以下简称 G20 工程）以及 G20 工程应用型人才培养计划的实施，北京在生物医药技术、人才方面的优势更加凸显。天津发展生物医药产业的主要优势在于其企业的创新能力。2021 年，天津医药制造业有效发明专利数位为 3 070 件，远超过北京的 1 904 件与河北的 1 225 件；企业办研发机构人员数量为 5 565 人，高于北京的 4 735 人以及河北的 4 921 人，处于京津冀领先地位；新产品开发经费支出 116 450 万元，只有京冀的一半左右，但新产品销售收入为 1 832 149 万元，基本与北京的 1 738 715 万元和河北的 2 008 148 万元持平，充分说明天津生物医药产业具有较强的创新及转化实力，市场效益领跑京津冀。而河北的产业优势在于医药制造产业基础雄厚，进行技术吸收改造及承接成果转化能力较强。现阶段，河北生物医药产业与北京的战略联盟已初见成效，北京－沧州生物医药产业园已实现京冀的共建、共管、共享。推动三地共同发力将京津冀生物医药产业建设成为国内外有影响力的创新型产业集群，不仅对于推动京津冀协同发展有重要意义，更能通过产业增长极培育人才发展极，为河北生物医药产业聚集吸引更多更好的产业人才。

（2）总结推广京冀两地产业合作的成功经验，推动产业发展聚集人才

现阶段，河北生物医药产业与北京的产业战略联盟已初见成效，但与天津的合作对接还没有大规模开展，在京津冀协同发展不断向深度拓展以及京津冀即将更加畅通的交通圈建设的有力背景下，河北要抓住机遇，进一步总结和推广北京－沧州渤海新区生物医药产业园建设发展的成功经验，继续推进以产业转移、异地延伸监管为代表的政策创新，在加强与北京产

---

① 王斌，从俊杰，刘沛然.京津冀生物医药产业协同创新比较研究[J].科技经济市场，2017（09）：70-73.

业合作的同时，积极推进、主动承接天津生物医药产业优势资源向河北转移，大力推动津冀生物医药产业园之间的合作，尤其是石家庄高新区与天津滨海高新区的强强联合，共同谋划天津 – 河北生物医药产业园建设，定期举办津冀生物医药产业对接洽谈活动，在不断沟通中增进了解、达成共识、形成合作，以津冀进一步加深合作带动京津冀协同发展提档升级，进而提升河北省生物医药产业规模和实力，从靠政策吸引人才转变为靠产业发展聚集人才。

五、实现医药企业国际化发展

（一）帮助企业"走出去"实现国际化发展

在经济全球化的大背景下，想要一味地以封闭来保护本土企业不被淹没在技术创新的大潮中已然不现实，被世界浪潮推动着被动前行不如主动奔跑，把握时代发展的机遇一跃而上。

首先，通过建立海外知识产权法律援助中心，为企业提供相关咨询服务，帮助企业提升海外维权意识、建立自信；通过定期开设具有针对性的知识产权课程，帮助企业提升利用知识产权法进行自我保护的能力，为加速企业与国际接轨奠定基础。

其次，鼓励并帮助高技术企业积极参与到国际标准化的活动中去。拥有制定技术标准的能力，反映了一个国家的国际地位与国际竞争力，也代表着一个国家拥有的先进技术水平，因此应鼓励高技术企业积极参与到国际标准化的活动中去，在学习中成长、在实践中提升，不断增强产业国际竞争力，提升我国制定国际标准的能力与水平。

最后，加强对跨国公司的知识产权保护。中国高技术产业的快速发展离不开国内的市场化改革，也得益于对外开放的不断扩大。要想保持我国高技术产业的高速增长，加速产业结构升级，必然需要加深与跨国公司的联系与合作。要引入具有更高附加值的生产环节，就需要营造一个良好的知识产权环境，降低跨国公司与国内公司合作被侵权的风险。对于跨国公司来讲，如果目标国不具备相对安全的知识产权环境，那么将生产任务线转移到其他具有更高水平知识产权保护的国家会是更好的选择。

（二）加快推进走出去

世界上生物医药产业最发达的国家和地区是美国和欧洲，我国的生物医药产业在整体上还处于起步阶段，而生物医药产业带来的巨额利润，也基本都由美国和欧洲等地瓜分。我国是世界上最大的生物医药消费市场，拥有最多的生物医药消费需求，在这样的情况下，想要在世界生物医药市场的竞争中取得一席之地，就必须在立足于本国生物医药市场的同时，加强国际生物医药产业的交流与合作，提高自身的技术水平，从而打开国际生物医药贸易市场，促进生物医药产品的出口。

1. 加快推进产品"走出去"

河北省应依托于强大中药产业发展基础和雄厚的医药资源，积极推进中药行业与国际接轨，在建立完善的中药标准化体系的同时，加强中药的国际贸易管理，鼓励中医针灸、推拿等医疗服务产品"走出去"，鼓励以人参为代表的道地药材"走出去"，面向省外和东北亚销售中药产品和提供服务；加强对出口中药的质量检测，提升中药质量标准；重视中药产品的包装和广告，从而提升中药产品的国际形象和附加价值，以获得更大的利润，全面提升河北省中药产业的整体实力。

中医药是中华民族优秀文化中的一枝奇葩，随着世界人民对中医、中药了解的深入，中医药在世界的需求越来越大，世界各国都加快了对中药的研究，竞相积极制定并推出国际植物药或汉方药质量标准，并引导消费者接纳他们制定的质量标准。我国作为中医药的发源地，对中医药的研究历史悠久，对中医药的自身特性更是了如指掌，所以，更应该积极开展中医药标准的建立与推广，使世界认可并遵守我国制定的标准体系。

目前，我国中药打入国际市场的主要障碍之一是其质量标准尚未得到承认，由于中药和西药的差异，使得中药无法满足国际上公认的西药的检验标准，因而无法以治疗药物的形式进入发达国家。在这种情况下，中药质量标准的建立对我国中药产业发展具有至关重要的作用。中药质量标准体系的建立应该由中国人自己依据几千年的实践经验进行制定，遵循以我国为主导的原则，不能一味单纯地向发达国家靠拢，过分依赖各国已制定的标准体系。应在符合中医药自身特性的基础上，参考国际上已经建立的相关标准，建立起完善的中药标准，并加强向国际社会推广我国中药标准体系的力度，加快国际社会的了解与认可，从而达到我国标准体系的国际化应用。如果能够掌握规则的制定权，那么就能从法律上占领国际标准确认的制高点。这样，不仅能避免我国进入以他国标准生产、接受检测的被动尴尬境地，又可以运用我国的标准对"洋中药"进行检测，建立其准入标准，只允许符合标准的"洋中药"进入我国市场，从而既保障了人民群众的生命健康，又有效地规范了市场秩序。因此，制定并健全符合中医药特点的中药质量控制标准是中药产业面临的第一要务。

2.鼓励企业营销网络"走出去"

河北省应充分利用华药集团、石药集团等强大的遍及全国的医药销售网络的优势，大力推进以龙头医药企业向外向型经济发展、鼓励企业以海外营销网络作为全新的突破口，建立以国际市场需求为导向的国际营销体系，积极在海外成立公司、设立驻外机构，将营销网络拓展到海外市场，构建全方位多区域的营销网络，使企业在海外的业务做大做强。

通过实施"走出去"战略，提高河北省生物医药产业相关产品和企业在国际市场的知名度，更好地利用国际创新资源，实现和国外发达企业的技术交流与合作；鼓励和支持省内先进企业依托现有优势走向国外，掌握技术标准，培育自主品牌，完善经营管理，突破贸易壁垒，建立营销渠道，开辟国际新市场，逐步提升自身的技术创新水平和国际化水准。

参考文献

[1] 董中保. 关于技术创新概念的辨析[J]. 科学管理研究，1993（04）.

[2] 英瓦尔·卡尔松，什里达特·兰法尔. 天涯成比邻——全球治理委员会的报告[M]. 赵仲强，等译. 北京：中国对外翻译出版公司，1995.

[3] 郭晓川，高等学校科技成果转化研究现状评述[J]. 研究与发展管理，1996（03）.

[4] 傅家骥. 技术创新学[M]. 北京：清华大学出版社，1998.

[5] 张乃根. 国际贸易的知识产权法[M]. 上海：复旦大学出版社，1999.

[6] 李琮. 世界经济学新编[M]. 北京：经济科学出版社，2000.

[7] 杨东奇. 对技术创新概念的理解与研究[J]. 哈尔滨工业大学学报（社会科学版），2000（02）.

[8] 戴维·赫尔德，等. 全球大变革：全球化时代的政治、经济与文化[M]. 杨雪冬，等译. 北京：社会科学文献出版社，2001.

[9] 詹姆斯·罗西瑙. 没有政府的治理[M]. 张胜军，刘小琳，等译. 南昌：江西人民出版社，2001.

[10] 叶京生，董巧新. 知识产权与世界贸易[M]. 上海：立信会计出版社，2002.

[11] 王兵. 高新技术知识产权保护新论[M]. 北京：中国法制出版社，2002.

[12] 迈克尔·波特. 国家竞争优势（中译本）[M]. 李明轩，邱如美，译. 北京：华夏出版社，2002.

[13] 俞可平. 全球化：全球治理[M]. 北京：社会科学文献出版社，2003.

[14] 国家知识产权局条法司. 专利法研究[M]. 北京：知识产权出版社，2003.

[15] 戴维·赫尔德，安东尼·麦克格鲁. 治理全球化——权力、权威与全球治理[M]. 曹荣湘，龙虎，译. 北京：社会科学文献出版社，2003.

[16] 程恩富，廉淑. 比较优势、竞争优势与知识产权优势理论新探——海派经济学的一个基本原理[J]. 求是学刊，2004（06）.

[17] 叶全良，王世春. 国际商务与知识产权保护[M]. 北京：人民出版社，2005.

[18] 何婷婷，刘志迎. 有关科技成果转化的基本理论综述[J]. 科技情报开发与经济，2005（04）.

[19] 刘辉煌，胡骋科. 制度变迁方式理论的演变发展及其缺陷[J]. 求索，2005（06）.

[20] 叶京生. 知识产权制度与战略——他山之石[M]. 上海：立信会计出版社，2006.

[21] 冯晓青. 知识产权法利益平衡理论[M]. 北京：中国政法大学出版社，2006.

[22] 李玉清，许朗. 高校科技成果转化的问题分析和对策研究[J]. 科技管理研究，2006（04）.

[23] 范晓波. 知识产权价值决定——以经济学价值理论为视角的考察[J]. 电子知识产权，2006（10）.

[24] 阎为民，周飞跃. 高校科技成果转化绩效模糊评价方法研究[J]. 研究与发展管理，2006（12）.

[25] 柳卸林，张爱国. 自主创新 从经济大国向强国转变的依靠[J]. 创新科技，2007（05）.

[26] 冯晓青. 全球化与知识产权保护[M]. 北京：中国政法大学出版社，2008.

[27] 张磊，王淼. 西方技术创新理论的产生与发展综述[J]. 科技与经济，2008（01）.

[28] 彭真军. 加强我国医药知识产权法律保护的措施[J]. 中国药业，2009（12）.

[29] 孙洪武，等. 对转基因生物知识产权保护的思考[J]. 中国科技论坛，2010（01）.

[30] 刘洪昌. 中国战略性新兴产业的选择原则及培育政策取向研究[J]. 科学学与科学技术管理，2011（03）.

[31] 贺德方. 对科技成果及科技成果转化若干基本概念的辨析与思考[J]. 中

国软科学，2011（11）.

[32] 彼得·达沃豪斯.知识的全球化管理[M].邵科，张南，译.北京：知识产权出版社，2012.

[33] 冯洁菡.公共健康与知识产权国际保护问题研究[M].北京：中国社会科学出版社，2012.

[34] 代明，殷仪金，戴谢尔.创新理论：1912—2012——纪念熊彼特《经济发展理论》首版100周年[J].经济学动态，2012（04）.

[35] 隋娜娜，等.46家医药高新技术企业医药知识产权保护情况调查研究[J].中国药业，2014（16）.

[36] 邵学峰.财政学[M].北京：清华大学出版社，2015.

[37] 高远东，张卫国，阳琴.中国产业结构高级化的影响因素研究[J].经济地理，2015（06）.

[38] 欧朝铨.生物医药知识产权管理研究[J].信息系统工程，2016（09）.

[39] 潘红玉，等.专利视角的我国生物医药产业的技术创新[J].科学决策，2017（04）.

[40] 王斌，从俊杰，刘沛然.京津冀生物医药产业协同创新比较研究[J].科技经济市场，2017（09）.

[41] 王山慧.宁波企业人才开发投入现状及对策建议[J].宁波经济（三江论坛），2017（08）.

[42] 储蓉月.科技成果转化的影响因素与优化路径[J].中国高校科技，2018（10）.

[43] 胡中慧，陶润生，袁洋.基于区域视角的科技成果转化绩效评价指标体系研究[J].科技和产业，2018（01）.

[44] 石立特.高校如何实现科研成果转化与推广[J].领导科学论坛，2019（04）.

[45] 李梓涵昕，朱桂龙.产学研合作中的主体差异性对知识转移的影响研究[J].科学学研究，2019（02）.